LES LUNDIS RÉVOLUTIONNAIRES

HISTOIRE ANECDOTIQUE
DE LA
RÉVOLUTION
FRANÇAISE

PAR

JEAN-BERNARD

AVEC UNE PRÉFACE DE

LÉON CLADEL

1790

PARIS
GEORGES MAURICE, LIBRAIRE-ÉDITEUR
4 bis, RUE DU CHERCHE-MIDI, 4 bis

HISTOIRE ANECDOTIQUE

DE LA

RÉVOLUTION FRANÇAISE

5416. — ABBEVILLE, TYP. ET STÉR. A. RETAUX. — 1889.

LES LUNDIS RÉVOLUTIONNAIRES

HISTOIRE ANECDOTIQUE
DE LA
RÉVOLUTION
FRANÇAISE

PAR
JEAN-BERNARD

AVEC UNE PRÉFACE DE
LÉON CLADEL

1790

PARIS
GEORGES MAURICE, LIBRAIRE-ÉDITEUR
4 bis, RUE DU CHERCHE-MIDI, 4 bis

LETTRE-PRÉFACE

DE

LÉON CLADEL

A

JEAN-BERNARD

Diable! oh! diable, il me semble que vous cumulez, mon ami. Posséder une langue des plus agiles et des plus mordantes, s'en servir à souhait pour défendre non seulement la veuve et l'orphelin, mais encore tous les parias qui, condamnés dès leur naissance à subir jusqu'au tombeau l'horrible mal de misère, se révoltent ; avoir en outre une plume aussi tranchante qu'une épée pour combattre au jour le jour, dans les colonnes des gazettes, les fauteurs de toutes les tyrannies, il paraît que cela ne vous suffit point. En vérité, vous êtes bien difficile en ne vous montrant pas satisfait d'un pareil lot, et le fait est, d'autre part, que nous n'avons pas le droit de vous accuser d'être devenu, pardon! un rat de bibliothèque, ni de nous en plaindre. « Un nouvel annaliste nous est né, » m'affirmait naguère, après m'avoir demandé qui vous étiez, un grand écrivain littéraire dont plus encore que son talent, j'admire l'équité, car jamais il n'hésita, lui, catholique et réactionnaire, à reconnaître la valeur de tel artiste ou de tel philosophe, fussent-ils l'un et l'autre, ainsi que vous et moi, républicains socialistes, voire libres-penseurs. Il me toucha beaucoup en vous décernant avec tant d'impartialité, le vieux maître, cette sorte de brevet, et m'est avis qu'il avait raison. Nul de ceux en effet qui liront les mille et un chapitres de votre *Histoire anecdotique de la Révolution française* ne vous contestera ce titre que vous avez mérité dix fois en fouillant si consciencieusement nos archives. Il y avait, et depuis longtemps, une place à prendre, non pas à côté de Michelet, ce puissant magicien, poète de la multitude et de Louis Blanc, ce sous-vicaire savoyard, timide desservant de l'autel démocratique ou plutôt jacobin, mais après eux, et cette place vous vous en êtes lestement emparé ; j'estime qu'elle vous est acquise aujourd'hui. Quiconque ne se complaît point en la société des fantômes légendaires pensera, je l'espère et le souhaite, ainsi que moi : car, grâce à vous, une cohue de spectres et de chimères s'est évanouie déjà... Certes, elles sont très surprenantes et propres à nous toucher la fibre, ces statues de marbre et d'airain érigées sur nos avenues et sur nos quais et dans les squares; elles magnifient très bien les champions et les conquérants de la Liberté, les orateurs, les soldats, les législateurs plébéiens de cette incomparable épopée nationale qui commence en 1789 et finit avec le dernier groupe des montagnards sur la plate-forme de l'échafaud; oui, mais combien aux yeux d'une foule de nos contemporains sont plus frappants et préférables les hommes de chair et d'os que vous avez ressuscités et qui marchent et parlent devant nous! On les entend, on les voit à merveille. Il n'y a qu'une heure qu'ils conduisaient les sections au sac de la Bastille, à l'assaut des Tuileries; il n'y a qu'un instant à peine qu'ils tonnaient à la tribune de l'Assemblée ou de la Convention, et à nos oreilles vibrent encore des harangues à la fois pompeuses et triviales, aujourd'hui gravées dans la pierre ou le bronze au-dessous des socles où leurs froides effigies perpétuent des gestes grandioses, souvent acceptés par la crédulité publique comme l'expression exacte et naturelle de ces aïeux à qui vous n'avez pas craint de rendre leurs vraies physionomies. Regardez-les, attention! Ils sont là, les voici tels quels, allant au canon qui gronde dans les rues, au Champ de Mars, au club, au cabaret, au théâtre, au salon de jeu, chez eux, où la femme et les enfants tremblent de ne plus les revoir, et parfois aussi chez les impures, qui brûlent d'enchaîner à leurs pieds, comme de vils esclaves, ces briseurs de fers et de rois. Oh! non, non, ces représentants du peuple, ces mandataires de la France, ces délégués de la Nation, ne sont plus de vaines ombres qui s'avancent vers nous, ce sont des êtres réels, des corps humains qui respirent et dont le fouet de l'ambition ou celui du plaisir active les pas et stimule la fièvre en leur cinglant la peau... Parbleu! l'on s'en était toujours douté que la taille de ces héros d'une autre ère n'excédait pas la moyenne et qu'ils avaient eu leurs petitesses ainsi que leurs devanciers, ces géants, selon les chroniques d'antan, et tout comme leurs successeurs, ces pygmées, suivant les reporters d'hui. Réduits à leurs véritables proportions, et par vous représentés tels qu'ils furent, au lieu de nous sembler moins grands, ils nous le paraissent au contraire plus, nos pères de 89 et de l'an I, II et III de la République Une et Indivisible, puisque nous les comprenons mieux à présent, et que nous sentons aussi que nous sommes de la même race, eux et nous, sinon de la même trempe. Il y a beau jour déjà que j'en eus quelque pressentiment et, presque aussitôt après, la certitude. Écoutez ceci, mon cadet : On était en avril, la nature en fleurs se parait de toutes ses perles végétales, et le soleil enfin vainqueur des brumes de l'hiver, rayonnait dans le bleu. Tout enfant alors, il m'en souvient et m'en souviendra, je polissonnais sur le mail de ma ville natale avec plusieurs de mes camarades d'école, aujourd'hui presque tous disparus. « As-tu vu, s'écria l'un d'eux, ce papa qui regarde jouer aux quilles, assis sur un banc de pierre? » Et ce disant, le moutard me montrait un vieillot tout émacié, mais droit comme un i, portant sur son buste anguleux une figure pensive un peu flétrie par les ans et richement encadrée par une forêt de cheveux blancs comme la neige. En silence, nous nous approchâmes de lui, qui s'était levé. S'appuyant sur une canne à bec de corbin et boutonné dans un frac à boutons d'or et d'une coupe un peu surannée, tantôt il redressait les morceaux de bois assez mal équarris et grossièrement tournés, abattus par les tireurs, et tantôt mesurait la distance qui les en séparait. Tout à coup un passereau qui voletait en rasant le sol, fut atteint par une boule et s'affaissa. Le bon vieux tressaillit et, l'ayant ramassé, l'examina : « Ce ne sera rien, murmura-t-il : une aile froissée mais non pas cassée, heureusement! » Et voilà que, tout attendri, des larmes plein les paupières, il entreprit de rebouter l'oiseau. Bientôt il y parvint, et la bestiole essaya de reprendre sa volée ; elle ne la prit qu'au bout d'un quart d'heure d'infructueux efforts, et sitôt enlevée, nous l'aperçûmes sur la branche d'un sycomore, en train de passer son petit bec ourlé de jaune sous ses rares plumes grises. « Ah ! le voilà raccommodé ! j'en suis ravi ! » C'était le quasi-centenaire qui soliloquait ainsi. Je me retournai, le suivis. Il se promenait lentement en scandant ce mauvais distique de je ne sais quel philanthrope chrétien ou non :

> Ne pas aider autrui, c'est se nuire à soi-même,
> Car chacun a besoin qu'on l'assiste et qu'on l'aime ;

et parfois il considérait l'oisillon sautillant d'arbre en arbre et qui finit par gagner le toit d'une chapelle voisine où nous le perdîmes de vue. Alors l'ancien se laissa choir sur une borne, auprès d'une fontaine, et s'abîma dans une profonde contemplation intérieure. « Oh! soupira-t-il en relevant son front pâli, si nous avions eu le moyen de recoller ainsi la tête de Danton et celle de Robespierre!... » A ces noms, qui ne me rappelaient, à moi, gamin, que d'effroyables monstres dont je ne m'imaginais que vaguement la structure, je frémis et m'esquivai tout ému. Plus tard, bien plus tard, on m'apprit que le vieillard en question avait terrorisé la Convention, qui le comptait parmi ses membres, et qu'étant presque mon homonyme, il s'appelait Cledel du Lot. Ayant grandi, que de fois, avant et depuis ma sortie du collège, je pensai mélancoliquement à ce prétendu coupeur de têtes humaines qui pleurait en arrangeant l'aile d'un pierrot! Et que de fois aussi, trop ingénu, trop ignorant pour dénouer le vrai du faux dans les écritures comme dans la vie, *in petto* je me dis : « Il doit y en avoir beaucoup encore sur la terre, de ces fameux buveurs de sang qui ne furent ni ne sont pas capables de faire du mal à une mouche ! » Aujourd'hui ce que je n'avais que soupçonné autrefois m'est prouvé surtout par votre œuvre, où, galvanisés, les morts revivent tels qu'ils vécurent, avec leurs idées, leurs mœurs, leur langage, avec leurs qualités et leurs vices, et même leurs manies et leurs tics, sous leurs costumes historiques. Eh bien ! nous les connaissons à présent, nos ancêtres ! Si, cédant à leur égoïsme, ils se départirent parfois de leur dignité, toujours est-il qu'ils gardèrent intact leur enthousiasme humanitaire, leur foi patriotique, et qu'ils ont le droit d'abaisser un regard de pitié sur leurs si médiocres neveux. « A vous, s'écrieraient-ils, s'ils avaient encore la parole, à vous, c'était à vous d'achever la révolution que nous avons inaugurée; autrefois, nous abolîmes la noblesse, c'est à vous aujourd'hui de réfréner la bourgeoisie, d'où nous sommes et d'où vous sortez; elle n'était pas, elle est tout et le peuple n'est rien! A bas les barrières que vous avez laissé relever; à bas les castes qui se sont reformées sous d'autres dénominations, et meurent à jamais la calotte, la soldatesque, le fisc, les censeurs, les robins et les sbires, et la finance; à bas tous les tyrans! et que la nation affranchie de ses entraves et délivrée de toutes ses servitudes, ayant du pain assuré pour chacun de ses enfants, et de l'instruction pour chaque esprit et la liberté pour tous, se montre enfin et soit souveraine... Aux armes, citoyens! » Hélas! entendre et voir, eux, les héritiers des insurgés de 89, eux, ces rois, fils de régicides, allons donc! Ils sont aveugles et sourds s'ils ne sont pas muets, et ne se soucient, après avoir mendié les faveurs de la plèbe, qu'à la maintenir dans la nuit et dans l'indigence; ah! pourvu qu'il leur soit permis de jouir tout leur saoûl, ils sont contents, et se pavanent ces dépravés, ces prévaricateurs, ces concussionnaires, ces aigrefins, ces goinfres, ces paillards, ces fripons, ces jésuites noirs ou blancs, bleus ou rouges, tricolores et même incolores, ces sceptiques à qui l'on crut des convictions! Et le prolétaire, lui? « Qu'il nous laisse tripoter à notre aise en les caisses publiques, emplir notre ventre et l'user sur la chair de ses filles à lui, gueux, et qu'il trime, ce forçat, dans les mines et les carrières, pour nous, fainéants, et quand il ne pourra plus souffler, au bout du fossé la culbute! qu'il crève de faim dans les égouts avec sa femelle et ses petits!... » Un jour ou l'autre, sans doute, vous irez, mon cher Jean Bernard, en ce palais historique du bord de la Seine où vous appellent vos aptitudes et peut-être aussi vos destins. Souvenez-vous, une fois là, vous un lettré, vous un historien, de ce que tant d'autres ont oublié, surtout de ceci : qu'il vaut mieux, cent fois mieux, pour un élu du pays, sombrer maigre et pur ainsi que Romme et Delescluze, que de finir gras et dissolu comme Barras et... Mirabeau !

Léon Cladel.

Au château de Famelette, en Hesbaye, sur les collines de la Meuse ; le 13 octobre 1885.

HISTOIRE DE LA RÉVOLUTION

Du 1ᵉʳ au 7 janvier 1790.

I

LE PREMIER DE L'AN 1790

Le jour de l'An. — Humbles démarches de Bailly et de l'Assemblée. — Réponses sèches du roi et de la reine. — Souhaits satiriques. — Suffisance de Bailly. — Vie simple de Robespierre. — Manière de travailler de Maximilien. — Ses dépenses. — Sa toilette. — Incident a l'école française a Rome. — Hypocrisie de la mode. — Les joueurs de bonneteau. — La cour prend le deuil. — Le curé de Chaillot. — La statistique de 1789.

Le premier jour de l'an 1790 présente Paris sous un aspect tout nouveau; la vieille étiquette monarchique essaye encore d'assujetir la France en révolution à ses lois mesquines, étroites et définitivement démodées; c'est en vain que Bailly et l'Assemblée veulent se prêter à ces dernières comédies d'une soumission hypocrite, la majorité des citoyens montre bien que le règne du cérémonial, qui jetait un peuple à plat ventre devant un roi se disant cousin de Dieu, est passé.

Du reste, il suffira de lire le récit de cette journée pou

bien voir combien la nation était déjà déshabituée des vieilles coutumes et des antiques usages surannés.

Dès le matin, les princes, les princesses, les dames et seigneurs de la cour, rendent leurs hommages au roi.

Puis vient Bailly, accompagné de l'état-major de la garde nationale et des trois cents représentants de la Commune; le président de l'Assemblée, à la tête d'une délégation de soixante députés est ensuite introduit. Bailly et le président se mettent à genoux devant Louis XVI, et, au nom du peuple de France, ils « offrent le tribut d'amour et de respect. »

Il était encore possible, à ce moment, d'espérer que le roi, prenant son parti des événements, décidé à subir le nouvel ordre des choses, saurait, par un mouvement de grande franchise ou d'amour spontané pour le peuple, se réconcilier avec lui et terminer la Révolution pacifiquement en acceptant avec résignation ce qu'il ne pouvait empêcher. Qui pourrait dire l'effet qu'aurait produit, en cette circonstance, un élan généreux du roi ? Quelles n'auraient peut-être pas été les conséquences, heureuses pour la royauté, d'un discours où le roi aurait promis de seconder les efforts que les représentants du peuple tentaient pour établir cette liberté que la France réclamait et à laquelle, certes, elle avait droit ? Nous le croyons fermement : si, à ce moment, Louis XVI avait eu l'habileté de vouloir honnêtement suivre la marche indiquée par les événements, il aurait pu encore s'emparer du mouvement révolutionnaire et, tout en accordant les grandes réformes demandées, sauver la monarchie.

Mais cet élan de l'âme, cet acte de franchise ne se produisit pas ; aux compliments des représentants de Paris et de la France, le roi répondit par quelques paroles insipides, sans netteté, sèches et froides :

— Je suis fort sensible, dit-il, aux nouveaux témoignages d'affection que vous me présentez au nom de l'Assemblée nationale, je ne veux que le bonheur de mes sujets, et, je l'espère, comme vous, l'année que nous allons commencer sera, pour toute la France, une époque de bonheur et de prospérité (1).

Désappointés par cette réponse sans portée, les députés se rendirent chez la reine, à qui ils exprimèrent les mêmes sentiments de fidélité, sachant bien du reste que, malgré la loi salique, le sceptre de Louis XVI n'était plus que la quenouille de l'Autrichienne.

Aux nobles et aux seigneurs, elle ne laissa voir qu'une figure hautaine et fière ; sa réponse fut encore plus brève et plus dédaigneuse que celle de son mari. La voici dans son laconisme :

— Je reçois, avec beaucoup de sensibilité, les vœux de la députation ; je vous prie d'en assurer tous les membres de l'Assemblée nationale.

Deux phrases et ce fut tout.

La comédie était terminée ; les délégués se voyaient congédiés, sans avoir rien obtenu en retour de cette démarche à laquelle ils avaient donné les dehors les plus humbles possibles.

Le peuple, il faut le dire, fut beaucoup plus digne et plus sincère ; tous ses hommages s'adressèrent à l'Assemblée

(1) *Histoire parlementaire*, t. IV, p. 221.

nationale et presque pas au roi. Les municipalités firent parvenir des adresses de félicitations aux députés, les villes, en grand nombre, envoyèrent plus de huit cents délégués apportant des compliments de vive voix qui étaient l'adhésion de la France aux travaux de ses représentants.

La satire se mêla à cette fête de la nouvelle année, et les journaux dressèrent des listes de souhaits aux principaux personnages en vue; ainsi, on souhaitait :

A Mirabeau, une bonne réputation ;
A de Calonne, un nœud coulant ;
A l'archevêque d'Aix, une conscience ;
A M. Target, une montre à répétition ;
A l'abbé Grégoire, le prépuce d'Absalon;
A l'abbé Maury, de la racine de nénuphar (!);
A Bailly, le goût de la simplicité.

Le souhait fait pour le maire de Paris était la critique anodine de l'amour que Bailly montrait depuis peu pour tout ce qui touchait à la parade; ainsi, en ce moment, il se rendait ridicule en donnant à ses domestiques une sorte de livrée aux couleurs nationales et en faisant peindre sur son carrosse un écusson avec trois abeilles d'or. On lui reprochait encore de s'être attribué un traitement de cent dix mille livres par an (1).

En face de ces frivolités qui commençaient à porter atteinte à la grande popularité de Bailly, on ne peut s'empêcher de songer à cet autre révolutionnaire dont la réputation se forme et grandit et dont la parole fait déjà autorité au club des Jacobins, que l'on appelait alors « la Société

(1) Les *Révolutions de France et de Brabant*.

des Amis de la Constitution » : nous voulons parler de Robespierre.

A cette époque et depuis le 6 octobre, Maximilien avait pris de moitié, avec un jeune homme de ses amis, un appartement des plus modestes, une simple chambre rue de Saintonge, au Marais, chez un nommé Humbert, assidu des Jacobins. Ce jeune homme (1) avait des occupations qui l'obligeaient à sortir de grand matin et le retenaient dehors fort tard, en sorte que le député d'Arras était quelquefois plusieurs jours sans le voir ; leur intérieur ressemblait à ceux des jeunes gens qui ne sont presque jamais chez eux et mangent chez le restaurateur.

Ce jeune homme, dont nous parle Charlotte Robespierre, est, pense-t-on, ce Pierre de Villiers qui publia, après le 9 thermidor, une collection d'anecdotes où l'on a de la peine à reconnaître le camarade de Maximilien.

Pierre de Villiers servit, en quelque sorte, de secrétaire à Robespierre dans plusieurs circonstances ; le jeune orateur, qui écrivait la plupart de ses discours, les dictait tout au moins, quand le temps venait à lui manquer ; il se contentait ensuite de les revoir, de les corriger, les apprenait par à peu près et les prononçait ensuite à la tribune. Nous avons ainsi plusieurs discours de Robespierre copiés de la main de Villiers qui les avait écrits sous la dictée de Maximilien. Il faut ajouter que rarement Robespierre apprenait mot à mot ; comme tous ceux qui ont la probité oratoire, il écrivait, et, malgré une grande facilité d'improvisation, il tenait, autant que le temps le lui permettait, à fixer ses

---

(1) *Mémoires de Charlotte Robespierre.*

discours dans la forme qu'il aurait voulu leur donner, puis il montait à la tribune et modifiait le texte, qu'il amplifiait souvent, le soumettant aux divers incidents de la séance et aux impressions de l'auditoire.

Quand il parlait, Robespierre avait la voix faible, sèche et monotone, même un peu aiguë; le geste était étroit, mais la logique était si serrée qu'elle obligeait l'auditeur à l'attention.

Tout d'abord, en voyant ce jeune homme si doux, si complaisant dans ses relations particulières, si poli quoiqu'un peu froid, quelques-uns de ses collègues, que leur fortune ou leur grande rouerie avaient mis en vue, affectèrent une insultante pitié pour lui; même ses amis du moment, les frères de Lameth par exemple, lui montrèrent une sorte de bienveillance protectrice que Robespierre ne tarda pas à secouer. Quand il paraissait à la tribune, un sourire courait sur les lèvres de ces influents de la gauche qui plaisantaient à voix basse celui qui bientôt devait les faire trembler.

Mirabeau, qui dès le premier jour avait remarqué Robespierre, Mirabeau seul accorda à Maximilien l'importance qu'il méritait, ne prenant aucune part à ces railleries dont se divertissaient un certain nombre de députés.

Un jour, il répondait à Barnave qui le plaisantait de prendre au sérieux « l'Homme-Vert » :

— Lui, laissez-le faire, il ira loin, car il croit à ce qu'il dit.

Barnave haussa les épaules, mais l'avenir se chargea de réaliser la prédiction de Mirabeau.

Du reste, très timide de sa nature, il se faisait une véritable violence pour parler devant de grands auditoires;

une fois le premier feu essuyé, la timidité disparaissait ; mais, comme il l'avoue lui-même et suivant ses propres expressions, quand il montait à la tribune, « il tremblait comme une feuille » (1).

Robespierre, quoique dans une situation gênée, ne connut jamais la misère proprement dite ; ayant peu de besoins et sachant conserver ses goûts modestes, véritables garants de l'honnêteté d'un homme politique, sa rémunération de dix-huit livres par jour comme député lui suffisait bien largement.

Robespierre divisait ses appointements en trois parties égales : il en envoyait une à sa sœur Charlotte, restée à Arras ; la seconde était donnée régulièrement à une femme de cœur pour laquelle Maximilien avait une affection très grande et un amour profond ; enfin la troisième part lui suffisait pour subvenir à ses propres besoins personnels. Ses plaisirs étaient la lecture, le théâtre qu'il aimait beaucoup et où il allait le plus souvent que le lui permettaient ses occupations et ses ressources ; son théâtre favori était la Comédie-Française où il s'asseyait modestement au parterre, de préférence les jours où l'on représentait une pièce du répertoire classique ; il affectionnait surtout les places du fond où il pouvait mieux s'isoler et concentrer son attention sur la pièce en dehors des distractions des loges et des galeries.

Sa toilette, qui lui valut les plaisanteries de ses amis et les épigrammes de ses ennemis, l'occupait beaucoup et il

(1) Lettres de Robespierre à sa sœur.

ne voulut jamais faire de concessions sur ce point. Sa tenue était pleine de soins et même empreinte de recherche. Il aimait que ses bas fussent bien tirés et que ses souliers vernis fussent toujours d'un luisant immaculé ; un jour, un de ses amis le trouva recousant lui-même un bouton à son habit pour ne pas sortir avec un costume où l'on aurait pu deviner de la négligence. Il aimait les manchettes de dentelle ; sa perruque était sans cesse poudrée comme s'il eût dû aller en visite. C'est là un trait et une des particularités de ce caractère ; mais son habit olive, brossé jusqu'à la corde, ne l'empêcha pas d'être un des révolutionnaires des plus honnêtes et des plus fermes, et de mériter le superbe nom d'incorruptible, que lui envièrent en vain ceux qui crurent que l'on flatte le peuple en imitant le débraillé et le laisser-aller des malheureux indigents ou des misérables coureurs de mauvais lieux. Non, non, les amis du peuple n'ont pas besoin de se couvrir de haillons ou de vêtements sordides pour combattre pour ses droits et revendiquer ses libertés ; la recherche dans le costume n'empêche pas la sincérité des opinions, la foi inébranlable dans les principes.

Tandis que Bailly et le président de l'Assemblée étaient prosternés aux pieds de Louis XVI, le parti de la cour continuait sa conspiration sourde, entretenait l'agitation par des écrits violents et par les sermons des prêtres.

Ainsi, ce même 1er janvier 1790, l'ecclésiastique qui prêchait dans l'église de Chaillot avait pris pour texte : « l'obéissance aveugle et passive que tout bon citoyen doit au roi et à ceux à qui il a confié sa puissance. » L'orateur fut interrompu par les murmures de l'assemblée. Le curé invoqua alors le respect dû au temple et le calme se rétablit ; mais le prédicateur revenant à son idée première, les cris redoublèrent ; on appela la garde ; le prêtre effrayé s'enfuit dans la sacristie où il fut arrêté. Conduit au poste de la garde nationale, il montra, par son manuscrit, qu'il y avait dix-huit ans que le sermon était composé, et il y avait dix-huit ans qu'à pareille date il refaisait toujours le même.

C'est le premier exemple, en France, que des hommes réunis dans une église aient osé faire arrêter un prédicateur pour paroles séditieuses.

Cette semaine, à Rome, les jeunes artistes français donnèrent lieu à un incident assez original pour mériter d'être raconté.

Il était, à notre École française, un usage consistant à faire une exposition particulière pour les étrangers qui venaient visiter notre Académie. Le directeur, un nommé Ménageat, crut devoir cet honneur à Madame de Polignac à qui il avait des obligations; mais il eut bien soin de recommander aux jeunes gens de ne pas arborer la cocarde tricolore, comme ils en avaient pris l'habitude. Malgré cette défense, les jeunes artistes se présentèrent devant la favorite de Marie-Antoinette avec d'énormes cocardes tricolores à leur chapeau, et tous les tableaux qu'ils exposèrent représentaient les divers événements de la Révolution.

Il ne fallait pas aller jusqu'à Rome pour rencontrer des bizarreries, que nécessairement la Révolution devait imposer aux mœurs du temps. Ainsi à Paris, l'année précédente, il était de mode de mettre des boucles d'argent aux souliers quand on était dans une certaine aisance ; mais lorsqu'un entraînement patriotique eut porté une grande partie de la population à offrir le superflu à la nation, pour subvenir à ses besoins les plus pressants, les boucles d'argent furent remplacées par des boucles de cuivre, et il était de bon goût de paraître en public avec ces boucles ; cela indiquait pour tous qu'on avait offert les ornements d'argent à la patrie, c'était pour ainsi dire une marque de civisme.

Mais quelques-uns portaient des boucles de cuivre sans pour cela avoir donné celles d'argent à la patrie ; c'était une hypocrisie de plus dans le courant des usages de la vie parisienne.

La mode parisienne ne perdait pas ses droits : les royalistes affectaient d'orner leurs appartements de portraits de Louis XVI et de Marie-Antoinette ; ainsi le comte de Lambertye achetait « une gravure aux trois couleurs représentant la reine de France, 9 livres (1) ».

Une des gravures très à la mode était le *Saule pleureur*, représentant un vase ombragé par un saule. Par une ingénieuse combinaison des lignes du dessin, avec un peu d'attention, on parvenait à distinguer le roi, la reine, le dauphin et la duchesse d'Angoulême (2).

Une des particularités de cette vie parisienne a toujours été les joueurs de hasard. En 1790, malgré les défenses multiples, on voyait un grand nombre de ces individus alléchant les ouvriers par l'appât d'un gain imaginaire ; seulement, au lieu d'avoir de petits établis en bois comme aujourd'hui, ces industriels interlopes, qui se tenaient de

---

(1) *Les papiers d'un émigré*, par le baron de Guillermy (1886).
(2 *Catalogue de livres rares et manuscrits précieux de feu M. le marquis de M...* N° 1656 (1871).

préférence sur les quais du Louvre, traçaient leurs numéros avec du charbon sur les pierres de taille des parapets : quand la garde arrivait, ils mettaient tout simplement les cartes ou les dés dans leurs poches et s'enfuyaient en emportant l'argent de leurs dupes (1).

Pour donner une idée vraie de la vie même du temps, dont nous nous efforçons d'écrire l'histoire par le menu, nous ne croyons mieux faire que de terminer le premier chapitre sur la première semaine de la deuxième année de la Révolution par la reproduction d'une très curieuse statistique publiée en 1789 :

Nous apprenons ainsi qu'en 1789 :

Les mariages furent de	4,781
Naissances, *garçons*	9,891
— *filles*	8,492
Décès, *hommes*	11,294
— *femmes*	8,851

En comparant ce tableau avec celui de 1788 on s'aperçoit qu'il y a eu en 1789 :

594 mariages de moins ;
1,325 naissances de moins ;
432 morts de plus.

Le nombre des enfants trouvés en 1788 avait été de 5,882 ; en 1789 il fut de 5,779, soit 103 enfants trouvés de moins en 1789.

(1) Journaux.

Le nombre des enfants nés à l'hôpital, en 1789, fut de 1,616, ce qui fait, comme on peut s'en rendre compte, près d'un seizième des naissances ; ce chiffre considérable s'explique par la grande misère qui régnait alors dans Paris. Il mourut, cette année, 4,430 personnes à l'Hôtel-Dieu, tant hommes que femmes, soit un peu plus du cinquième des morts de Paris, c'est-à-dire — proportion tragique — que, sur cinq individus, il y en avait un qui allait mourir à l'hôpital.

Nous avons tenu à donner ces chiffres dans leur éloquente sécheresse parce que, plus que toutes les phrases, ils font connaître combien était grande la misère à une époque où l'hôpital était le berceau et le lit de mort du cinquième de la population de Paris.

Aussi, on accorda peu d'attention à l'excommunication lancée par le pape contre de nombreux ouvrages récemment parus ; parmi les œuvres excommuniées nous trouvons les suivantes :

De l'importance des opinions religieuses, par Necker, Londres, 1788 ; *Histoire des États-Généraux de Versailles*, 1789 ; *Procès-verbal des conférences sur la vérification des pouvoirs* ; une feuille périodique, *le Courrier patriotique*; *Opinion de M. Rabaut de Saint-Étienne sur la motion suivante de M. de Castellane :* « *Nul homme ne peut être inquiété pour ses opinions, ni troublé dans l'exercice de sa religion* » *;* un manuscrit, *Discours sur la liberté française, prononcé le mercredi 9 août 1789 dans l'église paroissiale de Saint-Jacques et des Saints-Innocents en la fête consacrée à la mémoire des citoyens morts à la prise de la Bastille en* *combattant pour la patrie*, M. l'abbé Fauchet ; *Discours sur le Tiers et le clergé prononcé à l'Assemblée nationale*, par M. Alexandre Lameth ; *Révolution de Paris*, dédiée à la nation, depuis le 12 juillet de cette année, avec cette devise : « Les grands ne nous paraissent grands que parce que nous sommes à genoux. Levons-nous ! »

Ces condamnations de la sacrée congrégation de l'*Index* passèrent inaperçues ; la France écoutait d'autres voix et ces derniers anathèmes n'étaient pas entendus par une nation occupée à réclamer ses droits et sa liberté.

II

LES HORREURS DES COUVENTS

Les moines prisonniers dans les couvents. — Le capucin de la barrière du Trône. — Esclavage des moines. — Les couvents de femmes. — La Duchesse de Choiseul. — La marquise de Créqui. — Une danseuse de l'Opéra au couvent. — Les courtisanes carmélites. — Les parents barbares. — Les supérieures viveuses. — Les jeunes jardiniers. — Les maladies des cloîtres. — Marie Alacoque. — L'anagramme d'aristocrate. — Les *vade in pace*. — Le cri de Camille Desmoulins.

Cette semaine, on commença à se livrer dans toute la France à une grande enquête qui allait faire frémir d'horreur tous les hommes honnêtes que n'égaraient pas les principes religieux poussés jusqu'au fanatisme.

Le 2 janvier, en effet, sur la proposition du député Dionys du Séjour (1), on avait discuté que tous les supérieurs de maisons religieuses seraient tenus de donner l'état des

---

(1) Dionys du Séjour était né à Paris le 11 janvier 1735 ; très jeune il fut nommé conseiller au Parlement de Paris ; il s'occupait beaucoup de science et d'astronomie et publia plusieurs ouvrages scientifiques. Député de la noblesse aux États généraux, il prit place parmi les constitutionnels royalistes. Après la session il se retira dans sa terre d'Angeville, où il mourut vers la fin de 1794.

moines prisonniers dans leurs couvents; les commissaires royaux procédaient au lugubre recensement; aussi la consternation fut-elle grande parmi les hauts dignitaires du clergé, qui savaient l'énormité des crimes qui allaient être dévoilés.

Ce fut un incident des plus dramatiques et que nous allons raconter, qui amena Dionys du Séjour à faire à l'Assemblée la motion dont nous nous occupons aujourd'hui.

Dans un couvent de capucins, près de la barrière du Trône, les religieux avaient enfermé, dans un donjon, un moine de leur ordre, pour le punir d'une tentative d'évasion du monastère. On avait emprisonné ce malheureux dans un cachot humide et sombre, le laissant sans vêtements, presque sans nourriture, l'obligeant à coucher sur la pierre nue. Un jour, à l'aide d'un lambeau d'étoffe provenant des restes de sa chemise, et en se servant d'une arête de morue qu'il trempa dans son propre sang, le malheureux écrivit en quelques lignes le récit de son supplice; puis, ayant arraché avec ses ongles un fragment de pierre de sa cellule, il s'en servit pour lancer cette étrange missive à travers les barreaux de sa prison, dans un jardin voisin, où elle fut ramassée et apportée au député Dionys, qui fit part de cette plainte à l'Assemblée.

Sitôt que l'enquête, ordonnée à la suite du discours de Dionys du Séjour, fut commencée, les révélations les plus extraordinaires se firent jour. On apprit que dans les trente-cinq couvents de Paris, le nombre des prisonniers enfermés dans des cachots obscurs, appelés *vade in pace*, s'élevait à plusieurs milliers.

Ces malheureux étaient jetés dans ces souterrains sans jour, presque sans air, sous le moindre motif ou sous le prétexte le plus futile.

Les supérieurs s'étaient constitués, de par l'autorité de leurs chapitres, les lieutenants criminels de leurs couvents, où ils exerçaient la justice sans aucune espèce de contrôle.

Ces dénonciations émurent vivement les patriotes qui apprirent les souffrances horribles et les tortures abominables infligées à des créatures humaines, livrées à la barbarie des moines qui condamnaient leurs victimes aux plus épouvantables châtiments.

Une fois enfermé dans un couvent, un homme était retranché du nombre des vivants; c'était en vain qu'à un moment donné il se lassait de cette vie du cloître qu'il avait embrassée, malgré lui, dans un moment d'exaltation mystique; c'était en vain qu'il voulait sortir de cette existence exceptionnelle pour rentrer dans la vie ordinaire, cela ne lui était pas permis; il était esclave du froc, soumis aux férocités des moines ayant droit de vie et de mort sur lui: inutilement la victime essayait de se plaindre, ses protestations n'arrivaient pas à leur adresse, et si, par un hasard presque impossible, ses plaintes parvenaient au dehors, la loi civile ne pouvait rien pour elle, car la loi civile reconnaissait, approuvait et protégeait les vœux religieux. Il ne restait plus aux victimes sacrifiées qu'à étouffer leurs cris et leurs sanglots dans ces prisons, entre les murs épais de ces monastères où régnaient le caprice et la fantaisie de supérieurs aussi farouches que despotiques.

La condition des religieuses était à peu près identique à celle des moines.

Seulement, pour les femmes, le couvent se compliquait de toutes les misères et de toutes les vilenies que les mœurs de l'époque permettaient ou imposaient. Le couvent était, à la fois, une prison, une auberge, un refuge, dans lesquels les grands envoyaient momentanément ou pour toujours leurs maîtresses et leurs concubines.

Nous voyons une duchesse de Choiseul, désirant acquitter les dettes de son mari, quitter les salons, abandonner son luxe et son train de maison, pour venir prendre pension dans un couvent moyennant la somme de six cents livres par an.

La marquise de Créqui, restée veuve avec une famille nombreuse et une situation pécuniaire embarrassée, place ses enfants au collège, puis vient vivre dans un couvent jusqu'à leur majorité, laissant pendant ce temps ses affaires s'arranger et les intérêts s'accumuler, afin de reconstituer un capital qui avait été près de se perdre.

Une baronne, jalouse d'une danseuse de l'Opéra entretenue par son mari, fait enlever en secret la ballerine et la fait enfermer dans un cloître.

Une femme trompe-t-elle son mari, on l'envoie dans un cloître ; un prince veut-il se marier après avoir mené la vie joyeuse, il rassemble ses maîtresses dans un dernier dîner joyeux où les bouchons de champagne sautent au milieu des chansons licencieuses ; au dessert, il annonce son prochain mariage à ses concubines, ajoutant qu'il a assuré leur avenir, et le lendemain elles entrent aux Carmélites, car il serait peu convenable que des courtisanes qui ont eu l'honneur de partager la couche d'un prince du sang pussent goûter, avec d'autres, les mêmes plaisirs défendus.

Les parents nobles enfermaient aussi les filles à qui ils ne voulaient pas fournir de dot, afin de laisser une fortune considérable à l'aîné mâle; dès l'âge de six ou sept ans, ils plaçaient dans les cloîtres ces innocentes créatures; ils leur imposaient les vœux de pauvreté, de chasteté et d'obéissance à quatorze ans, et tout était fini pour elles.

Beaucoup devenaient folles des suites de tourments moraux et physiques; d'autres mouraient épuisées, anémiques; bien peu passaient l'âge de cinquante ans.

Quand une de ces malheureuses voulait se plaindre, se révolter, ou même résister, la supérieure n'avait qu'un mot à dire, et la coupable était jetée au fond d'un souterrain, laissée presque sans vêtements, avec des fers aux pieds; là, elle pouvait crier, hurler, se lamenter, pleurer, demander justice, se ronger les poings, les voûtes du souterrain étouffaient ses hurlements désespérés.

Il n'est pas étonnant qu'au milieu des excès de cette vie, l'esprit se détraquât et que les imaginations déséquilibrées jetassent les religieuses dans les hallucinations durant lesquelles elles croyaient avoir des visions avec les diables ou les anges.

Voilà quel était l'état monacal en janvier 1790, par suite des mœurs des aristocrates dont l'anagramme était *Iscariottes*, comme l'avait trouvé cette semaine un journal patriote.

Quand un des membres des congrégations essayait de fuir

de semblables milieux, le supérieur le condamnait à cette prison dont nous parlons plus haut, le *vade in pace*. Mais, avant de descendre vivante la victime dans son caveau, on la soumettait à une cérémonie funèbre capable de frapper l'imagination et de terrifier celles qui seraient tentées, dans la suite, d'imiter son exemple.

On faisait coucher le condamné dans une bière, au milieu de la chapelle, on recouvrait la bière d'un drap mortuaire et on l'entourait de tous les ustensiles de sacristie qu'emploie l'église pour ses cérémonies funèbres; on récitait l'office des morts, après lequel chaque religieux, en sortant, jetait de l'eau bénite sur ce cadavre vivant, et la communauté se retirait en chantant le *De Profundis;* quand on avait laissé tomber le terrible *Requiescat in pace*, on jetait le mort-vivant dans les fers, d'où il ne sortait souvent plus, et cela, répétons-le, sans autre forme de procès que l'ordre donné par le supérieur.

A la suite de l'enquête prescrite sur la proposition du député Dionys du Séjour, la France apprit que ces *vade in pace* étaient remplis de martyrs, sur tous les points de son territoire; l'Assemblée nationale s'empressa de délivrer ces milliers de malheureux, et bientôt en brisant les vœux monastiques arrachés à tant de victimes, elle allait suivre le conseil de Camille Desmoulins, qui, reprenant une pensée de Voltaire, s'était écrié en parlant de tous ces cloîtrés et de toutes ces recluses.

— Forcez-les d'entrer dans la salle de noces !

Du 15 au 21 janvier 1790.

III

DESPOTISME ET ROYALISME

Les députés tous royalistes. — Vingt millions de liste civile. — Affreuse misère dans les provinces. — Les décrets traduits dans tous les idiomes. — Les cochers en 1790. — Insolences et brutalités. — Règlements de police. — Les tarifs. — Les pourboires. — Aventure du vicomte de Mirabeau. — La liberté de la presse. — Rapport de Sieyès. — Marat et « l'Ami du peuple ». — Il est dénoncé a la Commune. — Ordre d'arrestation. — Résistance du club des Cordeliers. — Trop tard! — Les jardins du Luxembourg fermés. — La reine renonce a sa loge dans les spectacles. — Récompense civique a un Anglais.

On a souvent répété dans les écrits royalistes que, dès les premiers jours de la Révolution, les membres du Tiers-État avaient déclaré une guerre ouverte à la royauté. C'est là une erreur absolue. Les représentants des communes, au contraire, étaient, pour la plupart, de sincères royalistes voulant opérer certaines réformes reconnues indispensables par tous les esprits réfléchis, mais désirant aussi conserver la royauté en lui faisant subir les modifications jugées nécessaires et constituer, à peu de chose près, ce que fut plus tard la monarchie de Louis XVIII et de Charles X.

A ce moment, on ne demandait pas davantage.

Si le roi avait consenti à accepter franchement les réformes votées, si Marie-Antoinette n'avait pas poussé son mari à la résistance et à la guerre civile, la Révolution aurait été arrêtée, on se serait contenté des réformes fiscales, d'une amélioration constitutionnelle, et les Capet régneraient peut-être encore en France.

Nous trouvons une preuve de ce bon vouloir des députés en faveur de Louis XVI et de leur franc royalisme, dans une motion faite, au mois de janvier, par Dupont, qui proposa à l'Assemblée de supplier le roi de fixer lui-même la somme qu'il croyait nécessaire pour ses dépenses personnelles, celles de sa maison, de ses menus plaisirs, de ses enfants et de ses tantes ; Dupont ajoutait que, dans le cas où le roi refuserait de fixer le chiffre, on le prierait d'accepter la somme de vingt millions par an.

Certes, ce n'est pas la faculté laissée au roi de fouiller à pleines mains dans le trésor public, mais vingt millions pour l'époque, alors que le peuple manque de pain, que la famine règne, que la ville de Paris a la farine rationnée, que les caisses sont vides, vingt millions constituent une somme énorme, et l'Assemblée en la votant imposait au pays un sacrifice qui, du reste, fut accepté par Louis XVI, après qu'il eut fait semblant de se laisser prier. Il n'avait pas besoin d'autant, et ses espérances, à ce sujet, étaient bien moindres.

Marie-Antoinette fut loin de se montrer satisfaite, oubliant que ses propres prodigalités avaient tari les sources des revenus de l'État, au point que le jour où Necker entra au ministère, il restait quatre cent mille livres, c'est-à-dire, juste la dépense de l'État pendant un quart de journée. Mais si la reine trouva la pension au-dessous de ses appétits, le peuple murmura, autant dans les campagnes que dans les villes, car la misère n'était pas moins grande dans les provinces qu'à Paris. Ne voyons-nous pas, en effet, dans le *Chartrier des Etats de Bourgogne* que : « Il y a beaucoup de gens en Bourgogne qui ne consomment aucuns sels... La pauvreté où ils sont actuellement est telle qu'ils n'ont pas de quoy acheter, non pas du bled ni de l'orge, mais de l'avoine pour vivre, et les oblige de se nourrir d'herbes. » On devine quel étonnement causa le vote parmi ces populations rurales, quand lecture leur en fut faite dans la langue du pays, car, par une décision récente, il avait été ordonné que le pouvoir exécutif ferait traduire dans tous les idiomes et patois parlés en France, les décrets de l'Assemblée nationale.

Quoi ! vingt millions pour la famille royale, quand tous les jours on trouvait des malheureux morts de faim ?

Ainsi l'avaient voulu les députés, férus de respect monarchique.

Pendant qu'on s'occupait des grandes dépenses du roi, on n'oubliait pas non plus les petites recettes des particuliers.

Ainsi, à la date du 15 janvier, nous voyons affichée sur les murs de Paris une ordonnance de police concernant les cochers des voitures de place et qu'il nous semble curieux de reproduire en partie.

Disons avant toutes choses que cette industrie datait du seizième siècle et avait été autorisée et réglementée par une ordonnance de Henri III, du 10 octobre 1575. Depuis, nous trouvons divers édits et arrêtés réglementant la matière, sur lesquels nous passons ; relatons seulement que les voitures et carrosses publics n'avaient pas été cédés en monopole à des Compagnies; ces voitures appartenaient à des particuliers, qui en possédaient une ou plusieurs d'après une autorisation spéciale, et qui les conduisaient eux-mêmes ou les faisaient conduire par des cochers à leur solde.

Il faut ajouter que, sous le rapport de l'aménité et de la politesse habituelles des cochers, nous n'avons rien à envier à nos pères de 1789. Ainsi, un arrêt du Parlement, rendu à la veille de la Révolution, nous apprend que les cochers « *abandonnent leurs carrosses à des gens qui ne savent pas conduire, pour se livrer au jeu et à la boisson; qu'ils se portent à des excès envers le public, surtout envers les femmes qui se trouvent seules dans les voitures.* »

Voici, en 1790, quelles étaient les réglementations spéciales.

Il était enjoint à tous loueurs et cochers de carrosses de place, tant anciens que ceux à arcs et ressorts dits *anglais*, de conduire sans difficulté dans tous les endroits compris dans les nouvelles barrières, pour le prix de vingt-quatre sous la course, depuis six heures du matin jusqu'à six heures du soir, et trente sous par course depuis six heures du soir jusqu'à six heures du matin. L'heure se payait à raison de trente sous pour la première heure et vingt-cinq sous les suivantes. La nuit, la première heure était de quarante sous et trente-six sous les suivantes.

Le prix des chaises à porteur était de trente sous pour la première heure et de vingt-quatre pour les suivantes.

La gratification que nous appelons « pourboire » était aussi en honneur, et quand le voyageur était récalcitrant à la bourse, cela donnait lieu à des scènes violentes.

Témoin l'aventure suivante qui arriva à Mirabeau le jeune, le royaliste, celui que sa grosseur avait fait surnommer Mirabeau-Tonneau.

Quelques jours après l'affichage de l'arrêté de police dont nous venons de parler, le 20 janvier, Boniface Riquetti, vicomte de Mirabeau, ayant dîné en ville, se trouvait en retard pour se rendre à l'Assemblée où Sieyès devait faire un rapport sur la liberté de la presse ; notre vicomte, pour gagner du temps, monte dans un carrosse de place et se fait conduire à la salle du Manège, aux Tuileries, où siégeait l'Assemblée nationale. Arrivé à la porte, Mirabeau descend et paye le cocher, suivant le nouveau tarif, en donnant deux sous de pourboire ; colère du cocher qui s'irrite, s'emporte, injurie, crie, tempête, finalement demande double course.

— Comment, double course ? s'écrie le vicomte indigné.

— Certainement, riposte le cocher : le tarif, puisque vous l'invoquez, est fait pour les voyageurs ordinaires, mais non pour les hommes comme vous qui, pesant le double des autres, doivent aussi payer double (1).

Notre homme ne voulait pas démordre de son raisonnement et il fallut l'intervention d'un des commissaires attachés à l'Assemblée pour faire cesser cette querelle et permettre au vicomte Mirabeau (2) d'arriver juste au moment où Sieyès montait à la tribune.

---

(1) *Anecdotes curieuses de la Révolution.*

(2) Boniface Riquetti, vicomte de Mirabeau, était colonel du régiment de Touraine quand la noblesse du Limousin l'envoya aux États Généraux ; il se montra un des royalistes les plus fougueux. En juillet 1790, il émigra, alla servir sous les ordres de Condé et l'Assem-

Sieyès qui, au nom du comité de constitution, venait présenter un projet contre les délits commis par la voie de l'impression et de la publication des écrits, commençait un discours demandant la répression injuste en s'appuyant sur une idée excellente, affirmant que ce n'est pas en vertu d'une loi que les citoyens pensent, écrivent, parlent et publient leurs pensées, mais en vertu de leurs droits naturels ; car si les lois sauvegardent ces droits de pensée, elles ne les créent pas (1).

Par une singulière contradiction, Sieyès, cet esprit cependant si logique, partait de ce principe libéral pour arriver à des conclusions despotiques qui, du reste, ne furent pas adoptées ni même discutées ce jour-là.

Ce projet avait été apporté à la tribune à la suite de l'émotion causée par les écrits de Marat, le rédacteur hardi, méfiant et infatigable, de l'*Ami du peuple*.

Jean-Paul Marat, né en 1774, à Boudry, dans la principauté de Neufchâtel, vint après de fortes études à Paris, où il obtint la place de médecin des gardes du corps du comte d'Artois. Il était petit, avait le corps penché d'un côté, la tête grosse, l'œil sombre. Dès l'ouverture des États Généraux, il se lança dans le courant révolutionnaire et devint un des orateurs aimés et écoutés du fameux club des Cordeliers. La tribune ne suffisant pas à Marat, il fonda un journal, l'*Ami du peuple*, dont la brutale et soupçonneuse

blée législative le déclara traître et conspirateur, le 2 janvier 1792. C'est lui qui composa, au début de la Révolution, ce pamphlet royaliste intitulé *la Lanterne magique*. Le vicomte mourut vers la fin de 1792, à Fribourg.

(1) *Moniteur*.

franchise effrayait fort les hommes du pouvoir et ceux — toujours si nombreux — qui rêvaient d'y monter.

Le 15 janvier, Marat est dénoncé aux membres timorés et bourgeois de la Commune de Paris, par un conseiller du Châtelet, nommé Bouchet-d'Argis ; c'est la lutte d'un seul homme, d'un journaliste, contre une puissance judiciaire le Châtelet.

Le conflit éclate à propos du procès criminel intenté au baron de Besenval et au prince de Lambesc pour le rôle joué par eux durant la journée du 12 juillet 1789, pendant laquelle ils avaient fait charger le peuple.

Le Châtelet commença par laisser évader le prince de Lambesc, et quant au baron de Besenval, les juges se montraient pour lui plein de sympathie et presque de déférence. Au lieu de l'enfermer dans une cellule, on l'avait installé dans la chambre de l'aumônier. Un si beau zèle ne pouvait aboutir qu'à un acquittement. Pendant que le procès s'instruisait, les journaux patriotes attaquèrent les magistrats avec véhémence, et Marat, les prit à partie, avec passion.

Bouchet-d'Argis alla se plaindre aux trois cents de la Commune.

Marat est poursuivi par la Commune, qui autorise de l'arrêter et de le traduire devant la justice.

Arrêter Marat était vite dit, mais moins facilement fait.

D'après un ordre donné par Bailly (1), Lafayette envoie des gardes nationaux en armes au club des Cordeliers, dont les membres avaient pris Marat sous leur protection (2).

(1) Procès verbaux de la Commune.
(2) *L'Ami du peuple.* N° XCIII.

Les gardes nationaux, devant la foule énorme qui se masse, n'osent pas pénétrer dans la salle des séances, où deux huissiers seuls se présentent : ils sont même bousculés et malmenés ; une femme s'écrie, en brandissant deux pistolets et en s'adressant à son mari qui faisait partie de la garde nationale :

— Si tu arrêtes Marat, je te fais sauter la cervelle (1).

Intimidés, les huissiers reviennent au Châtelet, qui maintient l'ordre d'arrestation.

Pendant ce temps, le club des Cordeliers envoie une députation, dont fait partie Danton (2) à l'Assemblée. Danton, né à Arcis-sur-Aube, le 29 octobre 1759, avait été avocat au conseil du roi et était devenu, dès les premiers jours, grâce à sa grande éloquence de tribune, un des orateurs les plus populaires ; il exposa la situation à l'Assemblée, laquelle, tout en félicitant le club de son patriotisme, répondit de laisser arrêter Marat pour donner une marque de respect aux lois et à la justice.

On se présenta donc de nouveau au domicile du terrible journaliste, mais trop tard, la maison était vide et l'ami du peuple à l'abri des poursuites. Nous le retrouverons bientôt imposant silence à ses accusateurs et faisant trembler ses ennemis.

Marat, figure saisissante qui se dresse au seuil de la Révolution, et dont le doigt semble montrer la guillotine à tous ceux qui trahissent, qui conspirent ou qui faiblissent !

Singulier et étonnant mélange d'un amant furieux de la liberté pour le service de laquelle il ne recule devant rien,

(1) *Chronique de Paris.* N° 24.
(2) Ibid.

pas même devant les moyens despotiques et dictatoriaux !

Cette semaine les patriotes dans les clubs et quelques journaux demandèrent que les jardins du Luxembourg fussent rendus publics ; le palais était habité par *Monsieur*, comte de Provence, et on lisait encore en janvier 1790, l'affiche suivante à l'entrée des jardins :

« *De par* Monsieur *frère du roi : défense à tout soldat invalide, paysans, paysannes, polisson* (sic), *gens sans aveu, de pénétrer dans les jardins.* »

Ce fut encore cette semaine que la reine rendit sa loge à tous les spectacles, parce que chaque loge, dit-elle à Lafayette, lui coûtait 6,000 livres par an.

— Cela du reste, ajoutait-elle, ne m'empêchera pas d'aller au théâtre ; quand je le désirerai, je ferai retenir une loge comme tout le monde.

La municipalité décerne à un jeune Anglais nommé Nesham qui avait sauvé un citoyen dans les troubles de Vernon, une couronne civique et une épée d'honneur comme témoignage de la reconnaissance publique.

Du 22 au 28 janvier 1790.

IV

LE CLUB DES JACOBINS

DOLÉANCES ROYALISTES. — PAROLES DE C. DESMOULINS. — ORIGINES DU MOT CLUB. — NAISSANCE DU CLUB DES JACOBINS. — SA PROSPÉRITÉ. — RÈGLEMENT INTÉRIEUR. — LES ADMISSIONS. — LE SERMENT. — LES CLUBS DE PROVINCE. — LES THÉORIES JACOBINES. — MONTESQUIEU. — VOLTAIRE. — J.-J. ROUSSEAU. — L'ENCYCLOPÉDIE. — LA FRANC-MAÇONNERIE. — INTOLÉRANCE JACOBINE. — INSOLENCES ARISTOCRATES. — DÉCRETS CONCERNANT LES JUIFS. — LES FAUTES SONT PERSONNELLES. — LE SERMENT DES CHARBONNIERS. — CONTRIBUTION PATRIOTIQUE D'UNE MAÎTRESSE DE PIANO. — DANTON ENTRE A LA COMMUNE.

Le vendredi 22 janvier, un député royaliste monte à la tribune et se plaint de l'influence exercée par une puissance nouvelle qu'on appelle le *club des Jacobins*.

Cette influence était considérable, elle n'avait pour ainsi dire pas de bornes. Camille Desmoulins l'avoue lui-même, avec une sorte de franchise orgueilleuse et une bruyante loyauté.

« Là, dit Camille Desmoulins dans son journal, se proposent et se discutent les motions, se rédigent les décrets, se nomment les présidents et les secrétaires de l'Assemblée nationale.

« Tout ce qu'ils ont délibéré la veille est une chose conclue et décrétée. »

On comprend qu'une pareille situation dut embarrasser le côté droit. Les députés ne devenaient ainsi que l'instrument du *club*, véritable maître des votes et des décisions de l'Assemblée.

Le mot avait été nouvellement introduit dans la langue française pour désigner une chose qui ne datait pas de longtemps. *Club* (prononcer *cleub, clob* ou *cloub*) est un mot anglais qui veut dire massue ou gros bâton et, par une acception détournée, la cotisation que paient divers membres d'une même société. Par extension on en est arrivé à donner le nom de club aux locaux où se réunissaient les sociétaires et, finalement, aux sociétés elles-mêmes. La première société qui, à Paris, prit le nom de club date de 1782 ; les principales réunions politiques qui se tinrent régulièrement, tant à Paris qu'en province, l'adoptèrent à leur tour et depuis, en France, il a servi exclusivement à désigner les sociétés politiques.

Le club des Jacobins avait été formé véritablement à Versailles, où, avant que le roi fût ramené à Paris le 6 octobre, les députés bretons se réunissaient dans un ancien temple protestant appelé *le Reposoir*, pour y discuter les graves questions à l'ordre du jour, pour se concerter, afin d'avoir une ligne de conduite toute tracée avant d'aborder les séances souvent tumultueuses de l'Assemblée. Cette réunion avait pris le nom de *Comité breton*. Quand le roi eut été ramené aux Tuileries par les femmes, les membres de ce comité cherchèrent un local pour continuer à Paris leurs réunions ; moyennant deux cents francs par an, ils louèrent aux dominicains de la rue Saint-Honoré, le réfectoire du couvent : bientôt les moines se ravisèrent et exigèrent une somme double, demandant deux autres cents francs pour la location des chaises et des tables. Peu à peu de nombreux députés vinrent se joindre à leurs collègues de Bretagne, de simples particuliers furent même admis et le réfectoire étant devenu trop petit, on loua successivement aux dominicains la bibliothèque et finalement la chapelle. Ajoutons que les moines, dissimulés dans des galeries latérales, assistaient assidûment aux séances.

Le club, qui ne tarda pas à compter mille membres parmi lesquels quatre cents députés, prit le nom de *Société des amis de la Constitution*, mais le public le désigna sous le nom, que ses membres garderont plus tard, et que l'histoire lui a conservé, de club des Jacobins. La dénomination de Jacobins était celle sous laquelle le peuple connaissait surtout les dominicains, dont le premier couvent, à Paris, avait été bâti rue Saint-Jacques ; la rue fit donner le sobriquet à l'ordre, lequel devait le transmettre aux révolutionnaires à qui les moines avaient loué une partie de leur monastère.

Le club se réunissait trois fois par semaine ; à l'entrée, des censeurs ou huissiers, choisis parmi les membres les plus influents, exigeaient rigoureusement de tout arrivant une carte personnelle.

Les admissions étaient soumises à un examen sévère et à des formalités empruntés à la franc-maçonnerie. Ainsi tout candidat devait être patronné par trois membres; celui qui présentait un candidat sans le bien connaître et sans pouvoir répondre de lui, était exclu de la société. Le postulant devait formuler une demande par écrit, on affichait son nom à la porte d'entrée, on nommait une commission pour prendre des renseignements et on votait ensuite sur son admission. Si on acceptait le candidat, on le conduisait à la tribune où il devait prêter, au commencement de la séance, le serment suivant :

Je jure de vivre libre ou de mourir, de rester fidèle aux principes de la Constitution, d'obéir aux lois, de les faire respecter, de concourir de tout mon pouvoir à leur perfection, de me conformer aux usages et aux règlements de la société.

Le nombre des membres était très restreint, si on considère la foule de ceux qui s'occupaient des affaires publiques durant ces heures troublées ; en outre, seuls les bourgeois aisés pouvaient supporter les charges pécuniaires imposées aux sociétaires, car le droit d'entrée se montait à douze livres et la cotisation mensuelle à deux livres.

Le club avait à sa tête un président, un vice-président, quatre secrétaires, douze inspecteurs, quatre censeurs ou huissiers, huit commissaires introducteurs, un trésorier et un archiviste. A côté du bureau fonctionnaient cinq commissions : de présentation, de correspondance, d'administration, de rapports et de surveillance ; tous les trois mois, on renouvelait les membres du bureau et des commissions, ils n'étaient pas rééligibles, car on voulait que chacun pût prendre part, à tour de rôle, à la gestion de la société. On comprend du reste la grande influence exercée par une pareille association, dirigée par les orateurs les plus éloquents du Tiers-État.

A l'heure où nous sommes arrivés, la scission n'est pas faite entre ceux qui veulent la monarchie constitutionnelle et ceux qui réclament davantage. Quoi ? Un état de gouvernement mal défini, mais qui était en réalité la République ; le mot n'est pas encore prononcé, mais les institutions républicaines sont prônées tous les jours dans les écrits et dans les discours. L'union est à peu près complète ; la division n'arrivera que plus tard, quand Marat et Danton ouvriront le club des Cordeliers, où le peuple sera vraiment chez lui et où sa voix puissante pourra se faire entendre dans toute son âpre franchise. L'union existe, et sur la liste des onze cents membres du club des Jacobins, nous voyons, côte à côte, La Rochefoucauld et La Fayette, le duc de Broglie et les deux Lameth, Mirabeau et Camille Desmoulins, le duc d'Orléans et Robespierre.

Bientôt ces éléments disparates se sépareront, se supplanteront ; les uns fonderont le *Club de* 89, au Palais-Royal, tandis que les autres se retireront aux Cordeliers au milieu de l'élément peuple

En province, des clubs similaires se fondèrent, et dans les villes de France, des succursales, au nombre de mille, ouvrirent leurs portes, élevèrent leur tribune, firent entendre leurs orateurs, qui tous recevaient leur mot d'ordre de la rue Saint-Honoré et lui envoyaient des nouvelles de la province. De cette façon, le club des Jacobins devint une sorte de comité de vigilance révolutionnaire, surveillant les aristocrates de toute la France, intimidant les conspirateurs qui parcouraient les départements.

A ce point de vue, les Jacobins rendirent à la liberté les plus grands services ; ce fut comme une digue qui vint barrer l'invasion des influences nobles. Au moment où les salons conspirent, les Jacobins délibèrent, et, aux agitations royalistes, opposent les viriles résolutions des patriotes.

Les théories défendues par les Jacobins peuvent se résumer en quelques mots.

Ils voulaient investir le peuple de la souveraineté, ils prêchaient l'égalité des hommes ; passionnés pour les idées nouvelles, ils avaient la foi des apôtres, mais aussi leur intolérance ; placés dans des circonstances épouvantables, à une époque où le roi conspirait, où la reine entretenait des intelligences avec les ennemis, où l'émigration se faisait menaçante, où les nobles semaient l'épouvante dans les campagnes royalistes, où le clergé commençait à souffler la guerre civile, les Jacobins devinrent défiants et soupçonneux à l'excès, mettant une sorte de zèle patriotique à espionner les adversaires de la Révolution et considérant comme une vertu la dénonciation des ennemis de la liberté.

Les chefs jacobins s'étaient formés pour la vie publique bien avant la Révolution, recevant l'éducation politique et sociale dans les loges maçonniques où ils avaient discuté dans les tenues tous les problèmes dont ils poursuivaient maintenant l'application ; nourris des idées de Rousseau, enfants de *l'Encyclopédie* et disciples de Voltaire qui leur avait enseigné le mépris du clergé, mépris qui, à leur insu peut-être, engendrait chez eux la haine du despotisme et par conséquent de la royauté.

Montesquieu avait appris à ces jeunes gens que « tout homme qui, dans un État libre, est censé avoir une idée libre, doit se gouverner lui-même. » Ce fut là le véritable principe qui engendra l'idée démocratique moderne.

Jean-Jacques Rousseau, reprenant le principe de Montesquieu, lui donna plus d'extension, et avec une véritable hardiesse déclara, dans le *Contrat social*, que « si l'on cherche en quoi consiste le plus grand de tous les liens, on trouve qu'il se réduit à ces deux objets principaux : la liberté, l'égalité. — La Liberté, parce que toute dépendance particulière est autant de force ôtée au corps de l'État ; l'Égalité, parce que la liberté ne peut subsister sans elle. »

Enfin les loges maçonniques complétèrent l'œuvre, en apprenant aux adeptes des idées philosophiques : la Fraternité.

C'est ainsi que les révolutionnaires arrivent armés de la triple et admirable devise : Liberté, Égalité, Fraternité, qu'ils vont inscrire dans toutes leurs œuvres et dont ils vont poursuivre l'application.

C'est pour arriver à ce triple but qu'ils accomplissent ces actes héroïques qui nous arrachent à l'heure actuelle des cris d'admiration.

Il nous est bien facile, aujourd'hui, de critiquer leur conduite, d'apprécier leurs moyens, mais de pareils hommes doivent être jugés placés dans les milieux et aux époques où ils ont vécu. On leur a reproché leur rigidité, leur intolérance et leurs délations. N'oublions pas que nous sommes en 1790, que cette rigidité commandait le respect aux adversaires, que cette intolérance effrayait les royalistes, que ces délations empêchèrent de nombreuses conspirations d'aboutir.

Certes, appliquer, à l'heure où nous sommes, les mêmes

principes, avoir recours à la même manière d'agir, serait un contresens, bien plus, une folie. Mais, à ce moment, en face de la coalition de l'Europe monarchique, des conspirations de la cour, de la rebellion des prêtres, les Jacobins prirent les moyens propres à vaincre les aristocrates.

Qui donc a le droit de le leur reprocher ?

Nous, nous les admirons et les applaudissons.

Donc, en janvier 1790, les Jacobins sont déjà tout-puissants, ils donnent le mot d'ordre à toute la France. L'Assemblée s'agite, mais le club des Jacobins la mène ; de là, une irritation violente de la part des royalistes qui s'en plaignent même à la tribune.

La fureur se traduit souvent par des menaces particulières, et l'on voit, dans le sein de l'assemblée, un M. d'Ambly menacer Mirabeau de sa canne.

Un noble va jusqu'à dire :

— Que ne tombons-nous sur ces gueux, l'épée à la main ?

Vaines menaces, injures impuissantes, vite étouffées par la grande voix du pays et qui se perdent dans le mouvement qui entraîne la France.

Le 28, l'Assemblée rendait le décret suivant :

« L'Assemblée nationale décrète que tous les Juifs portugais, espagnols, avignonnais continueront de jouir des droits dont ils ont joui jusqu'à présent et qui sont consacrés en leur faveur par des lettres patentes ; et en conséquence ils jouiront des droits des citoyens lorsqu'ils réuniront d'ailleurs les conditions requises par l'Assemblée nationale. »

On voit que l'Assemblée n'accordait rien à cette catégorie de juifs, elle se contentait de reconnaître des droits dont ils jouissaient par lettres patentes de 1776 dans lesquelles en effet, nous lisons :

« Voulons (y est-il dit en parlant des Juifs portugais établis à Bordeaux) qu'ils soient traités et regardés ainsi que nos autres sujets nés en notre royaume et qu'ils soient réputés tels, tant en jugement qu'en dehors. »

Sur la demande des députés alsaciens, la question des juifs allemands établis en Alsace était réservée.

Du reste si les Juifs n'avaient pas joui de ces droits civils, nul doute que l'Assemblée ne les leur eût accordés, car elle sapait, brisait au passage tous les préjugés qu'elle rencontrait.

Ainsi il existait un préjugé qui vouait à l'infamie les proches parents des criminels ; il y avait des lois ordonnant dans certains cas et pour certains crimes la confiscation des biens des criminels. Dans la séance du 21 janvier, Guillotin (1) demanda que les peines fussent personnelles ; l'Assemblée, par un décret solennel, statua que la honte du supplice ne rejaillirait pas sur les parents du coupable,

---

(1) GUILLOTIN (Joseph-Ignace), célèbre médecin, né à Saintes en 1738, professa d'abord en qualité de jésuite au collège des Irlandais de Bordeaux ; puis vint étudier la médecine à Paris ; nommé député du Tiers aux Etats généraux par la ville de Paris, il prit part à la rédaction de la déclaration des *Droits de l'homme*. Il proposa que les condamnés à mort eussent la tête tranchée, supplice autrefois réservé aux nobles, tandis que les vilains étaient écartelés ou pendus ; mais il n'inventa pas la machine qui porte son nom, il se contenta de l'indiquer : elle existait depuis longtemps en Italie sous le nom de *norinaia*. Arrêté pendant la Terreur, il sortit de prison après le 9 thermidor, quitta les affaires publiques et se consacra à la médecine. Il mourut le 26 mai 1814.

qu'ils continueraient à être admissibles à tous les emplois, toutes les professions, toutes les dignités ; que la confiscation des biens du supplicié ne serait prononcée dans aucun cas ; enfin que la sépulture ordinaire serait accordée à ceux qui auraient subi la peine de mort.

Ces principes ne tardèrent pas à trouver une application : à ce moment, deux frères nommés Agasse, d'une très honorable famille de Paris, furent condamnés à être pendus pour fabrication de fausse monnaie; l'oncle de ces malheureux était commandant du bataillon de la garde nationale du district Saint-Honoré. Le bataillon décida que l'oncle des condamnés conserverait son poste et, pour consacrer la théorie de la personnalité des fautes, il voulut lui rendre hommage dans une sorte de cérémonie qui eut lieu dans la cour du Louvre. L'acteur Beaulieu, du Théâtre-Français, officier dans ce bataillon, proposa de se démettre de son grade en faveur du jeune Agasse âgé seulement de douze ans, frère des condamnés. Le bataillon n'accepta point cette proposition pour ne pas se priver des services de Beaulieu, mais il décida que le jeune Agasse serait nommé officier à la suite ; ce fut Lafayette en personne qui vint procéder à cette installation, dont une délégation du bataillon alla rendre compte à l'Assemblée qui lui décerna les honneurs de la séance.

Il y a sans doute un peu de puérilité dans cette mise en scène d'un fait qui nous paraît si naturel aujourd'hui ; n'oublions pas que ces braves gens rompaient, en agissant de la sorte, avec des préjugés séculaires, et que ces représentations théâtrales, d'ailleurs dans le caractère de l'époque, étaient nécessaires pour encourager les citoyens à brav.r les usages reçus et les vieilles coutumes. En Angleterre, cette responsabilité des fautes était passée depuis longtemps dans les mœurs ; ainsi lord Ferrets ayant été pendu pour avoir assassiné son domestique, le lendemain de l'exécution son frère vint prendre sa place à la chambre des pairs et y fut bien accueilli.

C'est pour obéir à ce même ordre d'idées que le surlendemain de l'installation du jeune officier Agasse, Lafayette, toujours prêt à entrer en scène sur son superbe cheval blanc, allait recevoir, sur la place de Grève, le serment de cinq cents charbonniers dont on avait accusé la corporation de réactionnarisme et qui venaient en corps jurer fidélité et dévouement à la Révolution.

Tout cela est très pompeux, mais n'est-il pas bien touchant après tout de voir les anciennes cérémonies royales remplacées par ces manifestations populaires. Bien touchante aussi fut cette proposition d'une demoiselle Scot Godefroy, maîtresse de langue anglaise, qui, suivant l'impulsion générale, voulut apporter son obole et offrit à l'Assemblée, étant très pauvre, pour sa contribution patriotique, d'apprendre gratuitement la langue anglaise à soixante jeunes filles, une par district. Cette proposition fut du reste acceptée et tenue fidèlement par le professeur, qui payait encore sa dette en 1794.

Lenoir, l'ancien lieutenant de police, nommé bibliothécaire du roi après le 14 juillet, donna sa démission : il fut remplacé par un député, de la droite naturellement, M. d'Ormesson(1), ancien président à mortier du Parlement et

(1) Voir notre Étude sur la *Bibliothèque nationale sous la Révolution française*. (Le Livre, juillet 1885.)

qui devait continuer sa lutte contre la Révolution jusqu'au moment où le tribunal révolutionnaire le fit monter sur l'échafaud.

Ce fut cette semaine que Danton, qui s'était fait une grande réputation comme président du club des Cordeliers, entra vraiment dans la vie publique en prenant place à l'assemblée des représentants de la Commune où il fut nommé, malgré Bailly et Lafayette, qu'il n'allait pas tarder à combattre avec sa fougue et sa superbe éloquence.

Le 27 janvier fut jugé le procès intenté à Camille Desmoulins par le fameux Samson, exécuteur des hautes œuvres.

Dans le n° 7 des *Révolutions de France et de Brabant* (9 janvier 1790), Camille s'était avisé d'appeler Samson « bourreau », ajoutant que, d'après un bruit public, l'exécuteur aurait réuni à sa table des aristocrates pour dénigrer les idées nouvelles. — Samson cita Desmoulins devant le tribunal de police de l'Hôtel de Ville pour s'y entendre condamner à une réparation d'honneur, à l'affichage de trois mille exemplaires et à trois mille francs de dommages-intérêts. En même temps étaient cités pour le même fait : Beaulieu, rédacteur de *l'Assemblée nationale*, Gorsas, du *Courrier de Paris*; les directeurs de *l'Espion de Paris dans les provinces* et du *Publiciste français*.

Les journalistes furent condamnés à l'insertion, dans leurs journaux, d'une rectification et aux frais de l'instance; les écrivains s'empressèrent du reste de ne rien rectifier du tout et Samson en fut pour sa peine et ses frais.

Du 29 janvier au 4 février 1790.

V

LE SERMENT CIVIQUE

La famille Verdure. — Le roi a l'Assemblée. — Le père Gérard. — Le Journal de 1790. — Discours du roi. — Enthousiasme général. — Consternation du côté droit. — Le serment civique. — L'évêque de Perpignan. — Le vicomte de Mirabeau brise son épée. — Bailly prête le serment a l'Hôtel de Ville.

La semaine s'ouvrit par un acte de bien minime importance en lui-même, mais qui montre combien l'ancien ordre de choses avait besoin de réformes dans ses divers rouages. Ainsi, au début de la séance du 30 janvier, une famille Verdure parut à la barre de l'Assemblée; elle venait remercier les députés qui avaient obtenu sa délivrance; cette malheureuse famille accusée de parricide était demeurée dix ans dans les cachots pendant que les juges poursuivaient une instruction laborieuse que hâta les décisions de l'Assemblée et qui démontra son innocence.

On permit à ces malheureux d'assister à la séance.

Le 4 février au moment où le président va ouvrir la séance, il trouve sur le bureau un simple billet ainsi conçu :

« Je préviens monsieur le président de l'Assemblée nationale que je compte m'y rendre vers midi ; je désire être reçu sans cérémonie.

« Signé : Louis. »

Précisément ce jour-là les tribunes sont désertes, à peine quelques spectateurs disséminés çà et là ; mais le bruit se répand vite que le roi doit venir, et l'Assemblée est immédiatement assaillie par une foule nombreuse qui envahit les tribunes, et s'écrase pour assister au spectacle qu'elle s'est promis.

Le président décide qu'une députation de vingt-quatre membres ira au-devant du roi. Parmi les membres de cette commission, on remarque le député Gérard, envoyé aux États généraux par la sénéchaussée de Mongermont, en Bretagne : ce Gérard, à qui ses collègues donnaient un surnom affectueux qui lui est resté, le *Père Gérard*, était un riche paysan mais un simple laboureur d'une très grande honnêteté qui lui valut la confiance de ses compatriotes.

On se souvient du décret royal qui réglait le costume et l'habillement des députés suivant l'ordre auquel ils appartenaient ; on n'a pas oublié que le costume réglementaire du tiers état était noir, en drap, avec mantelet de voile et bas de laine. Tous les députés du Tiers sans exception, depuis Mirabeau jusqu'à Robespierre, obéirent à ces prescriptions de l'étiquette renouvelée des États généraux de 1614 ; un seul député refusa de se soumettre, et, le jour de l'ouverture, se présenta avec une culotte de nankin et un habit vert.

Le maître des cérémonies l'arrête au passage.

— Où allez-vous, là-bas, l'homme, lui dit le marquis de Dreux-Brezé, revêtu d'un magnifique costume de soie blanche aux broderies d'or.

— Je vais à l'assemblée du Tiers, répond le paysan.

— Qui êtes-vous ?

— Représentant des communes.
— On ne peut entrer que vêtu de costume officiel.
— Cependant...
— Il n'y a pas à répondre ; si vous êtes vraiment député, vous n'avez qu'à vous habiller conformément aux prescriptions royales, et vous entrerez. Jusque-là, je vous défends l'accès de la salle des séances.

Mais Gérard refuse de quitter l'habit de son pays ; des collègues interviennent ; après de nombreuses démarches, le député breton reste victorieux, il pénètre dans la salle des séances, vêtu du costume que portent les paysans, ses camarades, qui l'ont envoyé défendre leurs intérêts et réclamer leurs droits.

Le père Gérard se fit toujours remarquer par une probité inattaquable ; aussi Collot d'Herbois, profitant de la popularité dont jouissait son nom, en fit le titre d'un almanach qui ne tarda pas à devenir un journal, lequel eut alors un grand et retentissant succès.

Le père Gérard faisait partie de la députation des vingt-quatre membres qui alla au-devant du roi lorsqu'il entra à l'Assemblée, entouré de ses ministres, précédé de quelques pages et suivi de quelques nobles dévoués à sa cause.

Pour se conformer au désir que le roi avait manifesté d'être reçu sans cérémonie (1), le président ordonna seulement que la cérémonie se réduirait aux proportions les plus simples. Une housse violette, semée de fleurs de lys d'or, recouvrait le fauteuil du président que l'on réserva, par

(1) *Moniteur.*

exception, pour le roi. On plaça une chaise à la droite du fauteuil pour le président.

A son entrée, Louis XVI fut accueilli par les applaudissements unanimes de l'Assemblée, qui lui fit une véritable ovation.

Le roi portait un costume noir sans aucun parement ni broderies (1).

Il monta au bureau ; au lieu de s'asseoir, il se contenta de déposer son chapeau sur le fauteuil, se tint debout et, dans cette posture, commença à lire un discours que Necker avait écrit de sa propre main.

L'Assemblée, par respect, écouta debout cette lecture interrompue à plusieurs reprises par de fréquents applaudissements, par des bravos prolongés.

Ce discours était un acte formel d'adhésion aux grands travaux de l'Assemblée qui venait de terminer la division des provinces en départements.

Louis XVI engageait les nobles et les anciens privilégiés à imiter son exemple : à oublier leurs avantages personnels du passé, pour ne se souvenir que des bienfaits que la France pouvait retirer dans l'avenir du nouvel ordre de choses.

Le roi ajoutait :

« Je défendrai, je maintiendrai la liberté constitutionnelle, dont le vœu général, d'accord avec le mien, a consacré les principes.

« Je ferai davantage, et, d'accord avec la reine, qui partage tous mes sentiments, je préparerai de bonne heure

(1) *Révolutions de France et de Brabant*, n° 12.

l'esprit et le cœur de mon fils au nouvel ordre de choses que les circonstances ont amené. Je l'habituerai dès ses premiers ans à être heureux du bonheur des Français! »

Il serait difficile de dire quel enthousiasme excitèrent ces paroles parmi les députés et dans les tribunes. Les applaudissements redoublèrent, les cris de : Vive le roi ! retentirent de toutes parts.

Plusieurs députés furent aperçus pleurant ; Barère allait de groupe en groupe répétant, des larmes plein les yeux :

— Ah ! quel bon roi ! Oui il faut lui élever un trône d'or et de diamants! (1).

Un autre député essuyait, avec son mouchoir, son front ruisselant de sueur, disant :

— Enfin, la Révolution est terminée.

Le côté droit, consterné, gardait un silence significatif.

Comment, disaient les royalistes, le roi lui-même nous abandonne et passe à la Révolution ; mais alors les idées nouvelles vont s'implanter et dominer sans violences

En effet, encore une fois la Révolution aurait pu s'accomplir sans plus d'efforts ; mais, il y avait une femme, Marie-Antoinette, qui allait faire évanouir toutes ces bonnes résolutions, reprendre son empire ordinaire sur l'esprit mobile du roi un moment entraîné malgré lui par le prestigieux vertige des événements de la grande épopée.

Marie-Antoinette empêcha Louis XVI de continuer à suivre l'heureuse impulsion que Necker lui avait donnée. Cette princesse autrichienne, méconnaissant le génie de

---

(1) *Mémoires de Weber*, t. II, ch. IV.

rénovation qui transformait l'ancienne France, par ses projets de violence et de guerre civile, rendit les représailles inévitables.

A peine Louis XVI venait-il de quitter la salle des séances, que l'on vit un petit vieillard monter à la tribune ; c'était le député Goupil de Préfeln, qui, vivement ému par le spectacle inattendu auquel il venait d'assister, proposa, suivant la manie de l'époque, de prêter un nouveau serment à la Constitution (non encore terminée), et au roi.

Le président prête le premier ce serment, conçu dans ces termes :

« Je jure d'être fidèle à la nation, au roi, à la loi et de maintenir de tout mon pouvoir la Constitution décrétée par l'Assemblée et acceptée par le roi. »

Chaque député se soumit à cette inoffensive mais bien inutile formalité ; les tribunes, elles-mêmes, entraînées par l'exemple, répétèrent la formule et le mot fameux : « Nous le jurons ! »

Seuls, quelques représentants royalistes, logiques avec leur conduite antérieure, avec leur manière de voir, ne voulurent pas jouer cette comédie du serment civique dont la valeur diminuait à mesure qu'on en abusait.

Quand le tour de l'évêque de Perpignan fut arrivé, il monta à la tribune, essaya quelques réserves; mais le président le rappela à l'ordre, disant :

— C'est oui ou c'est non, choisissez. Jurez-vous ?

— Je le jure ! répondit l'évêque, et presque tous ses collègues imitèrent son exemple, bien décidés à manquer à leur serment.

Le vicomte de Mirabeau, frère du tribun, ne voulut pas prendre part à cette mise en scène ; il sortit de l'Assemblée et, brisant son épée sur son genou, il s'écria :

— Lorsque le roi brise son sceptre, ses serviteurs doivent briser leur épée (1).

Le district de Saint-Étienne du Mont dans lequel se trouvait la plupart des collèges de l'Université invita la jeunesse des écoles à prêter aussi le serment. Le 4 février à onze heures du matin, les élèves accompagnés de leurs maîtres, précédés de l'Etat-major de la garde nationale, se formèrent en procession sur deux rangs ; ils parcoururent ainsi, au son des cloches, les rues du district, renouvelant le serment sur chaque place aux applaudissements de la foule.

L'exemple donné par l'Assemblée fut suivi par la Commune de Paris ; Bailly, qui ne perdait jamais l'occasion de faire une petite démonstration théâtrale, apparaissait, le soir même, sur le balcon de l'Hôtel de Ville, au milieu des flambeaux et des torchères, et prêtait, en sa qualité de maire de la ville de Paris, le fameux serment civique.

Paroles vaines, serments inutiles ; le roi ne devait pas plus respecter la Constitution que le peuple ne devait rester fidèle au roi. Le soir, Paris illumina. Pendant que les citoyens se livraient à la joie de cet événement, la reine, qui, grâce au discours de Louis XVI, croyait endormie la vigilance des patriotes, continuait ses préparatifs de fuite et dressait ses plans de guerre civile.

(1) *Mémoires de Weber*, t. II, ch. IV.

Du 5 au 11 février 1790

VI

TRAHISON DE LA COUR. — LES VŒUX MONASTIQUES

Enthousiasme populaire. — Le serment civique dans les districts. — Illuminations. — Serment des princes d'Orléans. — *Te Deum* dans les églises. — Plan de la reine. — Projets des puissances étrangères. — La corruption et les dévouements — Bouillé. — Lafayette. — Mirabeau. — Indigne comédie du roi. — Les vœux monastiques supprimés. — L'ancienne législation. — Un capucin de quinze ans amoureux. — Son supplice. — Moine et soldat. — Cri de Voltaire.

L'enthousiasme populaire, qui se contentait de peu, continuait à Paris et dans la province ; la France, confiante dans la parole de son roi, s'imaginait que la Révolution était terminée puisque Louis XVI était venu spontanément, du haut de la tribune de l'Assemblée nationale, promettre fidélité à la Constitution.

La Commune décidait que le discours du roi serait gravé en lettres d'or sur des tables d'airain placées dans la salle des délibérations, au-dessous du buste du monarque (1).

La cérémonie du serment prêté par les députés et renouvelée par la Commune de Paris fut répétée dans tous les

(1) *Sur l'administration des finances*, par Necker, p. 206.

clubs et districts de Paris. Les corps civils et militaires jurèrent fidélité à la nation, à la loi et au roi. Sur les places publiques, dans les églises, dans les carrefours, on vit des corporations d'ouvriers, des élèves des collèges conduits par leurs professeurs, des femmes, des enfants, des vieillards renouveler le même pacte. Des pensions entières furent admises à la barre de l'Assemblée et offrirent, sur l'autel de la Patrie, le quart de l'argent destiné à leurs menus plaisirs.

Bailly, toujours hanté par les idées de mise en scène, fit dresser une sorte d'autel placé sur une haute estrade, en plein Carrousel, et là, au milieu d'une foule considérable, pontife d'une nouvelle religion, il reçut le serment de tous les citoyens qui voulurent le prêter.

Paris avait illuminé; seule la faim qui serrait les entrailles des malheureux rappelait, au milieu de cet élan général, que la banqueroute était là, aux portes, et que la famine menaçait toujours Paris.

L'Hôtel de Ville avait dépensé, à lui seul, vingt mille livres pour son illumination : on avait placé aux fenêtres des transparents qui reproduisaient, en lettres de couleurs, les principaux passages du discours de Louis XVI.

Le prince de Conti revint de l'étranger, où il avait d'abord émigré, et prêta le serment au district des Jacobins. Le terrible duc de Bouillé, ce maréchal qui tenait en réserve, à Metz, cette armée sur laquelle comptait la reine pour le cas de fuite et de guerre civile, imitait cet exemple. Le district des Carmes envoya une députation auprès de *Monsieur*, frère du roi, d'après le désir que ce prince avait manifesté, et le duc d'Artois signa le serment civique, sur le milieu de la page du registre, à la suite de tous les citoyens du district.

Le jeune duc de Chartres (le futur roi Louis-Philippe) se rendit, accompagné de ses deux frères, le duc de Montpensier et le comte de Beaujolais, au district Saint-Roch pour inscrire, sur un registre spécial, son serment ; comme la formule était préparée à l'avance et qu'on avait écrit au devant de son nom tous ses titres, il les effaça et mit à la place ce simple mot : « citoyen » (1), ajoutant qu'il n'en voulait pas d'autres. Ses frères firent de même.

Le duc d'Orléans, leur père, celui qui est connu sous le nom de Philippe-Égalité, alors à Londres, envoya aussi son serment par écrit. L'enthousiasme n'était pas moindre dans les classes populaires et se traduisait par un redoublement de discours dans les clubs et les réunions ; le désir de parler était tel que, le 10 février, un limonadier de la rue Caumartin se suicida en laissant une lettre à sa femme, lettre dans laquelle il faisait figurer, au nombre des motifs l'ayant poussé à cette fatale détermination, « la difficulté à s'énoncer et à faire aucune motion dans le district » (2).

Le clergé chantait le *Te Deum* dans toutes les églises.

Pendant que les citoyens étaient tout à la joie causée par la promesse royale, la cour conspirait, essayant d'endormir la vigilance des patriotes par cette agitation.

Car ce fameux serment du 4 février ne fut qu'une honteuse comédie jouée par la cour, comédie dont les consti-

(1) *Histoire Parlementaire*, t. V, p. 360.
(2) *Chronique de Paris.*

tutionnels furent les dupes et les hauts personnages de la noblesse les complices.

La reine avait reçu de son frère, l'empereur d'Autriche, le mot d'ordre qui était de ruser, et pour employer ses propres expressions « de simuler la confiance, de laisser filer cinq à six mois ».

Il fallait gagner du temps pour permettre aux nations étrangères de se concerter, d'adopter un plan de campagne contre la France.

La reine comptait à l'extérieur sur les armes pour rétablir le pouvoir absolu ; à l'intérieur, elle voulait s'appuyer surtout sur trois hommes représentant pour elle les trois forces du moment : Bouillé, Lafayette et Mirabeau.

Bouillé, commandant cette armée ardente et royaliste de Metz, était tout dévoué ; Lafayette était déjà conquis, car il avait trop souvent pénétré dans le palais des Tuileries pour n'avoir pas été amolli par les sourires et les airs de souffrance de Marie-Antoinette, qui était femme, sachant comment on dompte les cœurs, comment on émascule les hommes d'action ; Lafayette était le vrai maître de la garde nationale. Restait donc Mirabeau, dont la grande éloquence avait tant d'influence sur l'Assemblée ; or, nous savons que des marchandages avaient déjà eu lieu entre Mirabeau et la cour ; les royalistes n'avaient pas su mettre le prix à la conscience du tribun besoigneux, ce n'était qu'une petite question de gros écus qu'il allait être facile de résoudre.

On voit avec quelle habileté et quelle hypocrisie on menait la campagne contre la Révolution.

Pendant que les puissances étrangères se préparaient, les intrigues de la reine s'assuraient les trois grandes forces de l'intérieur. Pour endormir la vigilance des patriotes, Louis XVI venait, dans le sein de l'Assemblée, prononcer ce discours menteur qui jetait dans l'enthousiasme ceux qui se contentaient d'un prétexte pour s'arrêter sur le chemin de la Liberté et pour sauvegarder l'existence de cette monarchie abritée à l'ombre d'une Constitution.

Comme récompense du secours donné par les puissances étrangères, les émigrés promettaient des indemnités pécuniaires et des provinces abandonnées par avance aux vainqueurs; on démembrait d'ores et déjà la France; on étayait le trône à l'aide des baïonnettes étrangères.

Les historiens, même les meilleurs, peuvent disserter sur la conduite du roi, sur sa générosité, sur le spectacle étonnant qu'il donna en allant faire acte de soumission, en inclinant le pouvoir absolu devant la volonté des représentants du pays : tout cela n'est que du sentimentalisme, une dégénérescence de logique et de la déclamation ; il ne faut point juger ces grandes journées avec des phrases, il faut envisager les faits.

Or ces faits se résument en ceci :

Un roi qui ment, une cour qui conspire avec les puissances étrangères, et la majorité de la nation plaçant alors toute sa confiance en deux hommes, Lafayette et Mirabeau

Nous savons que Lafayette, croyant s'emparer du ministère le lendemain, cherche à capter les bonnes grâces de Marie-Antoinette qui le berne ; Mirabeau, lui, se vend.

La popularité de Lafayette était à son apogée : Larive, comédien du Théâtre-Français, président de district, possesseur de la chaîne d'or qu'avait autrefois portée le chevalier Bayard, en fit don au commandant de la garde nationale, qui depuis la porta dans plusieurs cérémonies.

Nous laissons le clergé de côté; il se prépare, lui aussi, à jeter la France dans les luttes intestines; en semant la division dans les provinces, il organise la guerre civile pour demain.

Nous parlons bien entendu du haut clergé et des curés grossiers, sans connaissances et sans instruction, qui se firent les complices de leurs chefs, car une partie du petit clergé était attachée aux idées nouvelles, à cette Révolution qui l'avait émancipé de la tutelle despotique des grands prélats. Une des mesures surtout bien accueillies par la grande majorité des religieux fut celle qui, sur le rapport de Treilhard, déposée le 11 février 1790, supprimait la personnalité civile des corporations religieuses.

Avant cette époque, les trois vœux religieux de pauvreté, d'obéissance et de chasteté, qui n'existaient pas en fait, puisqu'ils étaient violés tous les jours par les religieux, les moines et les curés, existaient au point de vue civil; la loi les reconnaissait, elle les maintenait avec leurs terribles conséquences.

Un jeune homme ou une jeune fille, à l'âge de quatorze ou quinze ans, faisait le vœu de suivre les règles d'un des nombreux couvents de l'époque; le malheureux était, pour sa vie, rayé du nombre des vivants; il ne pouvait plus acquérir de biens terrestres ni recouvrer sa liberté; c'était un mort civil. Si, par impossible, le moine parvenait à s'échapper de son couvent, les magistrats civils l'obligeaient par la force armée à réintégrer son monastère. Nous avons plusieurs arrêts de Parlement ordonnant cette réintégration.

« N'est-on pas attendri, s'écrie Voltaire, quand on découvre les secrets des cloîtres, les turpitudes, les horreurs auxquelles se sont soumis de malheureux enfants, qui détestent leur état de forçats quand ils sont hommes et qui se débattent avec un désespoir inutile contre les chaînes dont leur folie les a chargés ?

« J'ai connu, ajoute le grand écrivain dans son *Dictionnaire philosophique*, un jeune homme que ses parents engagèrent à se faire capucin à quinze ans et demi ; il aimait éperdument une fille, à peu près de cet âge. Dès que ce malheureux eut fait ses vœux à François d'Assise, le diable le fit souvenir de ceux qu'il avait faits à sa maîtresse, à qui il avait signé une promesse de mariage. Enfin le diable étant plus fort que saint François, le jeune capucin sort de son cloître, et court à la maison de sa maîtresse ; on lui dit qu'elle s'est jetée dans un couvent et qu'elle a fait profession.

« Il vole au couvent, il demande à la voir, il apprend qu'elle est morte de désespoir. Cette nouvelle lui ôte l'usage de ses sens, il tombe presque sans vie. On le transporte dans un couvent d'hommes voisin, non pour lui donner ces secours nécessaires qui ne peuvent tout au plus que sauver le corps, mais pour lui procurer la douceur, avant la mort, de recevoir l'extrême-onction qui sauve infailliblement l'âme.

« Cette maison où l'on porta ce pauvre garçon évanoui était justement un couvent de capucins. Ils le laissèrent charitablement à leur porte pendant plus de trois heures ; mais enfin il fut heureusement reconnu par un des Révérends Pères, qui l'avait vu dans le monastère d'où il était sorti. Il fut porté dans une cellule où l'on eut quelque soin de sa vie, dans le dessein de le sanctifier par une salutaire pénitence.

« Dès qu'il eut recouvré ses forces, il fut conduit bien garroté à son couvent ; et voici très exactement comme il fut traité. D'abord on le descendit dans une fosse profonde, au bas de laquelle est une pierre très grosse à laquelle une chaîne de fer est scellée. Il fut attaché à cette chaîne par un pied ; on mit auprès de lui un pain d'orge et une cruche d'eau, après quoi on referma la fosse, qui se bouche avec un large plateau de grès, qui ferme l'ouverture par laquelle on l'avait descendu.

« Au bout de trois jours on le tira de sa fosse pour le faire comparaître devant la Tournelle des capucins. Il fallait voir s'il avait des complices de son évasion ; et pour l'engager à les révéler, on l'appliqua à la question usitée dans le couvent. Cette question préparatoire est infligée avec des cordes qui serrent les membres du patient et qui lui font subir une espèce d'estrapade.

« Quand il eut subi ses tourments, il fut condamné à être enfermé pendant deux ans dans son cachot, et à en sortir, trois fois par semaine, pour recevoir sur son corps entièrement nu la discipline avec des chaînes de fer.

« Son tempérament résista seize mois entiers à ce supplice. Il fut enfin assez heureux pour se sauver, à la faveur d'une querelle arrivée entre les capucins. Ils se battirent les uns contre les autres et le prisonnier échappa dans la mêlée.

« S'étant caché pendant quelques heures dans des broussailles, il se hasarda de se mettre en chemin au déclin du jour, pressé par la faim et pouvant à peine se soutenir. Un

Samaritain qui passait eut pitié de ce spectre ; il le conduisit dans sa maison et lui donna du secours. C'est cet infortuné lui-même qui m'a conté son aventure en présence de son libérateur. »

Voilà donc ce que les vœux monastiques produisaient !

Les religieux avaient le droit de reprendre un de leurs moines qui s'était fait soldat ; un colonel ne pouvait reprendre un soldat déserteur qui s'était fait moine.

Les vœux formaient un empêchement au mariage et les enfants qui naissaient de l'union d'un prêtre étaient considérés comme bâtards.

L'Assemblée nationale décréta que les vœux religieux étaient abolis ; elle les supprima au point de vue civil : devant la loi ils devenaient nuls, et n'avaient plus de valeur que pour la conscience de ceux qui les avaient prêtés.

Les moines retenus dans leur couvent de force — et ils étaient nombreux — purent sortir de leurs monastères ; ceux qui désirèrent continuer la vie commune furent libres. Un jeune novice bénédictin de l'abbaye d'Auvillers, près de Reims, sortit du cloître pour monter sur les planches ; il débuta, sur le théâtre de cette ville, dans la *Servante maîtresse;* comme il avait eu la tête rasée dans le cloître, il joua en perruque et obtint beaucoup d'applaudissements (1).

Il n'y avait pas encore trente ans que Voltaire s'était écrié, parlant des moines : « Tous ont fait vœu de vivre à nos dépens, d'être un fardeau à notre patrie, de nuire à la

(1) *Chronique de Paris.*

population, de trahir leurs contemporains et la postérité. Et nous les souffrons ! »

L'Assemblée nationale obéit à une grande idée de liberté en brisant les chaînes de plusieurs milliers de forçats du froc, enfouis dans les cloîtres où, soit la volonté de leurs parents égoïstes, soit un moment de folie, les avaient jetés, au temps de leur puberté.

Les papiers du comité ecclésiastique nous donnent l'état nominatif des vingt-huit ordres qui se divisaient la France en 1790, et que nous reproduisons ici :

Grands Augustins.........................	694
Barnabites.................................	90
Bénédictins de Cluny.....................	298
Bénédictins de Saint-Maur...............	1672
Récollets...................................	2238
Prémontrés réformés.....................	394
Carmes déchaussés.......................	555
Hospitaliers de Saint-Jean de Dieu......	218
Cordeliers.................................	2018
Feuillants.................................	148
Mathurins.................................	310
Notre-Dame de la Merci.................	31
Tiers-ordre de Saint-François...........	365
Théatins...................................	25
Maisons soumises à l'ordinaire..........	305
Petits-Pères...............................	250
Bénédictins anglais.......................	52
Bénédictins de Vannes...................	612
Cîteaux....................................	1806
Prémontrés................................	399
Capucins...................................	3720

Grands Carmes	853
Chartreux	1144
Dominicains	1172
Génovéfains	570
Minimes	684
Notre-Sauveur	203
Saint-Jean-des-Vignes de Soissons	31
Abbaye de Saint-Victor	21

Soit un total de 20,745 religieux répartis en 2489 couvents; à ce nombre il faut ajouter les Pères de l'Oratoire, de la Mission, les Frères de la doctrine chrétienne et autres — qui peut porter le nombre des religieux à 30,000, sans compter les 40,000 religieuses réparties en 1,500 maisons.

Tout ce monde apprit, avec la plus grande joie, le décret du 15 février supprimant les vœux religieux; tous ces claustrés secouaient leurs vœux au grand air du boulevard.

L'empressement à sortir est tel que le 13 février, à huit heures moins un quart, au moment où l'Assemblée va se séparer, après avoir voté le décret de suppression, un capucin aborde un député :

— Eh bien, interroge fiévreusement le moine, saint François est-il f... ?

— Et quelque chose de plus, répond le député.

— Bon ! vivent Jésus, le roi et la révolution, reprend le capucin (1).

Et il court chez le brocanteur des piliers des halles vêtir la culotte bleue et le frac anglais (2).

(1) *La Société pendant la Révolution*, par de Goncourt, p. 120.
(2) *L'Hermite sans souci*.

Du 12 au 18 février 1790.

VII

L'AGRICULTURE ET LA RÉVOLUTION

La séance du 12 février 1790. — Le père Gérard applaudit. — Misère des campagnes. — Le paysan d'après La Bruyère. — Mot atroce du gouverneur de Dijon. — Détresse des journaliers. — Leur manière de vivre. — Les petits propriétaires. — Opinion de Voltaire. — La corvée. — La taille. — Barbaries des saisies. — La pêche et la chasse prohibées. — Impôt sur le sel. — Les châteaux brulés.

Le 12 février, plusieurs nobles montèrent à la tribune pour se plaindre des violences commises par les paysans qui, sur plusieurs points du territoire, avaient incendié les châteaux ; les aristocrates, regrettant leurs privilèges, essayaient de faire croire que l'agriculture était désormais perdue, à jamais ruinée par le nouvel ordre de choses.

Impudent mensonge !

Ce qui était à jamais perdu, c'était la tyrannie odieuse des seigneurs : ce qui allait être ruiné pour toujours, c'était l'inique système d'impôts et de vexations imaginé par la noblesse pour se procurer des ressources et des bénéfices, aux dépens du repos, du bien-être, de la santé et de l'existence même des laboureurs qui étaient dans la plus grande misère et à qui la Révolution, par ses mesures et ses lois, devait donner la liberté en même temps que les moyens d'arriver à l'aisance, souvent à la fortune.

Aussi, aux réclamations injustes et intempestives des membres du clergé et de la noblesse, les députés représentant le parti populaire répondirent avec raison que l'agriculture avait déjà beaucoup gagné par la Révolution et que, seules, les réformes nouvelles pouvaient la tirer de la ruine dans laquelle les honteuses lois de la monarchie absolue l'avaient jetée.

Un député, agriculteur lui-même, le père Gérard, dont nous avons déjà parlé et qui avait quitté la charrue pour venir siéger aux États généraux, fut un des plus enthousiastes à applaudir les orateurs déclarant la Révolution émancipatrice de l'agriculture.

C'est qu'en effet rien ne peut donner une idée de la misère qui étreignait les campagnes au moment où éclatèrent les événements de 1789.

Tout le monde connaît ce terrible tableau, tracé par Labruyère, du paysan sous Louis XIV, tableau qu'il faut sans cesse se replacer sous les yeux, si on veut bien comprendre les quelques violences exercées par les habitants des campagnes dans le courant des mois de janvier et février 1790.

Labruyère s'exprime ainsi :

« L'on voit certains animaux farouches, des mâles et des femelles, répandus par la campagne, noirs, livides, et tout brûlés du soleil, attachés à la terre qu'ils fouillent et qu'ils remuent avec une opiniâtreté invincible ; ils ont comme une voix articulée, et, quand ils se lèvent sur leurs pieds, ils montrent une face humaine, et, en effet, ils sont des hommes. Ils se retirent la nuit dans des tanières où ils vivent de pain noir, d'eau et de racines. Ils épargnent aux autres hommes la peine de semer, de labourer et de recueillir pour vivre, et méritent ainsi de ne pas manquer de ce pain qu'ils ont semé. »

Tel était le paysan sous Louis XIV.

En 1789, la situation n'a fait que croître et empirer. L'agriculture n'a réalisé aucun progrès depuis le dixième siècle, les outils sont lourds et mauvais, la charrue en fer est inconnue, partout l'essieu des charrettes et les cercles des roues sont en bois ; le blé ne rend que cinq pour un ; sur les chemins vicinaux à peine tracés, retardent les transports longs et très pénibles (1). Les travaux sont plus durs, les salaires moins élevés, même comparés à l'augmentation de la valeur du numéraire ; dans les cabanes la misère est plus grande encore et dans les chaumières la vie plus misérable ; sous Louis XIV, en travaillant comme des bêtes de somme, les paysans « ne manquent pas de ce pain qu'ils ont semé ». Sous Louis XVI, ce pain même leur fait défaut ; un homme gagne, en travaillant la terre, dix et douze sous par journée ; une femme, quatre et cinq. Aux malheureux paysans qui se plaignent de n'avoir même pas le blé nécessaire à leur subsistance, après avoir éventré la terre toute l'année pendant quatorze heures, un grand seigneur, le gouverneur de la ville de Dijon, répond :

— Vous n'avez pas de blé ! Mes amis, l'herbe commence à pousser, allez la paître !

Le simple travailleur, celui qui ne possédait pas de terres, en était aussi réduit au même état d'indigence.

(1) Rapports des intendants du Limouzin et de la Gascogne

Ils travaillaient, sans pouvoir manger, non pas à leur faim, mais de façon à ne pas mourir d'inanition ; ils n'avaient pas de quoi acheter le linge nécessaire, point de bas, ni de souliers, ni même de sabots; ils étaient dans un état sordide et repoussant pour la plupart, à ce point, rapporte un contemporain, que beaucoup « ne changent de chemise que lorsqu'elle tombe en lambeaux, et après il leur arrive de ne pouvoir pas la remplacer. » Ils couchent sur la paille, comme les derniers des animaux ; les matelas et les couvertures leur sont inconnus ; la famille, père, mère, enfants, sont entassés dans des cabanes, sortes d'étables, percées d'une seule ouverture, où ils vivent, ou plutôt où ils meurent pêle-mêle, lentement. Les cabanes sont en pisé, recouvertes de chaume; sans vitres, la plupart sont bâties sur quatre fourches (1).

La nuit, le sommeil ne leur appartenait pas, et ils étaient obligés, à tour de rôle, d'aller battre les marais des environs des châteaux pour faire taire les grenouilles qui empêchaient les seigneurs de dormir.

Et on s'étonne que ces gens-là aient brûlé quelques châteaux.

Ce qui doit surprendre, c'est qu'ils en aient épargné un si grand nombre, qu'ils aient donné aux habitants de ces riches et somptueuses demeures le temps de s'enfuir.

Le sort des petits propriétaires, de ceux qui possédaient des terres qu'ils cultivaient ou faisaient cultiver par leurs journaliers, n'était pas de beaucoup meilleur.

Dans le Toulois et dans les environs de Caen, les sci-

---

(1) Rapports des intendants du Limousin et de la Gascogne.

gneurs, presque tous ecclésiastiques, avaient le droit de faire conduire les troupeaux de la seigneurie, depuis le 23 avril jusqu'au 25 juin, avant toutes coupes et fenaisons, dans les prés de leurs vassaux. On pense dans quel état se trouvait la récolte après cette dévastation et combien peu les propriétaires étaient encouragés à soigner la culture.

On comptait vingt-cinq millions d'arpents de terres en friche, n'ayant aucune valeur et n'étant d'aucune utilité.

Dans la séance du 12 février, dont nous parlons, un député constatait que plus d'un tiers de terres était depuis longtemps inculte : aussi la misère était-elle grande.

Quelques années avant la Révolution, les petits cultivateurs, ceux qui forment aujourd'hui la petite bourgeoisie campagnarde, ayant fermes, terres et bœufs, étaient dans la misère et s'ils ne mouraient pas de faim, comme les simples journaliers, ils s'estimaient bien heureux quand ils pouvaient manger en cachette une tranche de jambon et boire une bouteille de vin.

C'est de ces petits propriétaires, ayant quatre bœufs et deux vaches, dont nous parle Voltaire quand il nous dit :
« Soyez très sûr que leurs maisons et leurs granges sont de véritables chaumières où habite la pauvreté. Il est impossible qu'au bout de l'année ils aient de quoi réparer leurs misérables asiles ; car après avoir payé tous les impôts, il faut qu'ils donnent encore à leurs curés la dîme du produit net et clair de leurs champs, et ce qui est appelé *dîme* très improprement, est réellement le quart de ce que la culture a coûté à ces infortunés. »

Et Voltaire, dans un autre passage d'ajouter :

« Si les habitants voluptueux des villes savaient ce qu'il

en coûte de travaux pour leur procurer du pain, ils en seraient effrayés. »

Comment, dès lors, s'étonner de cette épouvantable misère ? Est-ce que cet abominable adage n'était pas un des principes fondamentaux de l'impôt sous l'ancien régime, à savoir : *que le peuple est taillable et corvéable à merci.*

Ah ! l'horrible corvée ! que de souffrances elle a causées.

Tous les ans, à une époque indéterminée, sans être prévenus, les paysans voyaient arriver des officiers royaux qui, à cheval, le fouet au poing, les arrachaient à leurs familles, à leurs travaux, et les réunissant en troupe comme des esclaves, les poussaient devant eux, à plusieurs lieues de là, souvent jusqu'à cinq ou six lieues, pour construire ou réparer les chemins. Bien entendu ils n'étaient pas payés pour ces travaux dont les prêtres et les seigneurs, possédant plus des trois quarts des terres, étaient exempts.

Quant aux impôts, ils sont prélevés avec une rigueur et une brutalité inouïes. Si le cultivateur, le fermier ne peut payer la taille, malheur à lui, ni termes ni délais ne lui sont accordés. On saisit immédiatement les habits qui sèchent en plein air sur les haies ; on saisit le lit, les meubles, les hardes ; on démonte les fenêtres, les portes ; on enlève même le toit quand il est en tuiles, et enfin, — chose incroyable —, comme le rapporte le maréchal de Vauban lui-même dans son livre *la Dîme royale,* « il est assez ordinaire de pousser les exécutions jusqu'à dépendre les portes des maisons, après avoir vendu ce qui était dedans, et on en a vu démolir, pour en tirer les poutres, les solives et les planches qui ont été vendues cinq ou six fois moins qu'elles ne valaient, en déduction de la taille. »

La chasse et la pêche, interdites aux roturiers, étaient réservées aux seigneurs ; le manant ne pouvait pas non plus posséder de pigeonnier.

L'eau et les rayons du soleil eux-mêmes n'échappaient pas à l'impôt.

Le sel, en effet, qui est le produit de l'eau de la mer combinée avec les rayons du soleil, était soumis à un impôt tellement exorbitant, que, dans beaucoup de provinces, les ouvriers étaient obligés de s'en passer. Qu'un ménage d'aujourd'hui fasse l'essai des souffrances résultant de cette situation, qu'il se prive de sel pendant deux ou trois jours, et il souffrira d'un des mille tourments de nos aïeux d'avant 1789.

Et encore, bienheureux le pauvre diable qui parvenait à se soumettre à cette souffrance, car, qu'il en eût les moyens ou non, la loi lui faisait une obligation d'acheter et de consommer au moins sept livres de sel par an. De telle sorte que les meurt-de-faim, qui ne pouvaient payer cet impôt, étaient forcés de faire la contrebande pour endurer une misère de plus. Chaque tête est tenue de consommer une once et sept livres par « pot et salière ». Si un paysan a économisé sur le sel de sa soupe, pour saler un porc, le commis apparaît, prononce l'amende de trois cents livres et saisit le porc.

Dans les pays de vignobles, les tracasseries des commis des aides sont innombrables. Les commis descendent, quand ils veulent, dans les chais des vignerons et dans les caves des négociants, taxant et prenant un impôt des cinq douzièmes. Puis, si le vigneron vend son vin, le charretier devra suivre certains chemins indiqués à l'avance ;

s'il s'en détournait ＿＿ ue le vin ; et à chaque pas, sur la route, il ＿＿ e péage, de passage, d'entrée, de sortie, e ＿＿ vin sortant du Languedoc pour arrive ＿＿ ix cents livres en vingt ou vingt-cinq end ＿＿ gne, les habitants, écrivent les syndi＿＿ be, ont préféré jeter les vins à la rivière ＿＿ npôt.

＿＿ la qu'après les divers décrets de l'Assemblée ＿＿ ans beaucoup de villages, les seigneurs privilégiés refusèrent de se soumettre et entendirent exiger les mêmes impôts et prestations qu'auparavant ; d'où révolte légitime des paysans et quelques châteaux brûlés ; d'où enfin les plaintes des aristocrates à la tribune de l'Assemblée.

La Révolution fit disparaître tous ces abus monstrueux.

Elle fit plus encore, elle changea les conditions mêmes de la propriété territoriale, qu'elle rendit plus accessible en aliénant les immenses biens du clergé et de la noblesse : à la place du propriétaire féodal, elle constitua le propriétaire d'aujourd'hui.

Sans doute cette réforme fut incomplète ; sans doute peu nombreux furent ceux qui purent bénéficier des adjudications en larges lots des biens nationaux, mais ce n'en était pas moins un progrès immense que cette substitution d'une classe à une autre dans la propriété du sol.

N'avait-il pas raison, le Père Gérard, dont les mains portaient encore les nobles callosités conquises en conduisant la charrue, n'avait-il pas raison d'applaudir les orateurs qui, dans cette séance du 12 février 1790, proclamèrent la Révolution émancipatrice de l'agriculture ?

Du 19 au 25 février 1790.

VIII

LA MAGISTRATURE DE LA ROYAUTÉ

Les parlements. — Leur haine pour les idées nouvelles. — Opposition. — Le parlement de Toulouse. — Un mot de grande dame. — « Les affiches de Toulouse ». — Abus de pouvoir. — Vénalité des charges. — Les trafics judiciaires. — Les pots-de-vin. — Les anciennes juridictions.

A chaque pas la Révolution rencontre un obstacle nouveau sur sa route. Après avoir fait plier le pouvoir du roi, soumis la noblesse, détruit le clergé comme corporation, c'est-à-dire comme puissance; après avoir mis les moines et les prêtres au même niveau que les autres citoyens, à ce point ue deux capucins se font admettre, le 19, dans les rangs de la garde nationale, l'Assemblée nationale se trouve en face d'une force considérable, d'un pouvoir tout aussi fort, sinon plus, que celui du roi, nous voulons parler des Parlements.

Les Parlements, au nombre de treize, y compris celui de Paris, étaient composés d'ennemis acharnés des idées nouvelles et se croyaient assez puissants pour résister aux décrets de l'Assemblée, comme autrefois ils avaient résisté aux ordres du souverain.

Déjà, le 3 novembre 1789, les députés ayant déclaré les

Parlements en vacances illimitées, les magistrats avaient passé outre, s'étaient réunis, continuant à juger, essayant même davantage : de se constituer en petits Etats généraux de province.

Chaque jour, on signalait des actes d'insubordination ; c'était la Chambre des vacations de Rouen envoyant à Louis XVI une protestation contre les actes de la Révolution ; ou bien le Parlement de Metz, protégé par les soldats de Bouillé, qui se révoltait, et enfin le Parlement de Bretagne imitant cet exemple, qui refusait de se soumettre, même après deux ordres directs de Louis XVI.

La garde nationale se leva, elle amena les magistrats rebelles à la barre de l'Assemblée nationale qui, après avoir entendu leurs explications arrogantes, les déclara inhabiles à remplir aucune fonction de citoyens actifs jusqu'à ce qu'ils eussent été admis à prêter serment de fidélité à la Constitution.

Les treize Parlements étaient tous animés du même esprit de réaction, et on étudiait sérieusement une réforme judiciaire, quand le 20 mars, arriva à l'Assemblée la nouvelle d'un abus de pouvoir commis par le Parlement de Toulouse, le plus fanatique et le plus attaché aux anciennes idées de tout le royaume de France.

C'était ce Parlement qui, quelques années auparavant, refusant d'entendre des témoins, et, violant les règles de la procédure, condamnait le malheureux Calas, dont Voltaire fit réhabiliter la mémoire : abominable procès qui valut au Parlement de Toulouse ce mot d'une grande dame

Comme on invoquait, devant elle, l'excuse banale de la faillibilité, disant :

— Il n'est pas si bon cheval qui ne bronche.

— Un cheval, soit, répondit-elle, mais toute une écurie

Les bourreaux conscients de Calas avaient conservé leur détestable esprit de fanatisme et d'intolérance ; ainsi un libraire toulousain, Bouillet, qui venait de créer les *Affiches de Toulouse*, journal dévoué aux idées révolutionnaires, se plaignait à l'Assemblée d'avoir été condamné à aumôner mille francs d'amende aux hôpitaux de la ville « avec défense d'imprimer aucune feuille qui n'ait été censurée et approuvée par qui de droit. »

Cet arrêt était rendu contre un journal patriotique, tandis que les membres dudit Parlement répandaient eux-mêmes des libelles royalistes attaquant avec la dernière violence les décrets.

L'Assemblée prit en main la cause du libraire toulousain : cet arrêt fit hâter le décret qui allait être rendu, le 22 mars, et qui détruisait définitivement ce pouvoir judiciaire devant lequel avait souvent tremblé la vieille monarchie française aux plus beaux jours de sa prospérité.

L'éditeur des *Affiches toulousaines* fut bien vengé ; son journal reparut et devint plus tard le *Journal de Toulouse*, un des vétérans de la presse française, qui a existé jusqu'en 1886 ; depuis longtemps il avait abandonné les idées de ses débuts.

Avant d'arriver à la nouvelle organisation judiciaire que prépare avec opiniâtreté un comité spécial, jetons un coup d'œil sur cette magistrature d'avant 1789, qui va disparaître, peureuse, sans grandeur, sans dignité, sans protestations et sans bruit devant un décret rendu par cette Assemblée composée d'avocats, comme disaient avec dédain les parlementaires jetés à bas de leurs sièges où les avaient appelés, non la valeur, ni le mérite, ni le savoir, mais leur fortune personnelle.

La justice était alors la propriété de gens ignorants pour la plupart et qui achetaient une charge comme aujourd'hui on achète une boutique ou un fonds de commerce. Le père la cédait à son fils ou même la donnait en dot à sa fille.

La justice était souvent une chose marchande dont on trafiquait ; le juge vendait ses audiences, sa bienveillance, quelquefois ses jugements. Il n'est pas besoin de rappeler le procès retentissant soutenu par Beaumarchais contre un conseiller qui lui avait fait chèrement payer des audiences particulières accordées chez lui ; le juge, il est vrai, ne touchait pas directement l'argent, c'était sa femme qui le recevait. On citait couramment des exemples qu'on ne pouvait démentir. Ainsi un plaideur ayant entendu dire que son juge était plus amoureux du présent que du futur, se hasarde à lui offrir une somme d'argent. Le juge refuse :

— Allez voir mon fils, dit-il, et vous verrez quel homme je suis ; qu'il ne vous arrive jamais de tenter la conscience d'un juge.

Le plaideur, entêté comme ceux de son espèce, se rend auprès du fils qui lui dit que son père ne prenait jamais rien des mains des plaideurs, mais qu'il acceptait tout de la part de son fils et qu'il lui ferait rendre bonne justice, ce qui advint.

Le pots-de-vin étaient de mise courante ; tout le monde en offrait, bien peu les refusaient quand ils étaient assez considérables. Cela n'empêchait pas les magistrats de se fâcher quand on les accusait d'avoir reçu des cadeaux ; ils poursuivaient les accusateurs comme on le fit pour Beaumarchais, qui n'en fut pas moins condamné après avoir prouvé la concussion de son juge. Le raisonnement que tenaient les magistrats était bien simple : L'avez-vous vu, disaient-ils? Où est la preuve ? Vous ne l'avez pas, donc nous sommes innocents !

Étrange raisonnement ! Comme si les hommes avaient coutume de prendre des témoins pour commettre des actions infamantes ! Quelle preuve matérielle aurait pu fournir Cicéron, quand, dans le Sénat romain, il accusait Catilina ?

Rarement on peut prouver qu'un homme a reçu un pot-de-vin, mais bien malheureux est celui dont la moralité permet de porter contre lui une accusation aussi honteuse, qui est presque toujours vraie quand elle est vraisemblable.

Nous devons ajouter, cependant, qu'au moment de la Révolution, la plupart des conseillers des Parlements étaient à peu près irréprochables au point de vue de la probité; ils abandonnaient ces petits moyens de filouteries judiciaires aux simples juges des tribunaux inférieurs qui ne laissaient pas perdre les bonnes traditions et obligeaient les plaideurs à boursiller, confondant droit avec argent et justice avec pourboires.

Quand la Révolution éclata, venant interrompre ce noble et antique trafic, voici quelles étaient les principales juridictions se partageant le pouvoir judiciaire.

D'abord la *juridiction de la prévôté de l'Hôtel du Roi*, d'où dépendaient tous ceux qui étaient à la suite de la cour, en quelque lieu qu'elle se transportât.

Venait ensuite le *Parlement* composé de plus de deux cents conseillers divisés en chambres et qui jugeaient principalement en appel les procès civils ou criminels portés une première fois devant des juges inférieurs. Toutes les chambres se réunissaient pour procéder à l'enregistrement des lois ou des décrets, et c'est de là que venait l'autorité politique du parlement qu'il voulait tourner, mais en vain, contre la Révolution.

Son pouvoir finit avec le décret du 22 mars 1790.

Citons encore la *Chambre des comptes*, qui comprenait un premier président, douze présidents, soixante-dix-huit maîtres, trente-huit correcteurs, quatre-vingt-deux auditeurs, un procureur général, un avocat général, deux greffiers en chef, un commis au plumitif, deux commis de greffe, trois contrôleurs du greffe, un payeur des gages, trois contrôleurs des offices, un premier huissier, un contrôleur des rentes, un garde des livres, vingt-neuf procureurs, trente huissiers. Cette *Chambre des comptes* enregistrait les contrats de mariage des rois, les traités de paix et les actes concernant les grands officiers de la maison du roi; elle enregistrait en outre les édits de concession de privilèges, de lettres de noblesse, etc.; elle connaissait enfin de tous les comptes de recette générale des domaines, des finances, des tailles et des octrois.

La Cour des aides avait été établie pour juger des matières ayant rapport aux impositions; elle connaissait des titres de noblesse et déchargeait d'impôt les nobles, y soumettait ceux qui n'avaient pas de parchemins suffisamment authentiques ou suffisamment payés.

La Cour des monnaies connaissait de tout ce qui concernait les monnaies et leur fabrication, comme aussi de l'emploi des matières d'or et d'argent et de tout ce qui y avait rapport, tant au civil qu'au criminel.

L'Amirauté jugeait les contestations en matière de marine et de commerce de mer.

La Table de marbre, qui tirait son nom de ce que primitivement les juges tenaient en effet leurs séances sur une grande table de marbre détruite dans l'incendie du palais de 1618, connaissait des procès des eaux et forêts. *L'Élection de Paris*, dont les magistrats élus par quelques privilégiés jugeaient les affaires relatives aux tailles et aux aides. La *Chambre des bâtiments* jugeait les contestations entre entrepreneurs, architectes et ouvriers. Le *Châtelet*, ainsi nommé de l'endroit où la justice était rendue, jugeait tant au civil qu'au criminel. Enfin venaient les *juges consuls* correspondant à nos tribunaux de commerce, les sénéchaussées et les bailllages.

Tel est l'ensemble des juridictions que renversa l'Assemblée nationale.

Du 26 février au 4 mars 1790.

IX

L'ARMÉE EN 1790

ABUS DANS L'ARMÉE DÉNONCÉS PAR CHARLES DE LAMETH. — HONTEUSE SITUATION DE L'ARMÉE FRANÇAISE. — LES BREVETS DE COLONELS. — AVEU DU DUC DE LAUZUN. — LE RECRUTEMENT. — LES RACOLEURS. — OPINION DE VOLTAIRE. — LES ÉTRANGERS AU SERVICE DE LA FRANCE. — DÉMEMBREMENT DES FORCES MILITAIRES. — LES GARDES-FRANÇAISES. — PUISSANCE ÉMANCIPATRICE DE LA RÉVOLUTION. — DÉCRETS DE L'ASSEMBLÉE NATIONALE. — ABOLITION DES COUPS DE PLATS DE SABRE. — MOT D'UN VIEUX GRENADIER.

Nous avons dit ailleurs (1) les forces et la composition générale de l'armée française avant 1789, mais nous n'avons pu nous occuper de son organisation particulière, qui cachait, comme toutes les autres institutions de la royauté, des abus sans nombre et des vexations les plus monstrueuses.

Ces abus furent dénoncés à la tribune de l'Assemblée par un ancien familier du Petit-Trianon, que sa conduite durant la guerre d'Amérique avait mis à la mode dans les boudoirs et que la faveur toute particulière de la reine avait fait nommer colonel de cuirassiers, Charles de Lameth.

Charles de Lameth, après avoir vécu de la folle vie des

(1) Voir notre premier volume (ch. xxxv)

courtisans débauchés, dissipés et libertins, après avoir fréquenté les ruelles, les antichambres et les petites maisons, après avoir laissé courir le bruit, vrai ou faux, de ses amours avec Marie-Antoinette et s'être fait nommer député par la noblesse de l'Artois, avait pris parti pour les idées révolutionnaires, qu'il servit quelque temps avec ardeur et abandonna bientôt avec facilité.

A la suite de son discours et de la discussion qui s'ensuivit, l'Assemblée rendit le décret du 28 février 1790, remplaçant l'ancienne organisation par un système nouveau que nous allons faire connaître et qui mettait fin à la honteuse situation dans laquelle on avait laissé l'armée de France, jusque-là à la merci d'une poignée de privilégiés soumis et dévoués à quelques favorites corrompues ou à quelques grandes dames de la cour qui ne valaient pas mieux.

Les régiments appartenaient alors aux colonels, et le grade de colonel était une charge vénale qu'on achetait comme celle de juge ou de marchand. Commander les soldats, rendre la justice ou auner du drap, tout cela était mis sur le même rang ; la seule différence c'est que si le boutiquier avait besoin d'intelligence pour ne pas se ruiner, cette intelligence n'était pas exigée pour commander à des militaires ou pour décider des biens et de l'honneur des autres hommes.

On achetait un brevet de colonel à des jeunes gens, ou bien les pères, mariant leurs filles, leur donnaient en dot un régiment ; il n'était pas rare de voir des petits musqués recevoir, par la faveur des courtisanes, l'épée de colonel, prix de leur complaisance durant les nuits d'orgies ; un petit souper, où un jeune libertin savait se conduire avec une grande favorite, avait pour résultat de fournir des chefs aux régiments français; ce que le mérite, par quarante ans de services rendus, de combats glorieux, ne parvenait pas à acquérir, un débauché de dix-huit ans l'obtenait en une nuit de plaisirs.

Dans les parades, on voyait souvent les vieux régiments composés de soldats aguerris commandés par des jeunes gens de quatorze à quinze ans; le maréchal de Saxe a écrit un mémoire très sévère contre cet abus révoltant qui livrait l'honneur de notre drapeau et la vie de braves à l'incapacité d'adolescents sans expérience, sans talent et sans moralité.

C'est ainsi que le fameux duc de Lauzun, ce mignon de couchette, qui se vante de l'adultère où l'aurait entraîné Marie-Antoinette, a pu écrire dans ses *Mémoires* : « On me fit entrer à douze ans dans le régiment des gardes, dont le roi me promit la survivance (de colonel), et je sus à cet âge que j'étais destiné à une fortune immense et à la plus belle place du royaume, sans être obligé de me donner la peine d'être un bon sujet. »

On n'avoue pas ses vices avec plus de désinvolture, et le duc de Lauzun n'était pas encore le plus mauvais!

L'argent ne suffisait pas pour commander, il fallait avoir en outre quatre quartiers de noblesse, ce qui n'était guère difficile à trouver au dix-huitième siècle, où la noblesse mêlait avec tant de facilité ses quartiers à la roture.

La plupart des régiments français portaient le nom des provinces du royaume, sans pour cela être composés des habitants de la province dont ils avaient le nom; les soldats étaient pris indifféremment dans toutes les provinces du royaume.

Le recrutement se faisait de façon arbitraire, sans règles fixes ni précises ; le principe était que tout le monde devait le service militaire, mais il n'était presque jamais appliqué ; étaient exempts du tirage les bourgeois et les nobles, les employés de l'administration des fermes, des ponts et chaussées, les gardes-chasse, gardes-bois, les domestiques des ecclésiastiques, des communautés, des maisons religieuses, des gentilshommes, des nobles. En dehors de ceux-là, tous ceux qui avaient des protecteurs ou du crédit pouvaient facilement éviter la conscription ; aussi le recrutement se faisait par voie d'engagement volontaire. Il ne faudrait pas croire que ce nom d'engagement volontaire répondit en quoi que ce soit à l'idée que nous en avons aujourd'hui. L'enrôlement s'opérait surtout parmi les populations les plus mauvaises des villes et des campagnes. Les capitaines donnaient une somme fixée d'avance à des officiers, qui eux-mêmes s'adressaient à ce qu'on appelait des *racoleurs*, lesquels se chargeaient d'engager les recrues.

Si nous voulons savoir ce qu'on entendait par *racoleurs*, nous ouvrons l'*Encyclopédie* de Diderot, et à ce mot nous lisons : « Espèce de coquins dont le métier est d'engager des hommes, d'adresse, ou de force, au milieu d'une campagne ; il y a peu d'officiers qui se fassent un scrupule d'employer les racoleurs. »

Regardons un siècle en arrière et voyons de quelle façon on opérait le recrutement. Transportons-nous au bas du Pont-Neuf, arrêtons-nous devant une sorte de boutique sur laquelle flotte un drapeau armorié qui sert d'enseigne ; poussons la porte de cette échope, nous nous trouvons devant une espèce de bureau, derrière lequel se tient un homme à moustaches grises, au nez fleuri, au teint rouge, et dont l'aspect seul pue, pour ainsi dire, le vin et le rogomme : c'est un recruteur, un de ces marchands d'hommes qui achètent des jeunes gens pour les colonels des régiments, lesquels revendent les régiments en entier au roi.

Une demi-douzaine de gaillards de dix-huit à vingt ans, aux souliers percés, aux habits en loques, sont au fond de la boutique, gênés, silencieux, pendant que le recruteur prépare les engagements qu'il va leur faire signer. Là ! voilà qui est fait ! Le marchand de chair humaine se lève, présente le pacte odieux aux jeunes gens, qui signent, vendant ainsi leur temps, leur jeunesse, leur sang et leur vie pour trente livres. Cependant un des engagés, plus grand que les autres, compte son argent ; il ne paraît pas satisfait. Le recruteur s'aperçoit du manège et lui glisse un écu de supplément dans la main. Les beaux hommes se paient un peu plus cher que les autres.

Les jeunes engagés sortent et vont, pendant deux jours, courir les cabarets et les maisons de joie ; puis ils rejoignent leurs régiments.

Mais comment ces malheureux arrivent-ils à la boutique du Pont-Neuf ?

Écoutez Mercier dans son *Tableau de Paris* :

« Ils (les recruteurs) se servent d'étranges moyens ; ils ont des *filles de corps de garde,* au moyen desquelles ils séduisent les jeunes gens qui ont quelque penchant au libertinage ; ensuite ils ont des cabarets où ils enivrent ceux qui aiment le vin ; puis ils promènent, les veilles du Mardi-Gras et de la Saint-Martin, de longues perches surchargées de dindons, de poules, de cailles, de levrauts, afin d'exciter l'appétit de ceux qui ont échappé à la luxure.

« Les pauvres dupes qui sont à considérer la Samaritaine et son carillon, qui n'ont jamais fait un bon repas dans toute leur vie, sont tentés d'en faire un et troquent leur liberté pour un jour heureux. On fait résonner à leurs oreilles un sac d'écus, et l'on crie : *qui en veut ? qui en veut ?* »

Ainsi on usait de la force ou de la ruse pour enrôler les recrues ; on grisait les jeunes gens, on leur tendait des guet-apens chez des filles publiques, on employait d'autres moyens du même genre pour leur extorquer un engagement.

Composée de la sorte, Voltaire avait pu dire de l'armée, considérée dans son ensemble : « C'est la lie de la nation. » Et il ajoutait : « Les mots de soldats et de voleurs sont souvent synonymes. »

« C'est de cette manière qu'on vient à bout de compléter une armée de héros qui feront la gloire de l'État et du monarque. »

Ce que devait être l'ensemble d'une armée recrutée de cette façon ? on le devine sans peine, et un ministre de la guerre de la royauté, le comte de Saint-Germain, écrivait en 1776 dans son *Mémoire sur les vices du système militaire français* les lignes suivantes d'une clarté se passant de tous commentaire.

« Le soldat se libertine, écrit le comte de Saint-Germain,

court à la maraude, commet mille excès, épuise ses forces et périt. Ceux qui sont plus vigoureux après s'être accoutumés à un esprit de libertinage désertent. La désertion est prodigieuse dans les armées de France. »

Le même ministre de la guerre, avait écrit : « La misère du soldat est si grande qu'elle fait saigner le cœur ; il passe ses jours dans un état abject et méprisé, il vit comme un chien enchaîné qu'on destine au combat. »

Être soldat c'était exercer une profession peu honnête et qu'on fuyait le plus qu'on pouvait.

Les jeunes gens avaient une telle horreur du métier militaire qu'au moment du tirage au sort beaucoup s'enfuyaient dans les bois où il fallait les poursuivre à main armée; plusieurs se coupaient le pouce, pour ne pas être soldats. En 1732 d'Argenson constatait qu'on comptait, depuis la paix de 1748, plus de 30,000 hommes suppliciés pour désertion. Dans les mêmes villages, où l'on assistait à ce spectacle, la Révolution trouvera bientôt des centaines de volontaires courant de bon cœur à la frontière.

L'avancement des officiers subalternes, des lieutenants, sous-lieutenants, enseignes et cornettes, des sous-officiers sergents, maréchaux des logis, caporaux et anspessades, dépendait du colonel. Il est inutile de rappeler que beaucoup de régiments comptaient des étrangers, Suisses, Allemands et Irlandais, engagés moyennant des primes pécuniaires et allant, moyennant des gages annuels, au combat, comme d'autres vont à l'atelier; se faire tuer était leur métier et ils en donnaient souvent pour l'argent.

Ainsi il y avait 11 régiments suisses et 12 régiments allemands, belges ou irlandais, soit en tout environ

30,000 hommes que la reine avait eu soin de faire masser aux environs de Paris pour être sûre que ces soudards gagés n'hésiteraient pas à massacrer les Parisiens quand le moment serait venu.

Les dépenses de la solde sont portées au budget pour une somme de 90 millions : 46 millions pour les officiers et seulement 44 millions pour les soldats.

En 1790, la force militaire était de 101 régiments de ligne et de 12 bataillons d'infanterie légère. Le régiment, composé de 1,200 hommes, se divisait en 2 bataillons; chaque bataillon avait cinq compagnies de 120 hommes chacune, sur ces cinq compagnies, il y en avait une de grenadiers ou de chasseurs, au total 125 à 130,000 hommes.

Pour la cavalerie, l'armée se composait de 2 régiments de carabiniers, 24 de grosse cavalerie, 18 de dragons, 12 de chasseurs, 6 de hussards, en tout 35,000 hommes.

Pour l'artillerie on comptait 7 régiments, 6 compagnies de mineurs, 9 compagnies d'ouvriers ; au total 8,500 hommes.

Il y avait 106 bataillons de milice provinciale, soit environ 80,000 hommes qui formaient une sorte de réserve.

La maison du roi, composée de 10,000 hommes à pied et à cheval, se recrutait avec beaucoup plus de soin; on n'y comptait guère que de bons sujets. Il est à remarquer que c'est parmi ces régiments que les idées révolutionnaires trouvèrent une adhésion presque unanime; nous n'en voulons comme exemple que le premier régiment de France, le régiment d'élite, celui des gardes-françaises, qui refusa à plusieurs reprises de marcher contre les Parisiens.

Les simples capitaines de ce régiment par excellence

avaient rang de colonels ; c'étaient les gardes-françaises qui, jusque-là, avaient gardé le palais et le roi ; mais les idées nouvelles ayant trouvé tant de partisans parmi ces soldats excellents, le roi n'hésita pas, comme nous l'avons déjà vu, à permettre que le régiment fût acheté par la ville de Paris, qui le versa dans la garde nationale.

Les soldats s'étaient trouvés, jusqu'à ce jour, un peu comme des îlotes au milieu de la société, dont ils ne faisaient pas partie, formant une caste à part dans la nation ; aussi beaucoup virent dans la Révolution un moyen d'émancipation, plus morale encore que physique, et c'est ce désir de la réhabilitation qui explique le zèle tout nouveau et l'amour des idées généreuses manifesté par un grand nombre de ces hommes sur lesquels il semblait que les mots de probité et d'honneur ne pussent plus avoir aucune prise, tant il est vrai que les rayons du soleil de la liberté naissante faisaient germer les sentiments les plus honnêtes dans les cœurs endurcis et corrompus.

La réhabilitation désirée par ces malheureux s'accomplit quelques mois plus tard, quand, après que les coalisés eurent menacé de démembrer la France et l'eurent envahie, jetant sur notre sol quatorze corps d'armée, les conscrits de 92 vinrent se mêler aux anciens régiments et apporter, quoi que les stratégistes réactionnaires en aient dit, cette force gigantesque devant laquelle l'Europe devait reculer et qui s'appelle : le Patriotisme. A partir de ce moment-là, les vieux soldats purifiés par la victoire, amendés par le contact des citoyens de toutes les classes feront oublier leur ancienne origine, et, à la place des régiments tarés de la royauté, nous verrons cette admirable armée de la première République qui portera le drapeau tricolore, si souvent victorieux, à travers l'Europe épouvantée.

En attendant, le 28 février 1790, l'Assemblée nationale décida que l'armée était essentiellement destinée à combattre les ennemis extérieurs de la patrie ; qu'il ne pourrait être admis ou introduit des troupes étrangères dans le royaume et l'armée qu'en vertu d'un acte du pouvoir législatif ; que les sommes nécessaires à l'entretien de l'armée seraient fixées par chaque législature ; que nul militaire ne pourrait être destitué de son grade que par un jugement légal ; que la paye serait augmentée et la vénalité des charges supprimée.

En même temps, on interdit cette peine humiliante des coups de plats de sabre introduite par un ancien jésuite, le comte de Saint-Germain, qu'un caprice de Louis XVI avait créé ministre de la guerre ; c'était ce même ministre qui avait ordonné que les soldats se rendraient le dimanche à la messe en procession et avait chargé les bénédictins de former les élèves de l'école de guerre.

L'abolition des coups de plats de sabre, du reste demandée par grand nombre de cahiers, fut accueillie avec joie par toute l'armée, qui répéta, ce jour-là, les paroles demeurées célèbres et toujours vraies : « Les Français n'aiment du sabre que le tranchant ! »

X

IMPOTS ET PRIVILÈGES

Les anciens droits féodaux. — Difficultés du trafic. — Tribulations des marchands. — Les péages. — Halles et marchés. — Les Barrages. — La dime. — Les lods. — Le droit de chiennage. — Bauvin. — Colombiers. — Four banal, boucherie banale. — Les ceintures funèbres. — Quatre millions de pain bénit par an. — Procès bizarres.

A chaque moment, l'Assemblée nationale se trouve en présence d'abus, d'injustices ou de privilèges ayant d'abord échappé à ses investigations et que les députés soumettent peu à peu, au jour le jour, à son examen.

C'est ainsi que dans la séance du mardi 9 mars, les représentants commencent à s'occuper des droits de péage, de minage, de pontonnage et de tous impôts indirects en nombre illimité, que seigneurs ou privilégiés prélevaient sur les routes ou sur les bords des fleuves et rivières.

Habitués comme nous le sommes aux voyages rapides et aux prompts moyens de transport, aujourd'hui, nous ne nous faisons guère une idée des barrières et des obstacles qui sillonnaient et coupaient les routes de France au commencement de l'année 1790.

Les difficultés des communications étaient augmentées par de nombreux privilèges exploités, sur divers points du territoire, par les possesseurs de fiefs, et ces derniers y tenaient tellement, qu'il y avait quelques années le Parlement avait fait brûler par le bourreau un petit livre sur les *inconvénients des droits féodaux* ; les princes du sang eux-mêmes avaient donné leurs voix pour la proscription de l'ouvrage.

Le voyageur, le marchand était arrêté à chaque instant au détour d'un chemin, au bord d'une rivière ou à l'entrée du moindre village, par un droit à payer. Le commerce et l'industrie se débattaient entre ces impôts multiples qui les enserraient de toutes parts, arrêtant leur essor.

Les ponts étaient peu nombreux et, à l'entrée de la plupart de ceux qui existaient, se tenait un fermier qui vous obligeait à payer une somme plus ou moins élevée si vous vouliez passer. Le seigneur de Montereau, par exemple, possédait un droit de péage consistant en 2 deniers par porc, vache ou bœuf ; 1 par mouton ; 2 par bête chargée ; 1 sou par voiture à quatre roues ; 5 deniers pour celles à deux roues ; 10 deniers par voiture attelée de plus de deux chevaux ; 1 denier par futaille vide, etc. Ce péage rapportait 90,000 livres fixes. Cet argent rentrait dans la poche d'un seigneur ou de tout autre personnage qui s'était rendu acquéreur de ce droit de péage ou de bac.

Aviez-vous passé le pont ou la rivière en bateau, vous n'étiez pas encore quitte, vous vous trouviez en présence de barrières nombreuses établies arbitrairement sur les routes à des distances souvent très rapprochées et il fallait montrer une fois de plus pièce blanche, payer le *barrage* pour vous faire ouvrir la barrière et pour pouvoir continuer votre chemin.

Si c'était un commerçant au détail se rendant au marché, il devait bien entendu, comme tous les autres, se soumettre à toutes ces obligations ; mais une fois arrivé sur la place du marché ou sur le carreau de la halle, commençaient de nouvelles misères, et il voyait s'abattre autour de lui une nuée d'employés le poursuivant de tous côtés et vidant sa bourse avant même qu'il eût pu déballer sa marchandise.

Il y a d'abord le droit de *hallage* dû pour avoir la permission de déposer les marchandises sous les halles ou sur le lieu même du marché. Une fois cette permission obtenue, il faut payer un autre droit suivant la nature de la marchandise, grain, viande, vin ou poisson. Et si vous êtes obligé de peser votre marchandise ne croyez pas qu'il vous soit possible de vous servir de poids ou de balances vous appartenant ; non, il faut vous adresser au peseur public qui tient ce que l'on appelait le *poids-le-roi* où vous devez encore débourser une somme déterminée.

Mais si vous ne vendez pas votre marchandise, ne pensez pas qu'il vous soit possible de la remporter ; il vous faudra pour l'enlever de sur le marché, payer un autre droit de *cohuage* ; quand vous reviendrez, huit jours après, au marché suivant, vous devrez recommencer à vous soumettre à tous ces impôts qui iront grossir d'autant les revenus des privilégiés.

Notez que nous nous sommes placés dans l'hypothèse d'un marchand vendant des marchandises du pays ; si par hasard il fait trafic de denrées ou de produits venant de l'étranger ou même de la province voisine, il doit, après avoir acquitté les droits de péage, de barrage, de hallage, de poids-du-roi, de cohuage, etc., se soumettre à un autre droit, souvent très élevé et qu'on appelait *tonlieu*, frappant, suivant une échelle variable, toutes les marchandises étrangères.

L'Assemblée étudia attentivement ces divers impôts qui revêtaient les formes les plus vexatoires et avaient presque toujours les causes les plus injustes ; elle finit par les supprimer.

Un député demanda même la suppression des octrois, mais cette proposition fut renvoyée à plus tard et votée un an après par la Constituante.

Il n'est point besoin de dire qu'avant la Révolution les nobles et les seigneurs s'étaient affranchis de tous ces impôts, qu'ils passaient francs et quittes à travers les barrages, traversaient les ponts, les bacs et les octrois sans bourse délier ; l'Assemblée fit cesser cet abus et décréta que toutes les personnes, sans distinction, paieraient les droits d'octrois et les autres impôts de cette nature qui devraient être maintenus pour les besoins des services publics et l'entretien des routes.

A côté de ces impôts indirects qui prenaient des formes si diverses pour atteindre les marchandises, il y avait, en maints endroits, des redevances établies sur certains héritages, sur certains champs et qui se payaient en nature, en fruits, en récoltes, indépendamment de la *dîme* due aux curés et qui avait été déjà abolie par l'Assemblée. Ce droit sur les champs se nommait le *champart*, variant entre le dixième et le vingtième suivant le pays et les usages.

Certains champs enfin, comme dans la coutume de

Mantes par exemple, étaient grevés d'un autre impôt au profit du seigneur appelé le *champartage*, indépendant du champart, et qui était ordinairement la moitié de ce dernier. Ainsi, un agriculteur récoltait-il cent gerbes, le curé commençait à en prendre dix, le seigneur prélevait le champart sur le restant, soit douze autres gerbes en moyenne, et venait ensuite le champartage soit six (la moitié du champart).

Si ce fermier allait vendre son blé au marché — et comment faire autrement ? — après être passé par tous les impôts dont nous venons de parler, comment aurait-il pu ne pas être ruiné et qui s'étonnera, après ces détails, de la misère générale qui s'était abattue sur les campagnes au moment où éclata la Révolution ?

Le seigneur recevait les biens de l'homme condamné à mort et à la confiscation; il succédait au bâtard décédé dans sa seigneurie sans testament ni enfants légitimes ; il s'appropriait les choses sans propriétaire et prélevait les trois quarts sur les trésors trouvés ; il s'emparait encore des biens non cultivés depuis dix ans.

Il avait les *lods*, droit du cinquième sur le prix de toute terre vendue ou de tout bail excédant neuf ans ; les héritiers collatéraux devaient lui payer la valeur d'un an de revenus. Enfin quand le censitaire mourait, ses héritiers devaient payer le « plaît-à-merci », qui était d'une année de fruits ; et si c'était le seigneur qui décédait, le censitaire payait également ce droit à ses héritiers.

Rien n'avait échappé à la rapacité des seigneurs ; ils étaient même allés jusqu'à frapper d'un impôt les doriers qui pêchaient des paillettes d'or dans l'Ariège. — La présence de l'or dans cette rivière avait donné l'idée à quelques pauvres diables de se livrer à cette industrie ; plus tard le roi ordonne aux doriers de continuer leur métier, et les seigneurs s'empressèrent de frapper d'un impôt, appelé *tollage*, ces doriers qui cherchaient des paillettes dans les sables de l'Ariège et du Salat.

Le seigneur avait, d'ordinaire, une ou plusieurs meutes ; on obligeait les pauvres habitants du village à nourrir grassement les chiens du maître : c'était le droit de « chiennage. »

Quand la récolte est faite, le seigneur a le *droit de bauvin*, privilège pour lui de vendre son vin, à l'exclusion de tout autre, pendant les quarante jours qui suivent les vendanges ; il a le *droit de paccage*, faculté d'envoyer ses chevaux, vaches, bœufs et troupeaux dans les prés des censitaires. Enfin, seul, il peut avoir des colombiers, dont les milliers de pigeons vont picorer les champs ensemencés, les récoltes, sans qu'on puisse les tuer.

Il possède un four banal et une boucherie banale où tous les habitants du village sont forcés de se servir ; si vous ouvrez une boucherie, il peut vous obliger à la fermer.

L'Assemblée fit disparaître toutes ces injustes redevances.

Les députés abolirent, en même temps, les droits honorifiques auxquels les seigneurs attachaient une grande importance et qu'ils revendiquaient, au besoin, par des procès très coûteux et dont beaucoup duraient depuis près d'un siècle.

Ces honneurs consistaient principalement pour le seigneur dans la préséance qu'il avait à l'église ; il nommait souvent le curé, avançait ou reculait, à son gré, l'heure des offices. Il marchait immédiatement avant le dais dans les processions ; à la messe paroissiale le curé devait commencer par l'asperger d'eau bénite avant d'asperger les assistants ; on lui offrait, le premier, le pain bénit, il avait droit à être encensé deux fois dans les cérémonies catholiques ; à l'offrande, il était encore le premier, avait son banc dans le chœur à côté des prêtres ; quand il venait à mourir on l'enterrait dans le chœur de l'église où la famille faisait peindre ses armoiries sur les murs, c'est ce que l'on appelait le droit de litre ou *ceinture funèbre*.

Enfin le seigneur seul autorisait ou défendait les fêtes du village, décidait si on pourrait danser et combien de musiciens composeraient l'orchestre. C'était partout et toujours le seigneur qui avait le pas sur tous les habitants et les tenait courbés sous son caprice et ses fantaisies.

Ces droits honorifiques, supprimés au mois de mars 1790, nous semblent aujourd'hui secondaires, mais ils avaient une grande importance dans la vie courante des villageois et des paysans avant 1789 ; il avait fallu du reste les réglementer et arrêter l'accaparement des seigneurs. Ainsi on avait dû limiter à deux pieds la grandeur des écussons que les nobles faisaient peindre sur les murs des églises. En ce qui concerne le pain bénit, l'usage était que le seigneur n'en pourrait prendre plus d'une livre par pain. Il faut ajouter qu'au dix-huitième siècle, on offrait de nombreux pains bénits ; on avait compté qu'il se distribuait alors en France, dans les quarante mille églises, chapelles ou couvents, environ pour 80,000 livres de pain bénit par semaine, somme qui, multipliée par cinquante-deux dimanches, donnait un total de plus de quatre millions par an, sans compter les fêtes et autres grandes cérémonies.

Au moment où les Parlements furent supprimés, on trouva les dossiers de plusieurs procès intentés devant ces juridictions et portant sur le nombre de coups d'encensoirs que l'officiant devait donner à tel ou tel seigneur. Les bénéficiaires en réclamaient deux, mais certains curés peu conciliants ne voulaient en donner qu'un ; d'où des procès qui duraient des années et coûtaient des sommes considérables.

Parmi les procès analogues, nous pouvons encore citer ceux qui découlaient du droit de procession. Certains seigneurs exigeaient non seulement la place d'honneur, mais encore voulaient obliger les curés à aller les recevoir, croix et bannières en tête, à l'entrée de la paroisse ; quand les curés s'y refusaient, les seigneurs leur intentaient une action devant les tribunaux ; les décisions variaient suivant les pays, les parlements et les coutumes.

Ce sont là des détails qui paraîtraient futiles s'ils ne nous montraient combien l'arbitraire et la tyrannie s'appesantissaient sur nos ancêtres jusque dans les moindres actes de la vie courante ; c'est par ces côtés minutieux que nous comprenons toutes les souffrances du peuple, car, comme dit Stendhal, les petits faits peignent une époque.

Du 11 au 17 mars 1790.

XI

MŒURS RÉVOLUTIONNAIRES

Apaisement. — Exemples de clémence populaire. — Le seigneur nommé garde-chasse. — Un galérien pour un chevreuil. — Les semailles et le gibier. — La part des bêtes. — Dons en nature a l'Assemblée. — Fruits, lait et fleurs. — Naiveté rustique. — La première bibliothèque régimentaire créée a Besançon.

Si nous détournons un moment nos regards des travaux de l'Assemblée et des conspirations de la cour, et que nous examinions la vie courante des citoyens des classes pauvres, nous y verrons l'espérance naître partout, le calme et l'apaisement sur le point de se faire.

Le peuple de France, qui est le peuple le plus facile à tromper quoiqu'on en ait dit, après avoir entendu Louis XVI venir spontanément, le 4 février, jurer de nouveau fidélité à la Constitution non encore terminée, faisant ainsi acte d'adhésion aux idées nouvelles et les acceptant pour ainsi dire les yeux fermés, le peuple donc s'imaginait que la Révolution allait être pacifique, que les violences qu'on avait redoutées un moment n'étaient plus à craindre, et un relâchement, une détente se produisaient dans tout le royaume.

Si Marie-Antoinette eût, à l'heure où nous sommes,

renoncé à ses projets d'évasion et de guerre civile, si les nobles eussent prêté loyalement leur concours à la nouvelle organisation, si le roi enfin avait su comprendre son intérêt et celui de son trône, il n'aurait eu qu'à laisser marcher les événements et il aurait été le fondateur, en France, d'un gouvernement monarchique à l'imitation de celui des Anglais, gouvernement qui durerait peut-être encore aujourd'hui.

Mais Marie-Antoinette poursuivait ses idées de restauration du pouvoir absolu et les nobles rêvaient de reconquérir leurs privilèges; le roi, entêté, hypocrite et sans jugement politique, attendait l'occasion de se venger de toutes les concessions qu'il ne faisait qu'avec l'arrière-pensée de les rattraper bientôt.

Aussi une vaste conspiration s'ourdissait aux Tuileries.

Pendant ce temps, le peuple tant décrié donnait des exemples touchants de clémence et de modération. Les royalistes ont mené grand bruit parce qu'à ce moment, après des siècles de vexations, de tyrannies, de misères, les habitants des campagnes ont descendu quelques girouettes de châteaux, brisé quelques meubles dans les demeures seigneuriales et brûlé quelques bancs d'église, en dansant autour des feux de joie. Mais les bons apôtres qui violent la vérité et traitent l'Histoire de façon cavalière, se sont bien gardés de mettre en parallèle les actes qui font honneur à ces pauvres plébéiens tant calomniés.

Ainsi dans un village des environs de Cahors, les habitants, ayant de justes sujets de ressentiment contre leur seigneur, résolurent de se venger ; ils avaient fixé le dimanche pour mettre leur plan à exécution.

Le dimanche 14 mars, le curé, au courant de ce qui se passe, monte en chaire et faisant allusion aux faits connus de tous, s'exprime ainsi :

— Mes amis, mes frères, le jour de la vengeance est donc arrivé. Pendant de longues années, le seigneur de notre village a été notre tyran, nous martyrisant sans trêve, sans pitié, ni merci ; il faut qu'il soit puni. Moi, votre pasteur, j'ai été persécuté par lui plus que vous tous ; je réclame le droit au commandement. Permettez-moi d'être votre chef et jurez tous de suivre mon exemple.

Les assistants jurent d'obéir.

Alors le curé étendant la main continue :

— Je jure, dit-il, de pardonner à notre persécuteur !

Entraînés par l'exemple, les paysans jurent aussi et, fidèles au serment, ils tinrent leur promesse.

Ailleurs, les paysans se vengeaient de leur seigneur qui avait longtemps commis de nombreuses vexations au sujet de ses droits de chasse, en le nommant garde-général des bois et en lui imposant l'obligation, en somme peu pénible, de paraître à la messe du dimanche portant le baudrier jaune de garde.

Les seigneurs, eux, avaient usé d'autres moyens ; preuve ce paysan de Falvy qui envoyait, le 11 mars, un chevreuil à son député à la suite des circonstances suivantes :

Notre paysan possédait un champ aux environs de Falvy et le champ était voisin d'une forêt appartenant à un grand seigneur fort amateur de la chasse. L'agriculteur après avoir semé pendant plusieurs années du blé sans avoir pu jamais rien récolter par suite des dégradations du gibier de la forêt, imagina de planter un bois ; le malheureux n'y gagna rien ; les lapins et les lièvres avaient mangé son blé en herbe, les biches et les chevreuils broutèrent les jeunes pousses. Désespéré, l'agriculteur résolut de se venger de sa ruine sur les animaux qui en étaient la cause; il se mit à l'affût et tira un chevreuil qu'il blessa ; au bruit, un garde accourut, arrêta le paysan, ramasssa le chevreuil, et les amena tous deux devant son maître qui s'écria (ce sont ici les paroles textuelles rapportées par les témoins) :

— Qu'on me fasse mettre ce coquin-là en prison et qu'on lui fasse un procès aussitôt. Quel insolent ! oser tirer sur mon gros gibier! On devrait pendre des gueux pareils. Quant à ce pauvre chevreuil, il n'y a qu'à le panser et en avoir grand soin ; je donnerai un louis pour boire à celui qui le guérira de manière à pouvoir le remettre en forêt.

Ces ordres furent exécutés de point en point. Le paysan fut condamné aux galères et le chevreuil, bien soigné, remis en liberté.

Il y avait trois ans que l'homme ramait quand le décret de l'Assemblée nationale abolissant les droits féodaux vint délivrer le galérien, qui, à son retour, n'eut rien de plus pressé que d'aller visiter son champ; cette fois il avait le droit de chasser, et ayant rencontré, à l'entrée de la nuit, un chevreuil, il le tua en toute sécurité.

Jugez de son étonnement, quand, à son ancienne blessure, il reconnut précisément la même bête, au sujet de laquelle son maître avait offert ce beau contraste de sensibilité pour l'animal et de cruauté pour l'homme.

Il s'empressa d'envoyer la pièce de gibier aux députés de sa province, en les remerciant d'avoir aboli les droits de chasse, droits qui lui avaient valu trois ans de galères.

Quand les agriculteurs ne pouvaient pas empêcher le gibier de dévaster leurs récoltes, ils étaient obligés, aux semailles, de jeter beaucoup plus de grains qu'il n'en fallait, afin que, les pigeons et les oiseaux ayant prélevé leur part, il en restât encore assez pour germer et produire.

La chasse rendue libre dans les derniers mois de 1789, les cultivateurs mirent si bien leurs champs à l'abri des ravages des oiseaux et du gibier que, tout en employant un cinquième de grains de moins que les années précédentes, les blés poussèrent cependant beaucoup trop épais, et on fut obligé d'en arracher une partie pour les éclaircir, afin qu'ils ne fussent pas étouffés. Le gibier détruit n'avait pas, cette année, prélevé sa part de semence.

Pour le seul ressort de Senlis, on compta que cette perte de graines mangées par les oiseaux, pigeons des colombiers seigneuriaux ou autres, s'élevait à plus de deux millions par an.

Dans ces conditions, on comprend la grande joie des agriculteurs, et leur amour pour les idées de la Révolution.

Cette joie et cet amour se manifestaient quelquefois sous une forme naïve mais bien touchante; ainsi un nommé Deschamps, vieux cultivateur, de soixante-onze ans, chef d'une nombreuse famille, écrit à l'Assemblée qu'il regrette de ne pouvait venir en aide à la Patrie, en lui sacrifiant le quart de son revenu, car sa ferme ne lui rapporte que le strict nécessaire ; cependant le fermier et les siens font parvenir leur offrande en nature, trait singulier qui rappelle les vieux usages des anciennes familles patriarchales.

Avec sa lettre, Deschamps envoyait un sac de pommes ; sa femme un sac de farine fine ; ses enfants envoyaient une conque de maïs, une oie et deux poules ; ses petits-fils, deux pots de confitures, une paire de pigeons, une douzaine d'œufs ; enfin les domestiques avaient ajouté deux bouteilles de lait, un panier de poires et un panier de fleurs qui fut déposé sur le bureau du président et eut ainsi les honneurs de la séance.

Ne trouvez-vous pas quelque chose de charmant dans cette naïveté de campagnard envoyant les produits du sol en offrandes, qui furent du reste remises aux orphelinats ?

Certes, nous ne nous faisons guère une idée aujourd'hui du président de la Chambre des députés recevant une bouteille de lait et un bouquet ! Mais ces traits d'une simplicité primitive ne vous démontrent-ils pas que les paysans qui en étaient capables n'étaient ni bien redoutables, ni bien méchants, ni aussi cruels qu'on a voulu les dépeindre dans les libelles royalistes ?

Pendant que la famille Deschamps envoyait des fruits, du lait et des fleurs à l'Assemblée, les gardes nationaux bizontins donnaient des livres aux soldats de l'armée régulière et, cette même semaine, s'ouvrait à Besançon la première bibliothèque régimentaire créée en France.

Nous devons signaler cette création excellente qui a produit de si bons résultats et dont l'initiative revient à la garde nationale de Besançon, qui fit des frais d'installation, d'achat de livres et mit, la première, en pratique cette grande idée de l'instruction des soldats dont l'honneur revient encore à notre immortelle Révolution.

Du 18 au 25 mars 1790.

XII

PETITES RÉFORMES

Suppression du jeu du taureau. — Les coureurs. — Les chiens danois. — Les écrasés et les dératés. — Activité des députés. — Appellation des départements. — Les costumes des maires. — L'écharpe tricolore. — Danton décrété de prise de corps par le Chatelet. — Le Mirabeau de la rue. — La cour prend le deuil.

La douceur des mœurs, dont nous parlions dans notre précédent chapitre, ne se localisait pas à la campagne ; elle se faisait aussi sentir dans les villes ; c'est ainsi qu'à Paris, dans le courant de ce mois de mars, sur la demande de plusieurs citoyens et de plusieurs districts, un arrêté fut pris supprimant le *Jeu du Taureau*, jeu barbare fort à la mode durant les dernières années, et qui consistait à lâcher plusieurs chiens de forte race, des dogues principalement, contre un seul taureau qui finissait par être étranglé par les chiens, non sans s'être, auparavant, défendu à coups de pieds et à coups de cornes et sans avoir éventré bon nombre de ses agresseurs.

A partir du mois de mars 1790, ce jeu cruel fut aboli.

Les districts demandèrent encore la suppression de ce qu'on appelait *les coureurs* qui, par suite d'un usage inhumain, précédaient les voitures (*les wiskys*) des élégants de l'époque.

Quelques années avant la Révolution, les grands seigneurs et les petits jeunes gens musqués avaient pris l'habitude de faire précéder leur voiture de grands lévriers danois qui couraient au-devant des chevaux et renversaient assez souvent les passants, la plupart du temps écrasés ou blessés par les voitures.

Ces accidents amusaient fort les jeunes gens et, dans un bal de la cour, un gentilhomme, tout fier de ces exploits, s'était vanté d'avoir, à lui seul, écrasé cinq pauvres diables renversés par son chien danois, dans une même saison.

En une seule année, on compta jusqu'à cent accidents de cette nature suivis de mort.

Les écrivains demandèrent l'abolition de cet usage.

Jean-Jacques Rousseau lui-même intervint, et le lieutenant de police finit par prendre un arrêté défendant les danois.

Les élégants remplacèrent alors les chiens par les hommes, empruntant cet usage à l'Italie. Ils prirent des Basques de forte taille, et ces malheureux devaient précéder les chevaux au pas de course, sans jamais se laisser dépasser. Les coureurs étaient vêtus du costume national basque : le béret, la veste de velours bleu, les chausses légères et les espadrilles ; ils portaient toujours le bâton ferré et devaient rivaliser de vitesse avec les pur-sang.

Les coureurs étaient un peu ce que sont aujourd'hui les *chasseurs* des maisons riches ; mais, tandis qu'à l'heure qu'il est ces derniers se placent bien tranquillement derrière les voitures de leurs maîtres, en 1790 ils couraient devant, et la plupart de ces pauvres diables, que le peuple avait surnommés des *dératés*, mouraient jeunes, ne dépassant guère trente-cinq ou quarante ans, emportés par des maladies de poitrine, contractées dans ce métier de cheval, c'est le cas de le dire.

Les districts demandèrent l'abolition de cet usage et finirent par avoir gain de cause quelques mois plus tard.

Depuis, les coureurs n'ont pas reparu en France.

Les députés continuaient leur œuvre, pas toujours avec succès, mais, dans tous les cas, avec une opiniâtreté digne d'être donnée en exemple à tous les députés futurs. .

Ainsi les membres de l'Assemblée nationale siégeaient tous les jours — y compris le dimanche — et avaient deux séances par jour, une le matin, qui s'ouvrait à neuf heures, l'autre le soir qui se prolongeait souvent fort avant dans la nuit. L'Assemblée était donc pour ainsi dire en permanence ; cependant des incidents divers retardaient ses travaux. Aussi, dans la séance du 20 mars, adopta-t-elle le règlement suivant :

« L'Assemblée nationale, considérant qu'elle a déjà décrété que les lundis, mardis, mercredis et jeudis seront entièrement consacrés à la Constitution, et les vendredis, samedis et dimanches aux finances, et que toutes autres affaires seront portées aux séances du soir, décrète :

« 1° — Que dorénavant les séances du matin commenceront à neuf heures, excepté celle du dimanche qui commencera à onze heures ;

« 2° — Que chaque séance du matin sera divisée en deux parties; la première, de neuf heures à une heure, sera employée à lire des procès-verbaux et à discuter la Constitution et les objets d'intérêt général moins importants et moins majeurs ;

« 3° — Qu'elle n'entend cependant pas s'astreindre à ne pas employer la séance entière aux objets les plus importants, quand les circonstances l'exigeront ;

« 4° — Afin que tous les députés soient instruits des matières dont l'Assemblée s'occupera, on affichera, au bas de chaque tribune, un tableau de l'ordre du lendemain, qui contiendra l'énumération des objets qui devront être traités, ou qui auront été ajournés ;

« 5° — Que tous les députés qui auront quelque motion importante à proposer en préviendront d'avance le président, afin qu'on puisse afficher l'objet de la motion et le nom de son auteur ;

« 6° — Que désormais il ne sera reçu de députation que dans les séances du soir ;

« 7° — Qu'enfin, dans aucun cas, l'Assemblée ne lèvera la séance que le président ne l'ait prononcé. »

Dans ces séances, en dehors des grands travaux dont le bénéfice nous est resté, nous relevons des propositions dont on ne se souvient plus guère aujourd'hui, mais qui, dans leur temps, donnèrent lieu à de longues et quelquefois à de très chaudes discussions.

C'est ainsi que dans le cours des séances de cette semaine, au sujet des dénominations départementales, plusieurs députés voulaient que l'on permît aux électeurs de changer, quand ils le jugeaient convenable, les noms de leur département pour leur donner, au lieu des noms de rivières, de fleuves ou de montagnes, ceux de grands hommes nés dans le pays ou qui l'auraient illustré.

Cette idée, peu pratique peut-être, avait cependant quelque chose d'original et un côté poétique fait pour séduire ; si on l'eût adoptée, nous aurions certainement les départements de Robespierre (Pas-de-Calais), Lakanal (Ariège), Saint-Just (Nièvre), Rouget de Lisle (Jura), Ramus (Oise), Corneille (Seine Inférieure) ; le Lot se serait appelé Cavaignac, et nous assisterions aujourd'hui probablement au changement de nom de ce département, car ceux qui ont élevé une statue à Gambetta n'auraient pas manqué de substituer son nom à celui du général de 1848. Enfin nous serions tous d'accord pour donner au département du Doubs le nom de Victor-Hugo, et personne ne protesterait cette fois contre une pareille appellation.

Cette proposition fut repoussée, elle n'en méritait pas moins d'être signalée, car elle porte bien l'empreinte de l'époque qui l'a produite.

Ce fut encore dans le cours de cette semaine que dans les comités de l'Assemblée nationale, on discuta la question de savoir quel costume on donnerait aux maires dans l'exercice de leurs fonctions d'officiers municipaux.

Les uns voulaient que le maire fût vêtu d'un costume somptueux et brillant, avec l'épée, le manteau romain, des broderies et un grand chapeau à plumes; d'autres demandèrent un uniforme militaire ; certains se prononçaient pour un costume ecclésiastique qui inspirât le respect et donnât à l'officier civil un caractère semi-religieux; la plupart hésitaient, quand un député se leva pour protester contre ces diverses propositions.

— Eh quoi, s'écria-t-il, au moment où vous parlez d'égalité, vous rêvez de créer dans chaque ville, dans le plus petit hameau, un nouveau pontife qui sera au-dessus des autres citoyens, par le costume théâtral dont vous rêvez de le vêtir. Non, non ! le maire n'est qu'un citoyen appelé par la confiance des autres citoyens à remplir certaines fonctions purement honorifiques et essentiellement civiles ; c'est un mandataire du peuple et vous n'avez pas le droit de le couvrir des haillons brillants de l'histrion.

— Mais quel costume lui donnerez-vous? lui demanda-t-on de divers côté.

— Aucun !

On se récrie, mais il continue :

— Non, dit-il, pas de costume. Que le maire soit égal à tous les autres citoyens, donnez-lui simplement un signe pour le distinguer, une écharpe tricolore, par exemple. Oui, l'écharpe qui sera l'indice de la confiance nationale, accordée aux meilleurs citoyens et qui les fera mieux respecter que la livrée ridicule que vous voulez leur imposer.

Cette idée fut adoptée et quelques jours plus tard l'Assemblée nationale rendit un décret dans ce sens. Depuis, l'écharpe tricolore constitue le seul uniforme des maires, agissant comme officiers municipaux.

Pendant ce temps, le Châtelet décrète de prise de corps Danton, comme déjà, quelques semaines auparavant, il l'avait fait pour Marat.

Cette décision était motivée par ce fait que Danton, comme président du district des Cordeliers, s'était opposé à l'arrestation de Marat et avait dit, du haut de la tribune du district, le jour où Lafayette avait essayé, mais en vain, de s'emparer du rédacteur de *l'Ami du Peuple,* qu'il fallait opposer la force à la force et empêcher au besoin, par la violence, les gardes nationaux de conduire Marat en prison.

Le Châtelet, composé de magistrats hostiles aux idées nouvelles, ne perdit une si belle occasion de manifester sa haine pour la Révolution et il lança un décret contre Danton.

Mais c'était s'attaquer à une forte partie, et arrêter le fougueux tribun n'était pas chose facile ; le district prit le soir même un arrêté plaçant son président sous la protection des citoyens et faisant défense d'obéir aux ordres du Châtelet.

Danton désormais, mis en vue, va jouer un rôle célèbre et prépondérant dans les événements de la Révolution.

Georges-Jacques Danton était né à Arcis-sur-Aube, le 28 octobre 1759 ; il avait par conséquent à peine trente ans. D'abord avocat au Conseil du roi, comme il n'avait pas été envoyé aux États généraux, et que sa nature ardente le poussait aux luttes de l'époque, il avait choisi comme théâtre de son action les clubs où il était tout-puissant, et la rue où il était très populaire.

De grande taille, il avait une figure dont la mobilité d'expression cachait la laideur ; sa voix forte et tonnante lui assurait le dernier mot dans les discussions tumultueuses. On l'avait surnommé le Mirabeau de la rue, et jamais peut-être plus juste comparaison ne fut faite : Mirabeau et Danton avaient une éloquence à peu près semblable, un génie oratoire aussi extraordinaire, les mêmes appétits de puissance. Danton rendit d'énormes services à la Révolution ; un moment même — nous le verrons plus tard — il la sauva, en la poussant dans la voie des violences impérieuses et nécessaires qui seules, à cette époque, étaient capables de lui procurer la force et la puissance de résister aux réactions et aux conspirations.

Tel est l'homme que le Châtelet essaya de faire arrêter, sans y parvenir.

En attendant, le 19 mars, la Cour prend officiellement le grand deuil ; le frère de Marie-Antoinette, Joseph II, empereur d'Autriche, était mort le 20 février, laissant le trône à Léopold II, bientôt un des agents principaux de cette formidable coalition des rois, qui jettera sur la France quatorze corps d'armées aguerris et que mettront en déroute les jeunes conscrits de 1792.

Du 20 au 31 mars 1790.

XIII

LES PRINCES ET LE PEUPLE

Espoir de fuir. — Lettre de Catherine II. — Projets du roi. — Visite royale a la fabrique de glaces du faubourg Saint-Antoine. — Mot de Marie-Antoinette. — Réponse d'un homme du peuple. — Le dimanche des Rameaux. — Tartuferies. — Bailly a la Salpêtrière. — La question des mines se pose. — Les mines sous l'ancien régime. — Hier et aujourd'hui.

L'espoir de Marie-Antoinette grandit à mesure que les menées étrangères deviennent plus menaçantes pour la France; dirigée par M. de Fontanges, archevêque de Toulouse, prélat libertin, la reine songe de plus en plus à fuir et n'attend qu'une occasion. L'Autrichienne avait consulté les principaux souverains de l'Europe sur la marche à suivre pour restaurer le pouvoir absolu, et l'impératrice de Russie, Catherine II, répondit, dans une lettre écrite de sa propre main, ces quelques mots bien significatifs :

« Les rois doivent suivre leur marche sans s'inquiéter des cris du peuple, comme la lune suit son cours sans être arrêtée par les aboiements des chiens. »

Cela était plus facile à dire pour une impératrice de Russie qu'à faire pour un roi de France, dont le pouvoir était battu en brèche et bien près de sombrer dans la tourmente des événements qu'il allait déchaîner.

En attendant, tandis que les rois se coalisaient, que les émigrés discutaient à Coblentz de quelle façon on obligerait la Révolution à capituler, la reine et le roi dissimulaient de plus en plus. Louis XVI faisait semblant d'accepter de bon cœur toutes les réformes ; il essayait d'endormir les soupçons par ses airs rassurés qui cachaient une haine sourde contre ce peuple, dont il rêvait la soumission aux anciennes lois les plus dures de la vieille monarchie ; vieille monarchie, disons-nous, car, en un an, les idées avaient fait de tels progrès, qu'elles avaient dépassé de plusieurs siècles la Constitution du droit divin.

La veille des Rameaux, le roi, la reine, Madame Élisabeth et un grand nombre de dames de la cour décidèrent d'aller visiter la manufacture de glaces du faubourg Saint-Antoine, espérant, par la bonhommie feinte et par les airs doucereux, aveugler davantage le peuple et endormir ses soupçons. Le général Lafayette accompagnait les visiteurs, et Bailly, ne perdant pas une occasion de se mettre en avant et de prendre des airs de théâtre dans toutes les comédies que jouait la cour, Bailly accourut à la porte de la manufacture, ceint de son écharpe tricolore de maire de la ville de Paris ; il reçut le roi par un de ces petits discours qu'il préparait la veille et qu'il improvisait ensuite aux applaudissements de la foule séduite, comme toujours, par les grands mots de Patrie et de Liberté.

Les ouvriers prévenus de la visite accoururent se masser sur le passage. La place où se dressait quelques mois auparavant la Bastille était remplie de monde, et quand parut le carosse du roi, on applaudit. Là, le prince et les princesses étant descendus se rendirent à pied à la manufacture de glaces. Sur son passage, la reine distribuait des sourires à cette foule, qu'elle aurait voulu conquérir par des airs aimables pour la dompter ensuite plus facilement, et la soumettre à tous ses caprices et à toutes les tyrannies.

— Ah! que ce peuple est bon quand on va le chercher, dit à haute voix la reine, de façon à être entendue, continuant la comédie préparée.

« Il n'est pas si bon quand il va chercher ! » répondit une voix rude, que ne trompait pas le manège de la cour et que ne séduisait pas cette mise en scène, destinée à exciter la sensibilité populaire.

Le lendemain, c'était le dimanche des Rameaux ; la famille royale entendit la messe dans la chapelle des Tuileries, assista à la bénédiction des palmes et lauriers, et reçut ensuite la visite d'un courrier de l'empereur d'Autriche qui, déguisé, vint apporter les meilleurs renseignements sur la coalition organisée contre la Révolution.

Le lundi, voulant probablement remercier le ciel de cette heureuse nouvelle, Marie-Antoinette se rendit à l'église paroissiale de Saint-Germain-l'Auxerrois où elle communia des mains de l'évêque, duc de Laon, son grand aumônier ; Madame et Madame Elisabeth tenaient la nappe, et les vieilles dévotes se frappaient la poitrine répétant que c'était un crime, de la part des patriotes, de contrarier les volontés d'une aussi bonne reine qui était une sainte.

Le même jour, en vertu des décrets prononçant la mise en liberté des prisonniers détenus par ordre arbitraire, Bailly se rendit à la Salpêtrière où se trouvaient, à ce moment, cinq mille malheureux, femmes ou enfants. Sur ce nombre il y avait cent neuf femmes détenues arbitrairement par lettre de cachet ; elles furent aussitôt mises en liberté

Le maire de Paris visita ensuite la *Grande-Force*, où au milieu de criminelles reconnues, on trouvait des malheureuses gardées pour des vols minimes.

En apercevant Bailly, une d'elles, mère de cinq enfants, s'écria :

— Eh monsieur, ne verrai-je donc plus mes enfants ?

Cette pauvre misérable était enfermée depuis huit ans pour un vol de peu de valeur : elle avait dérobé quatorze livres dix sous, et on l'avait enfermée pendant une durée de temps aussi longue pour une somme si minime ! Et cela n'a rien qui doive étonner : une servante qui avait dérobé trois livres à son maître fut condamnée à être pendue suivant l'habitude ; mais sa peine fut changée ensuite en celle de la détention à perpétuité, il se rencontra même des écrivains pour trouver cet acte trop humain et déplorer la faiblesse de cette mesure.

Dans les comités de consultation, on mit en discussion pour être étudiée dans l'Assemblée, sitôt que les circonstances le permettraient, une question se rattachant à la fois au droit de propriété et aux règles de la production industrielle si importantes pour un pays, nous voulons parler de la question des mines, genre de propriété spéciale que seuls les gros capitalistes avaient possédée en vertu des privilèges des rois.

Les hommes de la Révolution, épris de justice, se demandaient s'ils allaient laisser encore entre les mains des gros financiers ces sources de revenus considérables, qu'ils exploitaient, auxquelles ils avaient assurément moins de droits que le malheureux mineur usant sa vie dans la profondeur des puits ; d'un autre côté, il s'agissait de savoir comment on arriverait à concilier les deux questions d'intérêt industriel pour l'État et de justice pour les petits propriétaires ou pour les travailleurs, avec les nécessités financières imposées par l'exploitation d'une mine.

Ces problèmes redoutables qui ne sont pas encore résolus, se discutaient seulement entre membres du comité de consultation qui s'interrogeaient, anxieux, pour savoir quelle solution juste et pratique ils pourraient proposer, le jour prochain où la question viendrait devant l'Assemblée.

Jusqu'en 1740, par arrêt royal rendu à la date du 22 février 1722, le monopole exclusif d'ouvrir et d'exploiter les mines de France avait été accordé à une seule compagnie placée sous la direction d'un grand maître et intendant des mines, le duc de Bourbon, dont le despotisme révoltant et les exactions n'ont été dépassés depuis, et de nos jours, que par les mauvais traitements résultant des règlements arbitraires édictés par les administrateurs des grandes compagnies aux ouvriers placés sous leur dépendance.

En 1740, on revint sur l'idée d'une seule compagnie, on accorda plusieurs concessions ; mais suivant les lois de la royauté, préférables en cela à nos lois actuelles, les concessions, au lieu d'être perpétuelles, étaient seulement pour un temps. Du reste, en maintenant les concessions temporaires, on avait en vue, non l'intérêt général qui pouvait en résulter pour la société, mais, comme le faisait très bien remarquer Regnault d'Epercy, député du Jura, l'intérêt seul du roi qui avait ainsi, toujours sous la main, les moyens de satisfaire les avidités, les convoitises et les services des courtisans à qui l'on donnait les privilèges de ces concessions suivant les circonstances et les caprices.

Il faut reconnaître que le système antérieur à 1790, ne donnant l'exploitation que temporairement, était préférable à celui adopté par Napoléon en 1810, encore aujourd'hui appliqué, et d'après lequel le concessionnaire est propriétaire définitif. Le système actuel constitue une sorte de propriété de main-morte réunissant dans un petit nombre de mains ces fortunes considérables du sous-sol qui ne bénéficient ni à l'Etat ni à la masse des citoyens, et ne sont bonnes qu'à augmenter la puissance, la richesse et le bien-être de quelques privilégiés.

En 1790, la situation était intolérable par suite des abus des courtisans qui avaient obtenu les concessions ; les députés recevaient de nombreuses plaintes, de longs mémoires sur les réformes à introduire dans le régime des mines du royaume.

Aujourd'hui, la situation est plus mauvaise pour l'intérêt général, puisque, les abus sont les mêmes, les injustices plus frappantes et les malheureux ouvriers plus misérables. Ce ne sont plus des plaintes qui arrivent à l'Assemblée, c'est une immense clameur qui roule le cri de la misère et de la faim réclamant une réforme de ce système minier auquel l'existence entière de milliers de travailleurs est sacrifiée à l'unique intérêt du capitalisme.

Comme en 1790, une **réforme radicale** s'impose.

Du 1er au 7 avril 1790.

XIV

AU DEDANS ET AU DEHORS.

La semaine sainte. — Le roi lave les pieds a douze pauvres. — La vérité sur cette cérémonie. — La reine joue la même comédie. — Cérémonies religieuses. — Première communion de Madame. — Le chevalier Pia aux Feuillants. — L'abbé Fauchet. — Anacharsis Clootz. — Le prêtre, voilà l'ennemi ! — A Londres. — L'Europe bouillonne. — Les espions anglais. — Les royalistes complices de l'étranger.

Nous sommes en pleine semaine sainte ; la famille royale vaque à ses devoirs religieux ; Louis XVI, le plus dévot des rois, veille à ce que le vieux cérémonial soit ponctuellement observé. Ainsi le 1er avril, jour du jeudi saint, dans la galerie des Tuileries a lieu la représentation de la Cène ; après le sermon du coadjuteur d'Albi, le roi lave les pieds à douze pauvres et sert à table ces malheureux. Expliquons-nous : il est bien entendu que la cérémonie est emblématique, et que Louis XVI se contente de faire le simulacre. Les douze pauvres ont été soigneusement lavés, et habillés de neuf au préalable ; on les fait asseoir sur des fauteuils élevés, afin que le monarque n'ait pas à se baisser ; puis Louis XVI passe avec un gentilhomme portant une riche aiguière d'or sur un plateau de même métal, verse deux ou trois gouttes sur le nu des pieds, le roi frotte légèrement avec son pouce, un domestique essuie et tout est dit. Les gazettes impriment le lendemain que Sa Majesté a poussé son humilité jusqu'à recommencer la repoussante besogne accomplie autrefois par le Christ.

Mais demandera quelqu'un, est-ce que vous voulez que le roi eût lavé réellement et savonnât à grande eau les pieds, vraiment sales, de vrais coureurs de rues ?

En pareille matière, nous ne voulons rien du tout, mais nous désirons qu'on cesse de nous rabattre les oreilles avec ces histoires d'humilité royale qui n'étaient en réalité que des comédies.

Après le lavement des pieds, dans les conditions que nous venons d'indiquer, eut lieu *La Cène* : les douze pauvres amenés devant une table, le roi fut censé les servir, précédé et suivi de ses maîtres d'hôtel qui faisaient bien entendu toute la besogne, tandis que Louis XVI regardait, ayant à ses côtés les ducs de Chartres et de Montpensier portant deux plats en or, et suivis des principaux officiers de la maison.

Après cette cérémonie la famille royale entendit la messe chantée, assista aux ténèbres, et l'après-midi la reine recommença vis-à-vis de douze jeunes filles pauvres, la comédie de l'humiliation jouée le matin par son mari. A neuf heures on se rendit dans une salle transformée en chapelle pour la circonstance et dans laquelle on avait construit une sorte de théâtre représentant le saint sépulcre en carton peint, devant lesquels les princes se prosternèrent, on chanta l'office et ce fut tout pour la journée.

Le 7, Madame, fille aînée du roi, fit sa première communion à l'église Saint-Germain l'Auxerrois, on distribua au peuple des médailles de cuivre destinées à rappeler cet événement ; les seigneurs communièrent, on se confessa de tous côtés, Marie-Antoinette donna l'exemple de la plus grande piété, le roi pleura de joie, les princes furent émus comme il convenait, la cour remercia le Seigneur, et tout ce monde pieux recommença de plus belle à ameuter l'étranger, l'excitant à envahir la France et à châtier de sanglante façon ce peuple qui avait l'insolence de revendiquer sa liberté.

Le 7, tandis que la cour était encore toute confite en dévotion, le chevalier Pia, un noble italien, autrefois chargé des affaires de la cour de Naples à Paris, était présenté par l'abbé Fauchet au district des Feuillants, où les citoyens le recevaient au milieu des acclamations.

Cet abbé Fauchet avait, à ce moment, une grande réputation de savoir et de patriotisme ; né à Orne (Nièvre) le 21 septembre 1744, il avait été grand vicaire de l'archevêché de Bourges, prédicateur du roi et bénéficiaire de Montfait-sur-Meu dans le diocèse de Saint-Malo. Quand éclata la Révolution, Fauchet se montra un des plus chauds partisans du nouveau régime ; il se mit à la tête de la rédaction de la *Bouche de fer*, et par ses sermons patriotiques acquit une prompte popularité. Plus tard les électeurs du Calvados le nommèrent évêque constitutionnel. Ce fut Fauchet qui conduisit Charlotte Corday dans l'une des tribunes de la Convention, le jour de son arrivée à Paris ; il mourut avec les Girondins, sur l'échafaud.

Mais à l'époque où nous sommes, 7 avril 1790, il était

dans tout l'éclat de sa popularité et c'était le parrain tout indiqué du chevalier Pia, qui avait hautement affirmé ses préférences pour les principes révolutionnaires, encourant ainsi la disgrâce de son maître, le roi de Naples.

Pia répondit aux observations du roi italien en quittant l'ambassade et en venant, quoique étranger, prêter le serment civique au district des Feuillants.

Ce n'était pas du reste le seul étranger de haute naissance qui se sentit attiré par le prestigieux rayonnement des grands principes de 1789 ; il en était un autre qui, à ce moment-là, commençait à se faire connaître par ses idées, un peu bruyamment exprimées, mais qui, malgré une exagération bien compréhensible, reposaient sur de justes données philosophiques et sociales, nous voulons parler de Clootz.

Jean-Baptiste Clootz, baron prussien, né au Val-de-Grâce, près de Clèves, le 24 juin 1755, vint dès l'âge de onze ans faire ses études à Paris ; il embrassa les idées philosophiques, et maître d'une fortune considérable qui s'élevait à plusieurs millions, il put parcourir les principaux États de l'Europe, où il visita les savants les plus illustres de l'étranger. Revenu à Paris dès 1789, il se fit l'apôtre de la République universelle au moment où, en France, à peu près tout le monde ne demandait qu'une monarchie constitutionnelle loyalement acceptée, loyalement servie ; il changea son prénom en celui d'Anarcharsis ; dans les clubs, il défendait les principes de la fraternité universelle, ce qui le fit surnommer l'orateur du genre humain.

Il professait l'athéisme, se déclarant l'ennemi personnel de toutes les religions en général et du Christ en particulier.

Durant cette semaine sainte, Anarchasis Clootz, que nous retrouverons plus tard, se signala surtout par ses attaques contre toutes les cérémonies du culte catholique ; il défendit principalement cette idée que les prêtres étaient des ennemis de la Révolution. Il répétait souvent : Le prêtre, voilà l'ennemi !

L'esprit nouveau ne séduisait pas seulement les étrangers venus en France se réchauffer au brasier ardent du progrès ; la commotion produite par les nouveaux principes se faisait encore sentir chez la plupart des nations voisines.

A Londres, il y avait une *Société de la Révolution française* en correspondance régulière avec le club des Jacobins et dans le sein de laquelle des hommes appartenant aux premières familles de la Grande-Bretagne discutaient les événements qui se produisaient chez nous, ne ménageant ni leurs encouragements ni leurs félicitations aux citoyens de Paris.

Au Parlement anglais même, la Révolution trouvait des amis éloquents, de chauds défenseurs dans Fox et Sheridan.

La Russie était inquiétée par les agitations de la Pologne qui sentait l'espérance lui remonter au cœur en même temps que la liberté s'étendait en France ; les Polonais regardaient du côté de Paris, écoutant si l'heure de l'indépendance n'allait pas bientôt sonner.

La Hollande se contenait mal, supportant avec peine le joug des Anglais qui essayaient de se fixer dans le pays. Le Brabant était soulevé ; l'Autriche éprouvait des craintes sérieuses de voir la Hongrie se séparer d'elle ; en Espagne les idées bouillonnaient. Un souffle puissant, venu on ne savait d'où, agitait l'Italie elle-même.

Les princes étrangers, hier divisés, firent taire leurs rancunes, oublièrent un moment leur diversité d'intérêts pour ne s'occuper que de la Révolution française qu'ils considéraient comme la grande ennemie de leurs trônes et de leurs dynasties.

Tout d'abord les monarques crurent à une simple sédition, mais leur opinion ne tarda pas à changer devant les victoires successives et devant les différents votes de l'Assemblée.

Les rois formèrent alors une ligue contre la Révolution et ils se coalisèrent entre eux pour arrêter ce mouvement régénérateur qui semblait devoir gagner toute l'Europe.

Le cabinet de Londres ne craignit pas d'envoyer des émissaires en France chargés de fomenter des troubles et de provoquer des révoltes. Des mutineries se produisirent ainsi à nos portes sous l'influence secrète des Anglais et dans ces rébellions, par une coïncidence facile à remarquer, ce furent nos meilleurs officiers de marine qui furent égorgés, comme si un mot d'ordre avait été donné pour débarrasser en même temps la Grande-Bretagne des soldats dont elle avait à redouter le courage et les talents.

Voilà donc quelles seront les armes employées par les rois pour combattre la Révolution : au dehors des armées coalisées ; au dedans, les espions ; les royalistes fanatiques se feront les complices de ces haines et de ces infamies ; tandis que les émigrés marcheront dans le rang des alliés, les prêtres donneront la main aux mouchards et aux agents provocateurs de l'Angleterre.

Du 7 au 15 avril 1790.

XV

LE THÉATRE ET LES ACTEURS

Les acteurs réactionnaires. — Les comédiens sous l'ancien régime. — Clermont-Tonnerre et Robespierre réclament les droits civils des acteurs. — Fabre d'Églantine. — Les deux camps de la Comédie Française. — Mot d'une actrice. — Les véritables révolutionnaires. — Scandale au Théatre-Français. — Six cents places a bon marché. — Talma réforme le costume. — L'Opéra en 1790. — La municipalité se charge de l'exploiter. — Protestations de la population. — Misère.

Il n'est peut-être pas mauvais de rappeler, en passant, que c'est à la Révolution française que les acteurs doivent d'être des citoyens et, une fois débarbouillés de leur rouge et de leur blanc, de pouvoir prendre part, comme tous les autres, aux actes de la vie civile, ce qui est juste et ce à quoi nous applaudissons de tout cœur.

Avant 1789, les acteurs vivaient comme des parias dans la société ; ils étaient privés de leurs droits civils, et quand ils portaient un nom plus ou moins connu, ils devaient le changer contre un nom de guerre en *saint*, en *val* ou en *ville*, pour ne pas déshonorer leur famille. L'Église les excommuniait et leur refusait la sépulture en terre sainte ; leur cercueil était jeté dans un coin du cimetière avec les suicidés et les suppliciés.

Clermont-Tonnerre fut un des premiers à demander la participation des acteurs à la vie civile; on nomma une commission, et malgré les efforts des royalistes, dont le fougueux abbé Maury fut le porte-parole dans cette circonstance, les défenseurs des idées d'égalité finirent par avoir raison : on rendit leurs droits à ces deshérités; plus tard même, nous verrons un acteur, Fabre d'Églantine, passer de la scène à la tribune de la Convention nationale et y jouer un rôle important.

C'est Fabre d'Églantine qui a créé de tous mots et de toutes pièces ce chef-d'œuvre de poésie qui s'appelle le calendrier républicain, si élégant et si harmonieux.

En 1790, nous trouvons les acteurs très divisés au point de vue politique. Les uns tenaient pour les vieilles routines monarchiques; les autres soutenaient avec ardeur les principes révolutionnaires; les actrices surtout étaient royalistes, et cela se comprend, la Révolution éloignait de leur boudoir cette jeunesse élégante, cette vieillesse riche et vicieuse dont ces dames retiraient de jolis bénéfices.

Une comédienne, en apprenant l'abolition des droits féodaux, s'écria :

— C'est une indignité! on veut donc nous arracher le pain de la bouche !

Ces sentiments étaient partagés par un grand nombre de ses pareilles profitant, pour une large part, des abus des anciens privilégiés qu'elles savaient dépouiller de belle façon. Une actrice, causant avec un journaliste patriote, dans le foyer de la Comédie-Française, l'interrompait en lui disant :

— Eh! mon cher, que me parlez-vous d'égalité! Est-ce que

nous ne savons pas ce que c'est ; vous devriez en vérité nous élever des statues pour tous les grands seigneurs que nous avons ruinés et rendus messieurs de La Bourse-plate comme le premier porteur d'eau venu ; c'est nous qui jusqu'ici avons été les véritables révolutionnaires !

Au Théâtre-Français, à la tête des partisans des idées nouvelles se trouvait Talma, jeune tragédien de vingt-six ans, qui avait débuté, trois ans auparavant, avec grand succès. Le professeur de Talma, le fameux comique Dugazon, soutenait fermement son élève. Dans le même camp des libéraux, nous trouvons Mademoiselle Vestris, la célèbre créatrice de Catherine de Médicis dans *Charles IX*, Grandménil qui jouait avec un remarquable talent les rôles dits à *manteaux*, tels qu'Arnolphe ou Harpagon. Grammont, chargé des premiers rôles de tragédie, était aussi révolutionnaire : aux jours de la Patrie en danger, il quitta la scène pour endosser l'uniforme militaire et devint général.

Parmi les acteurs royalistes, en majorité à la Comédie-Française, nous voyons en première ligne Fleury, Dazincourt, Saint-Fal, Molé, Naudet et Mademoiselle Contat.

Les royalistes ne manquaient pas, fidèles à leurs traditions, de se montrer autoritaires et tracassiers à l'égard de leurs camarades révolutionnaires : preuve un petit scandale public qui eut lieu le 10 avril 1790.

Depuis plusieurs mois, le peuple se plaignant que la Comédie-Française fût un théâtre pour les riches et les seigneurs, réclamait des places à bas prix pour les citoyens peu fortunés. Les comédiens firent d'abord la sourde oreille ; puis, obligés de se rendre, décidèrent de faire aménager, dans les hauteurs de la salle, six cents places à prix modestes. Talma qui avait beaucoup insisté dans le comité pour obtenir cette modification, avait l'intention d'annoncer lui-même la chose au parterre.

A cet effet il demanda à Chénier de lui préparer un petit discours patriotique, bourré de pensées révolutionnaires, ce dont le poète se chargea avec un grand plaisir. Les comédiens royalistes ayant appris ce projet, et ne voulant pas donner à leur camarade l'occasion de consolider une popularité déjà très grande, se réunirent en comité et décidèrent que ce serait Naudet qui ferait, en phrases simples, l'annonce au public. Talma dut se soumettre, mais le parterre, au courant de l'incident, prit autrement la chose.

On jouait *Phèdre*. Au lever de rideau, Naudet s'avance au devant de la rampe et annonce la création des six cents places populaires. Une partie des assistants réclame le discours de Talma; un petit tumulte se produit; finalement, sur les conseils des amis du jeune tragédien, on laisse commencer la représentation.

Talma était encore un réformateur en ce qui concerne les vieilles coutumes dramatiques. Avant lui, les personnages de tragédies portaient des costumes invraisemblables; ainsi l'on voyait Néron avec des souliers à la poulaine, Britannicus avec des hauts-de-chausse, et Burrhus coiffé d'un chapeau à plume. Talma bouleversa toutes les vieilles traditions; il fit adopter les costumes à peu près historiques que les acteurs portent aujourd'hui, au grand scandale des routiniers se plaignant de ce qu'avec les nouveaux costumes on ne pouvait pas seulement « avoir une poche sur le côté pour mettre sa tabatière, son mouchoir, sa boîte à pastilles et la clef de sa loge ! »

Cette semaine, se réunit le comité de la Commune, chargé de l'inspection des théâtres de la capitale, et qui avait été nommé à la suite de l'assemblée attribuant à la municipalité la charge et les dépenses de l'Opéra.

Avant 1790, c'était le roi qui, avec les fonds de l'État, entretenait à sa guise le théâtre de l'Opéra. Quand il ne fut plus possible de puiser à pleines mains et sans compter dans les caisses publiques, Louis XVI ne put continuer à subvenir à ces frais considérables ; le 12 avril, il eut avec les quatre délégués de la Commune une entrevue dans laquelle il déclara ne vouloir plus se charger de l'Opéra, l'abandonnant à la municipalité avec les instruments, habits et décorations en dépendant.

Louis XVI s'était seulement réservé le droit d'avoir pour lui et sa famille les entrées gratuites et des places dignes de son caractère, ce qui fut accepté, naturellement. On reconnaît bien à cette réserve du roi l'homme presque avaricieux qui mettait tous les soirs sur un registre les dépenses de son ménage. Que n'était-il aussi ménager des finances de la France que de ses propres écus !

La ville de Paris prit momentanément l'exploitation de l'Opéra à sa charge ; elle avait à résoudre ce problème quelque peu difficile : conserver la splendeur du théâtre sans surcharger les frais de la ville, et introduire dans la gestion théâtrale l'économie sans décourager les chanteurs de la troupe. L'embarras était grand, car beaucoup se souvenaient que de 1749 à 1776, la ville de Paris avait administré l'Opéra, et en feuilletant les registres on pouvait vérifier combien avait coûté cet essai.

Les membres de la Commune présentèrent différents projets. Les uns préconisaient l'exploitation directe par la ville; d'autres tenaient pour la cession à une compagnie; plusieurs enfin désiraient que la gestion du théâtre fût confiée aux acteurs eux-mêmes réunis en société et jouant le répertoire à leurs risques et périls.

On adopta provisoirement le premier système, et un des soins de la commission fut de supprimer toutes les entrées de faveur, excepté celles accordées au roi, aux auteurs, anciens acteurs, anciens directeurs, veuves de directeurs, enfin aux bailleurs de fonds.

Cette décision de la Commune fut très mal reçue par la majorité de la population. Qu'avons-nous besoin, disait-on, de donner des sommes considérables pour la musique, au moment où tant de milliers de citoyens n'ont pas de quoi manger.

La misère était telle que, le 14 avril, la Commune de Paris se plaignait à l'Assemblée du grand nombre des mendiants de toutes les provinces et même de l'étranger, qui remplissaient les rues et encombraient les places publiques. La municipalité, nourrissant déjà à ses frais cent mille pauvres, demandait que chaque municipalité de province reprit ses indigents.

Cette démarche donnait encore plus de poids aux protestations contre la gestion, par la ville, de l'Opéra; ce n'était pas le moment, comme disait un écrivain, de dépenser son argent en chansons.

Du 15 au 21 avril 1790.

XVI

LES PRÊTRES FOMENTENT LA GUERRE CIVILE

Les prêtres prêchent la guerre civile. — Les pamphlets catholiques. — Enorme budget des cultes. — Plan du clergé. — Apostrophe de Mirabeau. — Les catholiques rêvent une Saint-Barthélemy. — Tentatives a Paris. — Assemblées au couvent des Capucins. — « Allez-vous-en, gens de la noce ! » — Mesures de la police contre les pommes cuites. — Crimes commis en province. — Un prêtre empoisonné. — Mouvement insurrectionnel de l'évêque de Blois. — Le calvaire d'Arras. — Les processions de Toulouse. — Les massacres de Nîmes. — Souvenons-nous !

Cette semaine fut surtout marquée par les agitations des membres du haut clergé qui, voyant les biens ecclésiastiques sur le point de s'émietter au hasard des ventes consenties par les districts à une foule de petits acquéreurs, comprirent que leur puissance allait disparaître à tout jamais avec leur fortune immense et scandaleuse.

Dès lors les prêtres essayèrent un dernier effort ; prêts à toutes les extrémités pour sauver leurs possessions territoriales auxquelles ils se cramponnaient avec une obstination de désespérés, ils profitèrent des fêtes religieuses de la semaine sainte pour répandre l'alarme dans les esprits bornés et pour mettre en révolte les âmes fanatisées ; ils soufflèrent la guerre civile à travers les barreaux du confessionnal et donnèrent le signal de l'insurrection entre le *confiteor* et l'absolution.

Ils commencèrent par refuser les sacrements aux membres de l'Assemblée qui, mourants, étaient laissés sans confession ; aux portes des églises ils distribuaient des pamphlets poussant le peuple à la sédition pour délivrer la France des députés représentés comme des bourreaux à qui on devait demander compte de la Passion de Louis XVI, ce nouveau roi martyr qu'ils disaient livré à toutes les souffrances et aux plus odieuses persécutions.

Cependant l'Assemblée venait de voter un budget des cultes dépassant 100 millions. Elle allouait à l'archevêque de Paris 50,000 livres, aux évêques des villes de plus de 100,000 âmes, 25,000 livres ; à ceux des villes de plus de 50,000 âmes, 15,000 livres ; à ceux des villes au-dessous, 10,000 livres. On avait maintenu un évêché par département et les prêtres inférieurs, les membres de ce petit clergé qui manquait du nécessaire avant la Révolution, étaient assurés d'un traitement variant entre 2,000 et 1,200 livres, suivant l'importance des paroisses (1).

Mais tous ces sacrifices consentis par la nation étaient prisés pour rien par le clergé, qui sentait bien qu'en perdant le sol il perdait sa force de domination et son pouvoir tyrannique.

Ne pouvant pas compter sur l'armée, en grande partie acquise aux idées nouvelles, les prêtres se tournèrent du

(1) Rapport de Chasset.

côté du peuple pour le pousser à la révolte contre les représentants défendant la liberté et les droits populaires.

Pour mieux intéresser la grande masse ignorante à leur campagne, les catholiques cachèrent leurs intérêts derrière ceux du roi, qu'ils montraient prisonnier ainsi que « cette excellente reine, cette toute bonne Madame Élisabeth et les petits enfants torturés. » Le but des prêtres fut de sceller leur cause à celle de la royauté : c'est contre cette manœuvre que protesta Mirabeau dans une violente apostrophe quand, prenant texte d'une citation historique faite par un député de la droite, il s'écria :

— N'oubliez pas qu'on voit de cette tribune la fenêtre d'où un roi, armé contre ce peuple par d'exécrables factieux qui couvraient l'intérêt personnel de celui de la religion, tira l'arquebuse et donna le signal de la Saint-Barthélemy (1) !

Ces paroles de Mirabeau résumaient bien le plan des prêtres ; car il est indiscutable qu'ils n'auraient pas reculé devant de nouveaux massacres en masse comme ceux qui avaient déshonoré, il y avait deux siècles, le règne de Charles IX.

D'un autre côté, si nous rappelons que le projet de la cour et de la reine était d'amener le roi à Metz, puis là, de lui faire révoquer toutes les adhésions et tous les serments qu'il avait donnés à la Révolution, nous verrons que le souvenir historique rappelé par Mirabeau n'était pas seulement une simple figure de rhétorique, mais la révélation d'un danger réel.

(1) *Moniteur.*

Heureusement Louis XVI n'était pas Charles IX, et le Paris de 1790 n'était pas celui de 1572. Les philosophes du dix-huitième siècle avaient soufflé leurs doctrines sur la grande ville, et la garde nationale se serait certainement levée pour repousser les attaques des bouchers catholiques se ruant au signal d'une cloche d'un nouveau Saint-Germain-l'Auxerrois.

Les membres du clergé n'en essayèrent pas moins de jeter la France dans les épouvantables crises d'une guerre civile. Ils commencèrent par semer l'agitation dans Paris ; mais là leurs menées furent infructueuses, et ils se tournèrent alors vers la province, où l'ignorance et le fanatisme secondèrent davantage leurs projets criminels.

A Paris, après avoir été battus dans le sein de l'Assemblée, ils se réunirent dans le couvent des capucins de la rue Saint-Honoré, où ils décidèrent de mettre le roi en mesure de se prononcer ; mais leurs projets furent dénoncés par quatre révolutionnaires qu'un capucin bon patriote avait secrètement introduits dans une chapelle latérale, d'où ils avaient pu assister à cette assemblée de factieux. Finalement, ils durent se contenter de signer une protestation suivie de deux cent quatre-vingt-sept signatures, parmi lesquelles cent quarante du clergé, cent quatre de la noblesse et quarante-neuf des communes.

Les réunions du clergé au couvent de la rue Saint-Honoré ayant été connues, la foule y accourut et il fallut même la protection de la garde nationale pour éviter aux protestataires les violences de quelques patriotes indignés.

La séance du 18 avril fut particulièrement mouvementée. L'église était comble ; les membres signataires de la fameuse protestation contre les décrets aliénant les biens du clergé, s'étaient réfugiés dans le chœur ; la foule riait, chantait, criait, lançant des plaisanteries inoffensives, et quelquefois grivoises, ou même des pommes cuites aux évêques qui recevaient ces railleries et ces projectiles avec des murmures bien naturels, mais qui ne ressemblaient en rien à de la résignation chrétienne.

Cependant quand le cardinal de la Rochefoucault monta en chaire le silence se produisit aussitôt. Le prélat fit, très lentement, suivant les règles, le signe de la croix : il s'apprêtait à commencer, quand un flageolet fit entendre l'air populaire : *Allez vous-en, gens de la noce!* Ce fut une formidable bordée d'éclats de rire; le cardinal dut renoncer à se faire entendre, et les membres installés dans le chœur se retirèrent pendant que le père gardien, un moine à barbe blanche, montait en chaire et prononçait la formule du serment civique, répété par la foule qui se sépara aux cris de : « Vive la nation (1) ! »

Les députés de la droite se réunirent encore, mais comme les dames de la Halle se montraient assidues à ces assemblées où elles jouaient un rôle actif, la police défendit de laisser entrer celles, nous dit le texte même de l'ordonnance, « dont les tabliers pourraient contenir des pommes cuites. »

Des pommes cuites ! — voilà comment Paris répondit aux excitations du clergé à la guerre civile.

Malheureusement, en province, les menées des prêtres trouvèrent un autre accueil, et le fanatisme souleva plusieurs

(1) *Le règne de Louis XVI*, t. VI.

villes où le sang coula et où les catholiques commirent de nombreux assassinats.

A Roubaix, un prêtre qui avait défendu l'Assemblée fut empoisonné par le vin des burettes (1).

A Blois, l'archevêque ordonnait, dans son mandement, à tous les curés de « retracer dans le tribunal de la pénitence les dangers que courent la France, la religion et la couronne des Bourbons. »

A Arras, on promena dans les rues un tableau représentant Jésus sur la croix, avec des personnages en grandeur naturelle. A côté du bon larron, on avait peint Maury, Cazalès, d'Eprémenil, etc.; du côté du mauvais larron étaient représentés Mirabeau, de Talleyrand et les révolutionnaires en soldats romains tenant la lance, présentant au bout d'une pique l'éponge plongée dans le fiel et le vinaigre; au-dessous on avait écrit ces mots: « Si tu es le fils de Dieu, fais un miracle et comble le déficit (2) ! »

Ces provocations inutiles étaient suggérés par les prêtres, afin de pousser à bout les catholiques et de les jeter dans la sédition.

A Toulouse, où les curés étaient tout-puissants et où les catholiques avaient la haine de toutes les réformes, on vit de longues processions de pénitents de toutes les couleurs parcourant les rues, un cierge à la main, chantant des litanies et consacrant la France à la sainte Vierge.

Ces excès de mysticisme ne devaient pas manquer de porter leurs fruits; le sang ne tarda pas à couler; c'est ainsi

---

(1) *Histoire abrégée de la Révolution.* — Paris, 1803, p. 99.
(2) *Révolutions de France et de Brabant*, n° 23.

qu'à Nîmes les catholiques marchaient avec des lances, des haches fabriquées à l'avance contre les protestants et les patriotes. Les municipaux favorisaient ces égorgements et l'un d'eux, Gravil de Boulargues, s'écriait :

— S'il faut se poignarder, poignardons-nous ; dix ans de plus ou de moins ne sont rien (1) !

Plusieurs révolutionnaires et protestants furent massacrés ; sur le cours, un prêtre nommé Clémenceau fut vu excitant les assassins et leur criant : *Zou! Zou!* (Vite! vite !) (2).

Arrêtons-nous là ; ces quelques traits suffisent pour montrer l'état d'effervescence dans lequel se trouvait la France à la suite des coupables menées royalistes et catholiques.

Souvenons-nous seulement de ces scènes de meurtre, de carnage et d'assassinats, souvenons-nous de ces excitations incessantes à la guerre civile, et le jour où la France aura à lutter contre les armées coalisées au dehors et contre ces mêmes catholiques au-dedans, ce jour-là, en face du sang versé, des violences commises, demandons-nous quels sont ceux qui avaient rendu ces rigueurs inévitables, sinon les royalistes et les prêtres !

(1) Déposition de l'*Information dessus la plainte par addition du 7 juillet.*
(2) Ibid.

Du 22 au 29 avril 1790

XVII

LA CORSE SE DONNE A LA FRANCE

Élan des peuples vers les idées de la Révolution. — La Corse indomptée se soumet. — Luttes séculaires. — Députation corse a l'Assemblée. — Paoli. — Son discours. — Paoli acclamé aux Jacobins. — Il passe une revue aux côtés de Lafayette. — La Corse demande un gouverneur. — La Corse définitivement française.

Les agitations de la Révolution avaient donné aux peuples un admirable élan qui les poussait vers les idées nouvelles proclamées à Paris.

Dans les pays les plus reculés, dans les régions les plus lointaines, les cœurs battaient à l'unisson de celui de la grande capitale ; les écrivains, les penseurs, les philosophes avaient partout arrêté leurs travaux, interrompu leurs méditations et leurs controverses pour ne s'occuper que des idées françaises, des idées révolutionnaires qui étaient celles du progrès et de la liberté humaine elle-même.

La révolution exerçait une telle fascination, avait un si merveilleux prestige, qu'elle attirait toutes les sympathies, toutes les espérances des peuples nourrissant dans leurs annales et dans leurs cœurs un désir inassouvi d'indépendance.

Par un étrange contraste, tandis que des nations, étrangères par l'origine, venaient à nous, des Français s'éloignaient et l'on voyait des nobles aller organiser des armées ennemies contre leur patrie; on voyait des prêtres semer la division, fomenter la révolte, prêcher la guerre civile au moment même où, de l'extérieur, venaient des adhésions inattendues, comme celle de ce vaillant petit peuple corse, entêté pour la liberté, que deux mille ans de luttes et d'invasions n'avaient pu dompter; la Corse qui, avec une audacieuse bravoure, avait résisté aux armées de la royauté, déposait les armes devant les décrets de l'Assemblée. Comme un seul homme, debout sur son rocher, amoureux constant et passionné de l'indépendance, le peuple corse tournait ses regards vers la France dont il avait toujours repoussé la domination, et qu'il acclamait maintenant, la reconnaissant comme sa véritable patrie.

Oui, ce peuple corse qui si souvent avait poussé l'intrépidité jusqu'à l'héroïsme sauvage, que les Carthaginois n'avaient pu posséder en paix, que les Romains, après les guerres puniques, n'avaient jamais osé soumettre au joug ni à l'esclavage, que plus tard, les Vandales, les Goths, les Lombards et les Sarrazins avaient successivement envahi, martyrisé, pillé et décimé sans le dominer, que les papes n'avaient pu garder sous leur puissance, que les Pisans avaient dû céder aux Génois, dont la tyrannie trouva toujours des lutteurs pour la combattre, ce peuple que les Génois abandonnèrent à la France qui put l'écraser par le nombre mais non le dompter, ce peuple corse, souvent vaincu mais jamais affaibli dans son patriotisme, jamais abattu, gardant intacte cette âpre passion de la liberté, mettait bas les armes devant les Droits de l'homme et venait prendre part aux délibérations des assemblées nationales.

Le 22 avril 1790, en effet, paraissait à la barre de l'Assemblée une députation envoyée par les municipalités corses : au milieu des superbes montagnards de Bastelica, des robustes paysans de Corte, portant le costume national, on remarquait un homme de haute stature ; c'était un héros, le général Paoli qui, après quarante ans de luttes pour la liberté de son pays, venait se mêler à la grande famille française dont il demandait à faire partie.

A l'arrivée de la députation, l'Assemblée se leva et un des représentants corses étant monté à la tribune prononça le discours suivant :

« Messieurs, la Corse libre nous envoie vers vous pour vous rendre grâce de l'avoir affranchie. Le despotisme nous avait accablés sans nous soumettre. Votre justice seule nous a conquis, et c'est à votre générosité que nous rendons les armes : nous haïssions des maîtres dans le nom français, nous y bénissons des frères et des libérateurs. Pendant quatre cents ans, nous avons combattu pour la liberté; nous avions versé des flots de sang pour elle et nous n'avions pu l'obtenir; dans un seul jour vous nous l'avez donnée. Voyez si nous pouvons être ingrats et rebelles. Toute l'Europe admire vos travaux, toute la France vous remercie de vos lois ; mais il n'est point de département qui les admire plus, qui en sente mieux le prix que la Corse ; nous étions une nation faible, un État borné ; devenus Français, nous sommes une nation puissante. La France n'a pas de peuple plus zélé, l'Assemblée nationale de citoyens plus soumis à ses décrets et le roi de sujets plus fidèles que le peuple corse (1). »

D'unanimes applaudissements accueillirent ces fières paroles.

A son tour Paoli monta à la tribune.

Un frémissement courut dans la salle quand on aperçut là cet homme de cinquante-quatre ans, qui avait lutté toute sa vie pour l'indépendance de son pays dont, à l'âge de vingt-neuf ans, il avait été le maître et le libérateur ; vainqueur des Génois, il créa à Corte le premier collège et la première imprimerie qui aient existé dans son pays. Il fit appel à Jean-Jacques Rousseau et l'invita à venir donner à la Corse une constitution conforme aux principes du *Contrat social* ; Jean-Jacques accepta, mais des circonstances diverses l'empêchèrent de mettre ce projet à exécution.

Quand, en 1748, Gênes eut cédé la Corse à la France, le roi fit offrir à Paoli des honneurs et des richesses, que celui-ci refusa, continuant à lever, en face du drapeau français, l'étendard de l'indépendance ; écrasé par le nombre le jeune général s'exila, et ne reparut plus dans les affaires de son pays que dans cette journée du 22 avril 1790, mêlé à la députation corse.

Quand le silence fut fait dans les tribunes, Paoli parla ainsi :

« Messieurs, ce jour est le plus heureux, le plus beau de ma vie : je l'ai passée à rechercher la liberté, et j'en vois ici le plus noble spectacle. J'avais quitté ma patrie asservie, je l'ai retrouvée libre ; je n'ai plus rien à souhaiter. Je

(1) *Moniteur*.

ne sais, depuis une absence de vingt ans, quel changement l'oppression aura fait sur nos compatriotes; mais vous venez d'ôter aux Corses leurs fers; vous leur avez rendu leurs vertus premières. En retournant dans ma patrie, mes sentiments ne peuvent vous être douteux. Vous avez été généreux pour moi, et jamais je n'ai été esclave. Ma conduite passée, que vous avez honorée de vos suffrages, vous répond de ma conduite future. J'ose dire que ma vie entière a été un serment à la liberté, c'est déjà l'avoir fait à la constitution que vous établissez ; mais il me reste à le faire à la Nation qui m'a adopté, et au souverain que je reconnais; c'est la faveur que je demande à l'Assemblée nationale. »

Il est triste de songer que ces belles paroles furent démenties, quatre ans plus tard, par celui-là même qui les prononçait et qui se ligua, pour satisfaire son orgueil et ses rancunes, avec les Anglais pour combattre cette même Révolution à qui il avait prêté serment.

Mais les heures sombres des dernières années de ce grand homme ne doivent pas nous faire oublier les élans spontanés de son âme de patriote saluant à son aurore la liberté française.

Le soir, Paoli fut reçu par le club des Jacobins, dont les membres, par acclamation, le placèrent à la droite du président.

Le dimanche, au Champ de Mars, Lafayette passant en revue une grande partie de la garde nationale, mit Paoli à ses côtés, au milieu de son état-major.

Le 29 avril, le député corse Salicetti montait encore à la tribune et, au nom de son pays, réclamait pour ce département d'outre-mer un commandant ayant des idées révolutionnaires ; en même temps il faisait connaître les vœux unanimes de ses concitoyens désirant, pour les gouverner, M. de Biron, membre de l'Assemblée. Faisant droit à cette légitime demande les députés français décidaient que M. de Biron irait, sans retard, prendre le poste qui lui était offert.

Depuis, la Corse est demeurée sincèrement attachée à la France, dont par ses mœurs et ses aspirations elle fait partie intégrante.

La parole des envoyés de 1790 a été tenue et nous n'avons pas, à l'heure qu'il est, de citoyens « plus zélés que le peuple corse. »

La nature, de son côté, s'est plu à planter dans ce petit pays des montagnes d'une hauteur considérable comparée à la superficie de l'île ; on dirait qu'en plaçant là ces rocs élevés, la nature a voulu permettre aux habitants de découvrir, de ces hautes cimes, la terre de France qui est devenue pour eux la même patrie ; car comme le dit notre illustre ami Élisée Reclus, « par un contraste remarquable, le versant oriental de la terre, le plus large, le plus fertile et jadis le plus peuplé, est aujourd'hui relativement désert et la vie s'est portée sur le versant occidental ; autrefois l'île regardait l'Italie ; de nos jours, elle s'est tournée vers la France. »

Pendant que la Corse venait à la France, le cardinal Loménie de Brienne, archevêque de Sens, allait à la Révolution et le 28 avril il se présentait à la municipalité de cette ville pour prêter le serment civique en qualité d'évêque constitutionnel de l'Yonne, serment qu'il accompagnait d'un discours dans lequel il affirmait les principes révolutionnaires.

« Je viens, messieurs, dit-il, terminer avec vous ma carrière et vous consacrer, s'il m'est permis, le peu de jours qui me restent à parcourir. — Etranger désormais aux affaires publiques, je ne le serai jamais à vos intérêts et tout ce qui pourra contribuer à votre bonheur sera l'objet perpétuel de mes soins.

« Oui, je jure d'être fidèle à la nation, à la loi et au roi, et de maintenir de tout mon pouvoir la constitution décrétée par l'Assemblée nationale et acceptée par le roi. — Et ne croyez pas, Messieurs, d'après de fausses impressions qu'on aurait pu vous donner sur nos principes, qu'ils soient en contradiction avec cet engagement. — Jaloux de mériter votre confiance, j'ai cru devoir ajouter cette courte explication au serment que je viens de prononcer. Un jour d'autres détails honoreront ma mémoire, un jour on connaîtra ce que j'ai voulu et ce que je n'ai pu faire, mes projets, mes intentions ; mais je crois devoir encore garder le silence ; il est des moments où il ne semble permis de parler de soi qu'autant qu'on veut encore prendre part aux affaires publiques. — D'ailleurs j'ai cette confiance que lorsque vous connaîtrez votre pasteur, vous ne tarderez pas à juger qu'il n'a pu cesser un instant d'être digne de l'estime ; puisse-t-il l'être bientôt de votre affection et de votre amour. »

Ce fut à la suite de ce discours que le pape excommunia le cardinal, qui de son côté renvoya à Rome le chapeau rouge : le Vatican garda la barette cardinalice et ne la lui rendit pas.

Du 29 avril au 5 mai 1790.

XVIII

LES ASSIGNATS

Rareté du numéraire. — Menaces de banqueroute. — Mise en vente des biens nationaux. — Projets de Bailly. — Les bons municipaux. — Économie du système des assignats — Abus. — Manœuvres du clergé. — Les Anglais et les émigrés faussaires. — Fautes financières. — La monnaie de singe. — Discrédit des assignats. — Causes de ce discrédit.

La France continuait à se trouver placée entre ces deux dangers, de plus en plus menaçants : la banqueroute et la misère. L'argent faisait défaut et le peuple manquait de pain.

D'un autre côté, le capital toujours timide et qui, les jours de dangers, se cache, avait en quelque sorte déserté ; il était devenu d'une rareté telle qu'il était introuvable ; c'est à peine si au commencement du mois de mai, il y avait dix millions de numéraire dans les caisses de l'État.

Les députés supportant la véritable responsabilité des affaires publiques se trouvaient dans la situation d'un propriétaire ayant des dettes nombreuses et pas de revenus, mais qui posséderait des biens immobiliers considérables. Ils agirent en conséquence comme un particulier honnête doit le faire en semblable occurrence. Ils prirent la résolution de vendre une partie des biens-fonds pour désintéresser les créanciers et pour subvenir aux besoins les plus pressants.

Les biens de la nation se composaient en ce moment-là des biens dits ecclésiastiques, dont la vente avait été décidée en principe, et des domaines de la couronne devenus inutiles depuis que l'Assemblée s'était chargée de payer au roi une liste civile de vingt-cinq millions par an.

L'idée de mettre en vente des domaines considérables était facile à concevoir, mais d'une exécution peu pratique dans ces jours de crises financières. D'abord, comme nous venons de le dire, l'argent en numéraire manquait, les papiers-monnaie étaient tombés en discrédit, et enfin le clergé, qui luttait de toutes ses forces pour empêcher la vente de ces immenses domaines dont il avait si longtemps joui, jetant l'alarme et le doute dans tous les esprits ; ils faisaient imprimer, dans des brochures répandues à profusion, et prêcher par ses prêtres fanatiques, que la Révolution ne tarderait pas à être vaincue, que les biens ecclésiastiques reviendraient aux mains des religieux, et que ce jour-là les acquéreurs seraient dépouillés sans indemnité. Si on veut bien songer à la puissance considérable et presque sans borne exercée par le clergé durant les derniers siècles, on comprendra combien ces menaces, ces intimidations étaient peu faites pour encourager les acheteurs.

En outre, il n'était pas commode pour un propriétaire comme l'État de trouver des acquéreurs de domaines aussi importants que ceux qu'il voulait aliéner, à moins de les abandonner pour un prix dérisoire ; d'autant plus que l'essentiel pour le Trésor public était de vendre tout d'un coup, afin de faire face aux grosses dépenses courantes et aux besoins impérieux de l'arriéré.

Il fallait donc trouver un intermédiaire qui se chargeât en bloc de ces propriétés et qui, après les avoir payées, s'occupât de les détailler, de les morceler, de les vendre aux particuliers.

Tel était le difficile problème à résoudre.

Il s'agissait de diviser cette immense propriété foncière entre une quantité de gens qui ne possédaient pas auparavant et, par ce moyen, éteindre les dettes de l'État, parer à ses besoins financiers.

L'Assemblée avait déjà décidé de vendre pour quatre cent millions de biens nationaux ; mais il était indispensable de trouver un intermédiaire entre l'État unique propriétaire et les nouveaux acquéreurs qui allaient se partager ces domaines morcelés.

C'est alors que Bailly monta à la tribune et, au nom de la commune de Paris, demanda à l'État de se dessaisir des biens nationaux en faveur des communes, pour la partie de ces biens qui se trouveraient dans leur territoire ; jouant le rôle d'intermédiaires, les communes, après avoir acheté ces biens en bloc, les détailleraient aux particuliers.

A elle seule, la commune de Paris accceptait, pour sa seule part, de prendre pour son compte la moitié de l'opération totale, soit deux cent millions de biens.

Mais, comme il pouvait arriver que les communes n'eussent pas d'argent pour solder comptant le prix de leurs acquisitions, et effectivement elles en manquaient, l'État consentait à être réglé en mandats, en bons à longue échéance, payables au fur et à mesure, par les communes, entre les mains des trésoriers de l'État. A son tour, l'État pouvait donner des bons municipaux à ses créanciers; c'étaient pour ainsi dire des sortes de lettres de change souscrites par les communes, endossées par l'État et ayant en outre une garantie hypothécaire sur les biens nationaux eux-mêmes. Quand les communes auraient vendu une partie des terrains, elles rembourseraient l'État, qui retirerait de la circulation pour une égale somme des bons municipaux et les détruirait.

De plus, les créanciers de l'État qui avaient reçu des bons pouvaient les donner en paiement d'acquisition des biens nationaux.

Telle est l'idée aussi simple qu'ingénieuse du projet de Bailly, adopté par l'Assemblée nationale et de laquelle devaient naître les assignats.

Au début, ces bons municipaux n'eurent pas cours légal; mais l'Assemblée leur donna cours forcé et le public les accepta d'abord facilement puisqu'il savait très bien que la valeur des assignats était garantie par les terres des domaines nationaux et que ces bons étaient toujours remboursables.

Les quatre cents millions d'assignats lancés dans la circulation (fin avril 1790) furent accueillis avec confiance et mirent momentanément l'État en mesure de faire face à tous ses engagements; nous le répétons, l'opération aurait été excellente si l'on se fût borné à émettre des assignats correspondants à la valeur des terres mises en vente et si on avait eu toujours sous la main une garantie représentative du papier circulant dans le public, ces assignats eussent conservé leur entier crédit.

Ce qui les discrédita fut l'abus qu'on en fit, comme nous allons le voir en quelques mots rapides pour ne pas anticiper sur les événements.

D'une part, le clergé continua la lutte, cria bien haut que les ventes seraient annulées, car les prêtres ne tarderaient pas à rentrer en possession de leurs anciens biens, et que dès lors, le gage disparaissant, les assignats perdraient inévitablement leur valeur; ce raisonnement commença à ébranler la confiance publique entamée encore par les opérations financières des agioteurs.

D'autre part, la Révolution, oubliant les règles de la prudence et de l'économie politique, se laissa aller à augmenter le nombre des assignats dans des proportions inimaginables : en 1795 il n'y avait plus aucun rapport entre le gage que pouvait fournir le fonds territorial national et ses équivalents de papier-monnaie; aussi, malgré les mesures rigoureuses prises, les assignats tombèrent à cent cinquante et à deux cents au-dessous de leur titre; les marchands refusaient de les recevoir en paiement.

Les Anglais et les émigrés ne perdirent pas de si belles occasions de combattre notre crédit; ils jetèrent sur le continent des ballots d'assignats admirablement imités, méconnaissables, et qui portèrent le dernier coup à cette monnaie de convention que les Parisiens avaient fini par surnommer « la monnaie de singe. »

C'est alors que l'on vit les tailleurs vendre un habit mille francs, les cordonniers, cinq cents francs une paire de bottes; les ménagères payaient leur beurre cent francs le demi-kilo, et on vendait même les assignats au poids du papier un louis d'or la livre.

Mais ces abus, ce discrédit ne prouvent rien contre le système des assignats qui fut excellent tant qu'on n'en abusa pas et tant que le gage fut assez important pour garantir les bons municipaux, la feuille de papier qui en était le *signe* ou la représentation.

N'oublions pas dans tous les cas que la création des assignats fut un acte de patriotisme qui sauva la Révolution à ses débuts de la honte de la banqueroute, que les dilapidations de la Royauté semblaient avoir rendue inévitable.

Cette semaine, le 5 mai, l'Assemblée, sur la proposition du député Bouche, « considérant que le droit le plus ancien des peuples, et notamment du peuple français, est d'élire des juges, » décréta que les juges seraient élus par le peuple.

Remarquons que l'Assemblée constituante était tellement d'accord sur cette importante question qu'elle ne voulut même pas entendre une seule discussion, demandant à aller aux voix pour décréter un principe si juste, sans lequel ne peut subsister aucune constitution, je ne dis pas républicaine — il n'était pas question de République — mais simplement libérale. Tous les députés, sans exception, avancés et modérés, royalistes ou patriotes, tous votèrent cette motion, qui passa à l'unanimité.

Il n'y eut pas une seule voix pour oser soutenir que les juges du peuple ne dussent pas être élus par le peuple. Comment peut-on admettre, en effet, que les députés, qui font les lois, soient élus dans un pays où ceux qui appliquent ces mêmes lois sont choisis par le pouvoir.

L'élection des juges est le seul mode de recrutement de

la magistrature répondant à la fois aux exigences de la garantie pour le peuple, de l'indépendance pour le magistrat, de la sécurité pour la nation. Si vous confiez le choix du juge au pouvoir, vous rendez le magistrat soumis ; si vous accordez l'inamovibilité à ce juge, vous en faits non un homme indépendant, mais un fonctionnaire rebelle, sûr de l'impunité; sous l'influence du choix du pouvoir, et avec l'inamovibilité le juge sera soumis et rampant tant qu'il verra un avancement possible ; il deviendra rebelle et factieux le jour où il aura atteint le degré d'élévation rêvé par son ambition.

L'élection seule de la magistrature est loyale, honnête et démocratique ; elle est dans l'esprit de l'histoire, et les nécessités du pays l'imposent.

Du 6 au 14 mai 1790.

XIX

DANS LE PEUPLE : A L'ASSEMBLÉE

Activité des députés. — La barre de l'Assemblée est une tribune publique. — Latude a l'Assemblée. — Il attaque les héritiers de Madame de Pompadour. — La Commune lui désigne un défenseur d'office. — Latude vengé. — L'unité des poids et mesures. — Louis XVI au bois de Boulogne. — Les amazones nationales. — Ouverture de la première agence matrimoniale. — Les dix commandements de la patrie. — Catholicisme et révolution.

Les députés continuent leurs travaux avec une ardeur infatigable : rien ne les rebute, ni les deux séances de jour, ni celle de nuit, ni les études dans les commissions, ni l'expédition des affaires courantes, ni les discussions des grandes réformes ; tout est mené de front par ces travailleurs infatigables qui trouvent encore le temps d'aller dans les clubs prononcer des discours importants et discuter avec le peuple après avoir discuté avec les nobles et les prélats.

Comme quelques membres de l'Assemblée faisaient la politique buissonnière, se tenant à l'écart des ouvrages législatifs, un député nommé Defermont proposa de décréter que tout député fût censé avoir donné sa démission, après quinze jours d'absence. L'Assemblée se refusa à aller jusque-là, mais elle décida qu'un avertissement sévère serait adressé aux délinquants.

Du reste l'Assemblée n'était pas, comme aujourd'hui, une sorte de temple élevé aux longs discours et où les députés se laissent voir seulement du haut des tribunes comme des bêtes rares ou curieuses ; durant ces jours de fièvre et de patriotique effervescence, le peuple apparaissait souvent à la barre et venait même y formuler des déclarations. Hier c'était une délégation de la garde nationale, ou une députation corse conduite par le fameux Paoli qui venaient affirmer leur dévouement; aujourd'hui, 7 mai 1790, c'est le célèbre Latude qui remercie le peuple, dans la personne de ses représentants, d'avoir rendu la liberté à tant de prisonniers dont il avait partagé les souffrances.

Latude s'avance, les cheveux blancs, le dos voûté, cassé, brisé, ayant, à cinquante-cinq ans, l'air d'un vieillard de quatre-vingt. D'une voix éteinte, coupée par des larmes, il conte sa malheureuse existence. Il dit comment, venu de Montagnac (Hérault) à Paris pour étudier la médecine, il est enfermé, après quelques frasques de jeunesse, à la Bastille pour avoir osé une innocente mystification envers Madame de Pompadour.

Latude raconte son long martyre que tout le monde aujourd'hui connaît et obtient qu'on lui rende ses papiers ainsi que les outils et l'échelle qu'il avait mis deux ans à fabriquer, en collaboration avec son ami d'Allègre. Cette échelle, qui servit à sa première évasion, fut exposée quelques jours plus tard dans la petite cour du Louvre ; un secours de trois mille francs fut accordé au célèbre prisonnier.

Latude attaqua même les héritiers de sa persécutrice Madame de Pompadour ; la Commune lui désigna Chaumette pour défenseur ; les héritiers furent condamnés à payer trente mille francs de dommages intérêts ; ainsi, grâce à la Révolution, Latude, en mourant à l'âge de quatre-vingts ans, le 1er janvier 1805, put s'écrier :

— Je meurs vengé de mes implacables ennemis !

Le lendemain du jour où elle avait reçu Latude, l'Assemblée, sur la proposition de Talleyrand, rendit un décret qui adoptait en principe l'unité des poids et mesures et d'après lequel le roi de France devait inviter le roi d'Angleterre à nommer cinq membres de la Société royale de Londres pour se joindre à un pareil nombre d'académiciens français qui adopteraient une unité de poids et mesures que les deux nations imposeraient par la raison à toutes les nations civilisées.

Répondant aux vœux de ce décret, l'Académie française nomma une commission composée de MM. Borda, Lagrange, Laplace, Monge et Condorcet qui se mit immédiatement à l'œuvre. Les événements et les rivalités entre la France et l'Angleterre ne devaient permettre à ces travaux d'aboutir que dix ans après ; mais il faut constater, en passant, que ce fut l'Assemblée constituante qui eut la gloire de prendre l'initiative de cette importante réforme.

Le 11 mai, le roi accompagné de quelques personnes de sa cour se décida à sortir des Tuileries pour la première fois depuis son retour de Versailles. Louis XVI monta à cheval et alla faire une promenade au bois de Boulogne. Lafayette envoya deux officiers de la garde nationale qui accompagnèrent le monarque dans sa promenade ; le roi, en montant l'avenue des Champs-Élysées, affecta de causer familièrement avec ces deux officiers : devant cette marque de déférence pour la garde populaire, les passants firent à Louis XVI un accueil sympathique et poussèrent quelques cris de : Vive le roi !

La foule du reste se portait surtout du côté des jardins des Tuileries, où les gardes ne laissaient pénétrer que les gens de bonne mine et de bonne tenue, refusant l'entrée à de braves femmes parce qu'elles portaient des tabliers. Pourtant, au même moment, on laissait passer :

> De ces jeunes beautés qui, vers la fin du jour,
> Vont dans ce beau jardin colporter leur amour.

comme on disait alors.

Qu'il fallait peu de chose pour contenter ce peuple que la cour aurait pu encore s'attacher, si elle n'avait pas résolu, à tout prix, de le faire mitrailler pour ressaisir le pouvoir absolu.

A l'occasion du retour du roi à Paris, la Ville avait fait frapper une médaille portant pour légende ces mots : *J'y ferai désormais ma demeure habituelle.*

Le maire de Paris se rendit aux Tuileries à la tête d'une délégation et offrit la première de ces médailles à Louis XVI, en accompagnant naturellement cette remise de petits discours.

« Sire, dit Bailly au roi, Votre Majesté en rentrant à Paris a dit : J'y ferai désormais ma demeure habituelle. La ville de Paris a fait graver, sur le bronze, ces paroles qui sont dans le cœur de tous nos concitoyens. »

Puis offrant la même médaille à la reine et au dauphin, Bailly dit :

« Madame,

« Les paroles précieuses posées sur cette médaille sont une promesse que le roi a faite pour lui, pour Votre Majesté et pour Mgr le dauphin. La promesse du roi est que vous embellirez la capitale, et le vœu du peuple est d'y conserver son roi que vous y accompagnez toujours.

« Et vous, monseigneur, instruit par l'exemple de la reine, vous, monseigneur, qui aimez comme nous notre roi, vous vous prescrirez de suivre ses traces et vous aimerez à remplir ses promesses. »

Dans les départements, le patriotisme s'éveillait et se manifestait sous les formes les plus diverses : ainsi à Aulnay, en Poitou, des mères de famille avaient fondé, à l'exemple des citoyens, une milice qui sous le nom d'*amazones nationales* se proposait d'entretenir le zèle et le patriotisme dans l'âme de leurs époux et de leurs enfants. Les membres de cette association féminine avaient prêté aussi le serment de fidélité à la Constitution, jurant d'employer toutes leurs forces et toute leur influence à la maintenir et à la faire aimer.

Cette même semaine, s'ouvrait à Paris la première agence matrimoniale qui ait publiquement fonctionné en France et qui prit le nom de l'*Indicateur du mariage*. Le directeur de cette officine ouvrit un bureau, au numéro 125, rue Saint-Martin, où il enregistrait l'âge, l'état, et la fortune des personnes qui désiraient se marier. Cette liste était publiée dans un journal paraissant deux fois par semaine, les mardi et vendredi, portant le titre même de l'agence, envoyé aux personnes intéressées (1) qui pouvaient ainsi faire leur choix sur ce catalogue où le bonheur conjugal était coté, la beauté détaillée, l'âge dissimulé, la fortune exagérée, tout comme cela est pratiqué de nos jours par les successeurs du brocanteur d'hymen de la rue Saint-Denis qui a fait école et dont les disciples pullulent, tenant boutique de liaisons légitimes et vendant les époux les uns aux autres, moyennant le cinq pour cent.

Le directeur de l'*Indicateur du mariage* avait eu une idée commerciale devant enrichir d'autres boutiquiers de même espèce, mais qui ne réussit pas à son inventeur, car il fut obligé de fermer son livre de propositions et de mettre la clef sous la porte.

C'est que les vieilles habitudes n'étaient pas encore toutes remplacées : on les adoptait même pour exprimer les idées nouvelles ; c'est ainsi que l'on prenait volontiers les anciennes formes du culte catholique pour propager les maximes de la Révolution et, cette semaine, on vendit au Palais-Royal les dix commandements de la patrie qui eurent un succès considérable. Nous les donnons ici à titre de curiosité.

LES DIX COMMANDEMENTS DE LA PATRIE

I. — *Aime ton Dieu par-dessus toutes choses, et la Patrie comme toi-même.*

II. — *Secours tes semblables comme s'ils ne formaient tous avec toi qu'une même famille.*

(1) *Petites affiches.*

III. — *Sois fidèle à la loi et au roi, et défends la liberté au péril de ta vie.*

IV. — *Combats nos ennemis par ton courage et par tes vertus, tu triompheras de leurs efforts.*

V. — *Sois bien circonspect en élevant aux emplois ceux à qui la révolution a été préjudiciable.*

VI. — *Méfie-toi des perfides caresses de ceux qu'on appelait autrefois les grandes et les sourdes menées des aristocrates.*

VII. — *Surveille les ennemis de la liberté, et ne crains pas de dénoncer leurs conspirations ; ton silence te rendrait aussi coupable qu'eux.*

VIII. — *Ne juge jamais de leur conversion par leurs sacrifices ; et redoute la trahison sous le masque du patriotisme et de la bienfaisance.*

IX. — *Sois fier avec eux sans hauteur ; plains nos ennemis sans les craindre, pardonne leur faiblesse et combats-les sans frayeur.*

X. — *Homme-citoyen, souviens-toi que tu as brisé tes fers ; que les despotes de la France étaient sans humanité, parce que le peuple était sans courage ; bénis l'être suprême de t'avoir fait recouvrer la liberté et sois convaincu que si tu n'observes ces commandements, tu rentreras sous le joug pour n'en sortir jamais.*

On a certainement remarqué l'idée religieuse qui domine dans cette pièce patriotique ; c'est que malgré les tentatives des fanatiques catholiques, la séparation entre les idées chrétiennes et les idées de liberté était loin d'être accomplie. Ainsi, nous avons vu des paysans exiger que leur curé mît une cocarde au Saint-Sacrement, d'autres, ordonner à leur curé de laisser le tabernacle ouvert, ne voulant pas, disaient-ils, que le bon Dieu fût prisonnier quand on proclamait la liberté (1); de même, le 8 mai 1790, vingt-cinq enfants de la commune de Charonville, faisant leur première communion, prêtèrent le serment civique dans l'église, à l'issue de l'acte dit du renouvellement du baptême. A Bordeaux, les jeunes gens brûlaient en effigie, après un procès public, cinq personnes convaincues de contre-révolution. C'étaient le premier président du Parlement, le chevalier de Vertamont, M. de Ségur, M. l'abbé Pesson et l'abbé Deyral, députés à l'Assemblée nationale.

Ces sortes de procès étaient fréquents à Bordeaux. Les jeunes gens patriotes tenaient leurs assises au café National et au café de la Comédie ; c'éait là que se recevaient les dénonciations ; on jugeait les aristocrates, puis leur effigie était pendue devant la porte du café : finalement on la brûlait. La sentence était la plupart du temps brûlée également ou envoyée aux sociétés patriotiques du département.

(1) *Histoire abrégée de la Révolution française.* — Paris, 1803.

Du 13 au 20 mai 1790.

XX

LES PRÉCURSEURS DE LA TERREUR

« La Basoche » révolutionnaire. — Vieilles coutumes judiciaires. — Vive la Basoche ! — Le droit de paix et de guerre. — Emoi populaire. — La guerre civile fomentée par les prêtres. — Troubles de Montauban. — Excitations des prêtres. — Circulaires catholiques. — Chansons populaires.

Tandis que les Parlements expirants essayaient de lutter encore contre les décrets de l'Assemblée, des employés secondaires du palais, au contraire, adhéraient aux idées nouvelles, et, le 15 mai, les membres de la *Basoche* demandaient audience à l'Assemblée qui les admettait à sa barre.

En 1790, la Basoche n'était plus la puissante communauté qui avait été si célèbre au moyen âge, mais elle existait néanmoins encore, malgré l'article 14 du décret du 7 janvier 1597 qui, appliqué seulement deux siècles après, devait la supprimer complétement. A ce moment, la Basoche se composait de ce que nous appelons aujourd'hui les clercs. Avant la Révolution, comme les avoués et les huissiers de nos jours, les avocats avaient des clercs qui assistaient aux audiences derrière le barreau et donnaient à leurs patrons, au fur et à mesure de l'appel des causes, les sacs dans lesquels on enfermait les dossiers. Disons à ce sujet que ces sacs étaient obligatoires ; il fallait un sac pour chaque affaire et on enfermait ainsi ensemble tous les documents ou pièces de procédure ayant trait au même procès ; c'était une précaution prise pour que les avocats ne perdissent pas les pièces.

Bien entendu le client payait le sac, qu'on lui rendait une fois le procès terminé ; quand le plaideur gagnait, il avait l'habitude d'aller offrir son sac à saint Yves, patron des avocats, qui avait une chapelle dans le palais de justice même. On suspendait le sac en mode d'ex-voto, pour remercier saint Yves d'avoir éclairé la conscience des juges.

Les clercs de la Basoche avaient encore pour mission de copier les conclusions des avocats, au cabinet desquels ils étaient attachés ; ils faisaient des extraits et portaient ou reprenaient les pièces communiquées. Comme détail particulier, disons que les clercs ne pouvaient pas appartenir à la religion réformée (déclaration du 10 juillet 1685) ; il était défendu aux procureurs ou avocats de donner des gages ou appointements à leurs clercs (arrêt du 28 juillet 1608) ; enfin il était défendu aux clercs de rien recevoir, émoluments ou oblations volontaires, des parties, ils avaient seulement droit à certaines redevances comprises dans les frais de procédure et donnant lieu à la taxe.

La Basoche qui avait joué un grand rôle jusqu'à Louis XIV n'était plus qu'une simple corporation en 1790 ; elle avait à sa tête un chancelier, douze maîtres de requêtes ordinaires, un référendaire, un grand audiencier, un procureur de communauté, quatre trésoriers, un greffier, quatre notaires, un premier huissier, huit autres huissiers et un aumônier.

Ce furent ces dignitaires qui vinrent à la barre, accompagnés des membres même de la Basoche qui formaient un bataillon particulier de la garde nationale.

Les Basochiens protestèrent de leur patriotisme, de leur dévouement et de leur respect pour les décrets ; ils jurèrent fidélité à la Constitution au milieu des applaudissements des tribunes poussant un cri, qui retentit pour la dernière fois, de :

— Vive la Basoche !

Le président invita les dignitaires à prendre place, et l'Assemblée continua ses travaux.

On discutait la question du droit de paix et de guerre, soulevé à propos d'un conflit, survenu entre l'Espagne et l'Angleterre, et auquel la France se trouvait directement mêlée.

Des différends s'étant élevés entre des matelots anglais et espagnols dans la baie de Notoka, l'Espagne confisqua provisoirement les bâtiments ; le cabinet de Londres s'empressa d'armer tous ses ports, prête à déclarer la guerre à l'Espagne qui, à ce moment, était notre alliée de par le fameux pacte de famille. Louis XVI fit armer quinze vaisseaux de ligne et notifia cette mesure à l'Assemblée.

A ce propos, les députés du côté gauche mirent en discussion cette importante question de savoir à qui appartiendrait le droit de conclure la paix ou de déclarer la guerre. La droite soutenait les prérogatives du roi, la gauche celles de l'Assemblée.

L'importance de la décision qu'on allait prendre passionnait l'opinion publique qui se demandait si on livrerait l'existence de tout un peuple à la volonté d'un monarque dont on savait la faiblesse, obéissant aux caprices de Marie-Antoinette et aux ordres venus de Turin où les émigrés avaient établi leur quartier général, où ils complotaient contre la paix, la sécurité de la France, rêvant de détruire les effets de la Révolution.

Paris était en émoi, suivant les débats avec une anxiété fiévreuse qui gagnait toute la ville.

Plus de cinquante mille citoyens se pressaient dans le jardin des Tuileries, des Feuillants, des Capucins, sur la place Vendôme, dans la rue Saint-Honoré et dans les rues adjacentes. Les spectateurs des tribunes jetaient par les fenêtres, sur des feuilles de papier, la narration, écrite au crayon, de la discussion à laquelle ils assistaient; les citoyens se passaient ces comptes-rendus sommaires qui étaient commentés dans la foule d'où s'échappaient des cris de joie ou de fureur suivant que la marche des débats semblait favoriser ou être nuisible au droit de guerre accordé à l'Assemblée, droit que le peuple réclamait pour ses représentants.

La surexcitation était telle que les faubourgs, nous disent les journaux du temps, s'étaient concertés entre eux pour fermer les portes de Paris et pour prendre les armes si le droit de paix et de guerre était livré au roi.

Mirabeau, définitivement vendu à la cour, défendait le roi à qui il voulait remettre le pouvoir de tirer, à sa guise, l'épée du fourreau ; au contraire, Barnave, Alexandre de Lameth, Pétion et Robespierre réclamaient pour la nation le droit imprescriptible de disposer de ses destinées.

La discussion continuait au milieu de Paris attendant avec anxiété la solution de cette grave question.

C'est au cours de ce débat sur la guerre étrangère qu'arrivèrent des nouvelles épouvantables de la guerre civile organisée dans le Midi par les prêtres qui, après avoir soulevé Nîmes, révolutionné Toulouse et Bordeaux, mettaient la ville de Montauban à feu et à sang.

Les troubles préparés par un mandement de l'évêque, par des prières publiques et des oraisons de quarante heures, avaient éclaté à propos du décret ordonnant de dresser l'inventaire des biens des couvents revenant de droit à la nation.

Quand les officiers municipaux s'étaient présentés à la porte du couvent des Cordeliers pour y procéder à l'inventaire prescrit par la loi, ils y avaient trouvé cinq ou six cents femmes, l'épée au côté, la menace à la bouche, criant qu'elles tueraient les officiers s'ils ne se retiraient pas, ceux ci durent renoncer à leur mission et allèrent à l'hôtel de ville où les femmes les poursuivirent, les menaçant de les pendre ; le commandant de la garde nationale lui-même, de Montbrun, est assailli dans sa maison et il doit à son tour se réfugier à la mairie dont les royalistes font le siège en règle. Ces fanatiques ne s'en tiennent pas là, ils réclament des fusils pour massacrer les protestants.

Dans les églises, les prêtres excitent cette population en fureur ; dans la cathédrale un homme monte en chaire et, brandissant deux pistolets, poussent les catholiques à se ruer sur les Huguenots ; à ce moment le duc de la Force entre dans l'église en criant :

— Qu'attendez-vous pour agir, on massacre vos frères : venez les venger.

Le duc de la Force mentait, personne n'osait se risquer à attaquer ces sauvages catholiques, mais l'effet de ces paroles fut très grand ; la foule dont la fureur redouble, brise les bancs et les chaises, s'arme de débris, sort de la cathédrale et se répand à travers les rues de Montauban, maltraitant à coups de poings et de bâton les protestants qu'elle rencontre, leur donnant des soufflets et leur crachant au visage.

Quatre soldats de la garde nationale sont tués, la cocarde tricolore est proscrite et tous ceux qui sont trouvés la portant à leurs chapeaux sont assommés.

Une lettre lue à l'Assemblée dans la séance du 15 mai, lettre signée Perroret, témoin de ces scènes de cannibalisme catholique, se termine ainsi : « Je n'en aurais jamais fini si je vous disais les atrocités qu'on se permet actuellement contre les non-catholiques. »

Voilà les cruautés et les violences de ces assassins d'Église qui organisaient le massacre entre deux oraisons de quarante heures; voilà la conduite abominable de ceux qui se plaindront trois ans plus tard des violences de la Terreur qu'ils auront préparée et rendue inévitable par leurs manœuvres criminelles.

L'assemblée en apprenant ces excès décide que son président se retirera de par devers le roi pour le supplier de prendre les mesures les plus promptes pour rétablir l'ordre; en même temps elle ordonne que la cocarde tricolore soit reprise et les protestants placés sous la protection de la loi.

Plus tard quand arriveront les regrettables excès de la Terreur rouge, n'oublions pas qu'ils furent provoqués par les barbaries et les atrocités des royalistes et des prêtres.

A Paris le peuple répondait à ces excitations par des raisons mieux intentionnées dans le fond que littéraires dans la forme ; dans une d'elles, *Les nouveaux apôtres*, se trouvait le couplet suivant :

> Du sacerdoce
> Prenez l'humilité.
> Dans un carrosse
> Dieu n'est jamais monté,
> Saint Pierre vous l'apprit.
> Et dans Rome en crédit,
> Monté sur une rosse,
> Avait-il moins l'esprit
> Du sacerdoce ?

Dans une autre chanson le peuple se félicite qu'en *Mil-sept-cent-quatre-vingt-neuf, la nation se voit parée d'un habit neuf*. Dans un autre de ces ponts-neufs, nous trouvons le couplet suivant :

> On a vu qu'au temps jadis
> On se regardait sans rien dire ;
> Mil sept cent quatre-vingt dix
> Vous permet d'chanter et d'rire ;
> Reprenons notre gaîté,
> Profitons de not' liberté ;
> Aux chiens d'aristocrates,
> On a coupé les pattes.

Ces divers chansons avaient alors un grand succès et des virtuoses ambulants les chantaient dans les carrefours, pendant que la foule répétait le refrain en chœur.

Du 20 au 26 mai 1790.

XXI

MIRABEAU VENDU A LA COUR

Suite de la discussion sur le droit de guerre. — Opinion hardie de Robespierre. — Le curé Jallet. — Mirabeau monte a la tribune. — Il combat pour les prérogatives royales. — Appétit de jouissances. — Entrevue de Mirabeau et de Marie-Antoinette. — Le baiser sur la main. — Le prix du marché. — Mirabeau étale un luxe scandaleux. — Les pamphlets. — Le gibet improvisé. — Le décret. — Tout le monde est content. — Une proposition de Manuel.

La grave discussion, au sujet du droit de paix ou de guerre, continue dans le sein de l'Assemblée, excitant parmi les citoyens la même effervescence.

Le début de cette discussion donna lieu à de magnifiques discours et à de simples improvisations dans lesquels les idées philosophiques les plus nobles, les principes les plus purs furent défendus par des voix éloquentes.

Au cours des débats, Robespierre osa, au milieu des murmures de la droite et des cris des nobles, déclarer que le roi était « le *commis* et le délégué de la nation pour exécuter les volontés nationales. » Maximilien attaqua le pacte de famille à qui il dénia les caractères d'un pacte national, les querelles des rois ne pouvant être celles des peuples. Ce langage si nouveau et si hardi étonna par sa brutale franchise, il sapait les droits que s'était jusque-là arrogés la royauté.

Un simple curé de campagne, nommé Jallet, monta à la tribune et sut élever le débat en le soumettant au droit strict appliqué aux affaires politiques. « Avant d'examiner, dit-il, si la nation française doit déléguer le droit de faire la guerre, il serait bon de rechercher si les nations ont elles-mêmes ce droit. Toute agression injuste est contraire au droit naturel ; une nation n'a pas plus le droit d'attaquer une autre nation, qu'un individu d'attaquer un autre individu. Une nation ne peut donner à un roi le droit qu'elle n'a pas (1) ».

Descendant des hauteurs de ces sublimes abstractions et se plaçant au point de vue des nécessités inéluctables créées par les circonstances, les députés du parti populaire réclamèrent pour la nation le droit de disposer de ses destinées.

Enfin, après quatre jours de discussions, Mirabeau, qui avait jusque-là gardé le silence, aborda à son tour la tribune et défendit les prérogatives royales ; d'après le grand tribun, le roi devait avoir le droit de déclarer la guerre et l'Assemblée se contenter de l'illusoire pouvoir de sanctionner ou de désapprouver la guerre, une fois commencée.

En soutenant cette thèse étrange, Mirabeau obéissait aux conditions du marché qui le livrait, opinions et éloquence, lié à la cour et plus particulièrement à Marie-Antoinette.

Mirabeau avait été poussé dans le parti révolutionnaire par les vexations, les tyrannies, les emprisonnements sans

(1) *Moniteur*, séance du 16 mai 1750.

nombre que lui infligèrent ses parents et ses collègues de la noblesse ; après avoir mis son étonnant génie au service d'entrepreneurs, d'agioteurs, de banquiers sans scrupules, il fut élu député par le tiers état quand ceux de sa condition le repoussaient.

Mirabeau arriva à Versailles le cœur plein de haine contre ceux qui l'avaient poursuivi de leurs colères et résolut ou de se venger ou de les dominer.

Avec des appétits de jouissances, des relations diverses, des maladies, suites des débauches, Mirabeau était pauvre et couvert de dettes ; cette pauvreté, cet amour insatiable des plaisirs causèrent sa perte.

Il commença par faire une visite à Necker qui, s'imaginant que ses habiletés de Genevois pouvaient se passer du secours de ce puissant orateur, le reçut fort mal, et Mirabeau quitta le cabinet du ministre en promettant de faire repentir le financier de cet accueil insultant.

L'appui de Mirabeau dédaigné par Necker fut plus tard recherché par Marie-Antoinette qui elle aussi avait commencé par déclarer qu'elle ne descendrait jamais jusque-là (1).

Les événements creusant de plus en plus le précipice sans fond dans lequel allait s'abîmer le vieux trône des Capétiens, des pourparlers furent entrepris et la reine elle-même conclut le marché dans une entrevue qu'elle eut avec le tribun. Mirabeau donna à la honte de se vendre les dehors d'un sacrifice personnel qu'il était censé faire à des convictions sincères ayant pour but de fonder la monarchie

---

(1) *Correspondance entre le comte de La Marck et Mirabeau.* T. I, p. 148.

constitutionnelle, dont il se flattait d'être l'auteur dans le présent et le soutien dans l'avenir.

Quand la princesse et le député d'Aix eurent échangé leurs vues, réglé leurs plans, au moment de prendre congé, Mirabeau dit à Marie-Antoinette :

— Madame, lorsque l'impératrice, votre auguste mère, admettait un de ses sujets à l'honneur de sa présence, elle ne le congédiait jamais sans lui donner sa main à baiser.

La reine, avec cette grâce charmante et féline de jolie femme qu'elle possédait au suprême degré, présenta sa main fine, que Mirabeau saisit, et comme Marie-Antoinette, se jouant de la chaleur de sang qu'elle sentait courir dans les veines de son interlocuteur, abandonnait nonchalamment sa main moite entre celles de Mirabeau, celui-ci y déposa un baiser plus brûlant que respectueux et sortit gonflé d'orgueil, disant à haute voix :

— Ce baiser-là sauve la monarchie !

Les résultats de cette entrevue ne se firent pas longtemps attendre : le comte de Lamarck, le négociateur de cette vilaine affaire, apprit à Mirabeau que ses dettes, s'élevant à deux cent huit mille livres, seraient payées ; on lui allouait en outre une pension mensuelle de six mille livres à la fin de la session de l'Assemblée nationale, enfin on lui promettait de lui verser une somme de un million, représentée par quatre billets de deux cent cinquante mille livres chacun, billets souscrits par Louis XVI et qui demeuraient provisoirement déposés chez M. de Lamarck.

La cour avait si peu de confiance en Mirabeau que non contente de ne lui verser le million qu'après les services rendus, elle ne voulut pas même lui confier l'argent destiné à payer ses dettes, et ce fut M. de Fontanges, l'archevêque de Toulouse, l'ami de la reine, qui se chargea de ce soin singulier (1).

Mirabeau ne put pas cacher sa vénalité ; et lui que l'on savait pauvre et besoigneux, lui, chez qui ses créanciers se présentaient insolents, réclamant avec hauteur mais sans succès le paiement des factures en retard, quitta le petit appartement où il avait jusque-là habité, acheta un hôtel dans le quartier de la Chaussée d'Antin, quartier qui était comme l'avenue de Villiers de nos jours, il acquit la terre du Marais près d'Argenteuil où il tint table ouverte. Mirabeau prit des valets de chambre, un cuisinier, eut un carrosse et acheta, cent mille écus, la bibliothèque ayant appartenu à Buffon.

Quinze jours avaient suffi pour opérer cette transformation.

Les contemporains ne se trompèrent pas un seul instant sur l'infamie de Mirabeau et, durant la discussion dont nous parlons au début de ce chapitre, le puissant orateur étant sorti de l'Assemblée pour aller prendre l'air dans les Tuileries, put entendre les vendeurs publics crier ;

— Demandez la grande trahison du comte de Mirabeau. Deux sols (2) !

Il vit un rassemblement autour d'un arbre à la branche duquel on avait attaché une corde ; il s'approcha et demanda ce qu'on voulait faire :

---

(1) *Correspondance de La Marck avec Mirabeau*, t. I, p. 164.
(2) *Mémoires de Ferrières*, t. II, liv. VI, p. 34.

— C'est là, dit un des assistants, que nous pendrons cette canaille de Mirabeau (1).

Le tribun n'en rentra pas moins dans l'Assemblée la tête haute, mais le visage encore rouge de la honte qu'il avait ressentie, en voyant que le peuple tout entier était au courant du marché conclu par lui.

Au bas de l'escalier, il dit à un de ses amis :

— On m'emportera d'ici triomphant ou en lambeaux !

Et telle est la puissance du talent, même sur une Assemblée prévenue, que Mirabeau triompha en partie, puisqu'il fit décréter que si la nation avait seule le droit de déclarer la guerre, il faudrait la proposition formelle et nécessaire du roi.

Cette décision contenta les nobles et remplit le peuple de joie ; en réalité la formule vague du décret laissait pour ainsi dire les choses en suspens.

Cependant à partir de ce jour Mirabeau perdit la confiance du peuple et au sortir de l'Assemblée une voix lui cria :

— Couvrons-nous, citoyens, voilà le traître qui passe !

La foule enthousiaste applaudit sur le passage de Barnave, de Lameth, de Pétion et de Robespierre ; le petit Dauphin de son côté parut à un balcon des Tuileries, battant des mains comme pour montrer la joie inconsciente que lui inspirait le décret.

Tout le monde était satisfait, mais Mirabeau, le vendu, était flétri à jamais.

Il est assez intéressant de signaler en terminant cette

(1) *Mémoires de Mirabeau*, t VII, l VI.

semaine la proposition faite par Manuel à l'assemblée générale de la Commune. Manuel demandait que la tribune de cette Assemblée fût ouverte à tout le monde ou à peu près.

« Une idée me vient, écrivait-il, elle me semble bonne, je vous la dois. »

« Je désirerais qu'un jour de chaque semaine un étranger qui serait annoncé et cautionné par deux députés pût être admis comme nous, Messieurs, dans la lice des talents et des vertus. Il ne lui serait permis que de vous entretenir de nouveaux moyens de liberté et de bonheur. »

La Commune n'accepta pas cette proposition, qui cependant contenait une idée aussi généreuse que pratique et qui n'a jamais été appliquée depuis par aucune Assemblée délibérante ou parlementaire.

Du 27 mai au 2 juin 1790.

XXII

LE HAUT ET LE BAS CLERGÉ

Les curés et les prélats. — L'Assemblée a la procession. — Le nombre des prélats. — Mœurs épiscopales. — Un confessionnal capitonné de satin blanc. — Oh ! le joli moine ! — Les Bernardines licencieuses. — Les mignons du camail. — Le duel d'un évêque. — Les congruistes. — Un arbre de la liberté. — Une élection de curé. — Un anagramme.

Nous savons maintenant que les intrigues du clergé ne tendaient à rien moins qu'à jeter la France tout entière dans les désordres de la guerre civile ; mais il est important de faire ici une distinction et de ne pas confondre le haut et le bas clergé. Le haut clergé était, comme nous l'allons voir, composé de libertins sans foi ni loi, appartenant tous à la noblesse, pour qui la religion n'était qu'un moyen de s'approprier de riches bénéfices et de se procurer d'immenses revenus. Le bas clergé au contraire comprenait les simples curés qui, soumis aux prélats, souffrant de toutes les tyrannies, victimes des privilèges, en étaient réduits à la misère comme le restant du peuple d'où ils sortaient. Si les prélats et les quelques fanatiques poussés par eux, se faisaient les champions des idées sanguinaires et des menées criminelles, les simples curés restaient étrangers le plus souvent à ces agitations. C'est ce qui explique que dans les troubles de Nîmes, de Toulouse, de Montauban, dont nous avons parlé dans nos précédents chapitres, nous voyons de simples laïques monter en chaire pour exciter le peuple à la sédition, les curés s'étant refusé à se soumettre à ce rôle qu'ils désapprouvaient.

Les évêques tenaient pour le pouvoir absolu du roi, qui leur garantissait la libre disposition de leurs anciens bénéfices ; les curés se montraient favorables à la Révolution, les délivrant de la lourde chaîne que faisaient peser sur eux ces orgueilleux prélats et ces fanatiques débauchés.

Les députés du Tiers, devenus les députés de la gauche, voyaient d'un œil favorable les curés. C'est ainsi que sur l'invitation du curé de Saint-Germain-l'Auxerrois, l'Assemblée assistait, le 30 mai, à la procession de la Fête-Dieu, voulant ainsi prouver qu'elle n'entendait pas s'attaquer à la religion catholique, mais seulement détruire les abus et faire disparaître les iniquités des religieux.

En 1790, il y avait en France 2,800 archevêques, évêques, coadjuteurs, ou riches prébendés, qui tous, à qui mieux mieux, dévalisaient les bénéfices accordés exclusivement aux gens de cour par un évêque ayant la direction de ce qu'on appelait : la feuille des bénéfices.

Dès sept ans, quand on avait des aïeux et du blason, on pouvait être nommé titulaire d'une chapelle ; à dix ans, être promu au canonicat d'une collégiale, et à quatorze d'une cathédrale ; on pouvait être nommé abbé commendataire, c'est-à-dire abbé tonsuré, sans même recevoir les ordres de la prêtrise, à vingt-cinq ans ; enfin au même âge, s'il recevait les ordres, un noble était « curé primitif », percevant les revenus d'une cure dont il faisait faire le service par un servant à qui on donnait un traitement ridicule variant entre 300 et 700 livres; enfin à vingt-sept ans, un jeune gentilhomme pouvait être nommé évêque sans avoir exercé auparavant aucune fonction ecclésiastique.

Sauf cinq petits évêchés, la noblesse occupait, en 1790, tous les évêchés et archevêchés de France; de telle sorte que les biens et revenus de l'Église allaient aux cadets de la noblesse.

Voyons un peu l'usage qu'ils en faisaient :

M. de Dillon, évêque de Dreux, possédait un demi-million de revenu et l'employait à entretenir des palais somptueux et des équipages de chasse, avec piqueurs, meutes de chiens, etc. — M. du Barral, évêque de Troyes, poussait le raffinement jusqu'à se faire capitonner de satin blanc le confessionnal où il recevait les aveux des jolies mondaines de la ville.

M. le prince de Rohan, celui-là même qui fut le triste héros de la célèbre affaire du collier, évêque de Strasbourg, portait une aube, brodée de point à l'aiguille, valant plus de cent mille livres. Il tenait sa cour au château de Saverne, où il y avait sept cents lits toujours occupés par les seigneurs et les belles dames de la noblesse (1); sa maison se composait de cent quatre-vingts chevaux, quarante voitures, quatorze maîtres d'hôtel, vingt-cinq valets de chambre; la batterie de cuisine était en argent massif; en tout temps, on trouvait au château de Saverne, de vingt à trente

---

(1) Marquis de Valfons, *Mémoires*, p. 60.

femmes de la province, des plus jolies et des plus aimables. Le cardinal présidait les soupers qui avaient lieu tous les soirs à neuf heures (1); les soupers étaient suivis de bals auxquels l'évêque assistait dans son magnifique costume (2). Pour avoir le teint toujours frais, le prince-cardinal prenait à son lever un bain de lait qui lui rendait la peau douce (3).

Les abbés, dans leurs abbayes, menaient une vie à peu près pareille suivant les revenus de leurs bénéfices.

A Clairvaux, Don Raucourt, d'une galanterie proverbiale (4), donnait des fêtes, et souvent quand des moines se rendaient à l'office du matin, ils entendaient le bruit de la musique dans les appartements de leur abbé, où avaient lieu des bals. Don Raucourt ne sortait qu'en voiture à quatre chevaux avec un piqueur en avant. C'est en apercevant ce singulier abbé nommé député du clergé aux États Généraux que Marie-Antoinette laissa échapper ce cri :

— Oh! le joli moine!

M. Taine, l'académicien royaliste qui a écrit cinq volumes contre la Révolution, ne peut s'empêcher de constater que « les vingt-cinq chapitres nobles de femmes et les dix-neuf chapitres nobles d'hommes sont autant de salons permanents et de rendez-vous incessants de belle compagnie qu'une mince barrière sépare à peine du grand monde où ils se sont recrutés (5). »

(1) De Levis, p. 156.
(2) Mme d'Oberkirk, I, 187, II-360.
(3) M. Wallon, p. 80.
(4) Beugnot, I, 79.
(5) Taine. Les *origines de la France contemporaine*, p. 159.

Barrière bien mince, en effet, et, qui n'empêchait pas, à Grandselve, les Bernardines de fêter saint Bernard par quinze jours de chasses, danses et comédies. Ce couvent comprenait un quartier pour les dames, qui était, dit le même royaliste, M. Taine, « pourvu de tout ce qu'il faut pour la toilette, et l'on dit même qu'aucune d'elles n'avait besoin d'amener son officier. »

L'évêque de Toul avait amené de Paris de jolis chanoines surnommés « les mignons du camail », qui couraient les rues avec des dames et les bals masqués en carnaval.

A la veille de la Révolution, l'évêque de Nancy, M. de la Tour du Pin donnait de grandes soirées musicales et dansantes; les curés de la ville étaient obligés de faire une démarche auprès de lui pour le prier de suspendre, pendant le carême, ces soirées, sujet de scandale pour tous les fidèles.

L'évêque d'Arras, M. de Corzié, surpris à quatre heures du matin chez une de ses belles pénitentes, par un officier aux gardes, amant favori de la dame, endossait un habit laïque, et les deux rivaux descendaient dans le jardin où ils échangeaient un coup d'épée. M. de Champion de Cicé, archevêque de Bordeaux, donnait aussi des fêtes splendides présidées par une dame très belle et très noble, sa maîtresse en titre. M. de Clermont, abbé de Berny, laissait faire les honneurs de ses grands dîners par la célèbre danseuse de l'Opéra Mademoiselle Leduc.

Nous n'en finirions pas si nous voulions citer d'autres exemples; ceux que nous avons énumérés suffisent pour donner une idée de la conduite de l'épiscopat en 1790.

Au-dessous de ces privilégiés, de ces riches prébendés se

trouvaient les pauvres curés de paroisse et de campagne, roturiers qui mouraient littéralement de faim, au nombre de cinquante mille environ, réduits à ce que l'on appelait alors « *la portion congrue* ». La cure ou le bénéfice appartenait à un noble et riche, prébendé ayant sous ses ordres ces curés, sortes de servants qui, faisant toute la besogne, étaient payés d'une façon dérisoire, et luttaient eux aussi pour la vie.

Les évêques avaient pour ces simples curés le plus profond mépris. L'un d'eux les désignait dédaigneusement « ces tas de manants trempés dans l'encre. » Un autre rentrant de tournée pastorale, revenant dans son château où une société de dames l'attendait, s'écriait en secouant sa soutane violette.

— N'approchez pas de moi, mesdames, je pue le curé d'une lieue à la ronde !

En 1789, l'abbé Laurent résumait ainsi dans un *Essai sur la réforme du clergé* la situation minable de ces déclassés de sacristie : « Nous, malheureux curés à portion congrue, nous dont le sort fait crier jusqu'aux pierres, nous subissons des prélats qui feraient encore quelquefois faire par leurs gardes un procès au pauvre curé qui couperait dans leurs bois un bâton, son seul soutien dans ses longues courses par tout chemin. »

On comprend dès lors que le bas clergé de cette époque fût favorable aux idées nouvelles d'où il attendait lui aussi la délivrance.

Plusieurs curés patriotes se montrèrent très ardents dans leurs revendications de la liberté. C'est ainsi que celui de Saint-Gaudent, en Poitou, organisa le jour de la forma tion de la municipalité, une manifestation touchante. Il fit arracher dans la forêt voisine un jeune chêne qui fut transporté sur la place du village où les jeunes gens des deux sexes le transplantèrent. Le curé prononça ensuite un discours sur les avantages de la liberté.

Tous les citoyens de la paroisse qui avaient des procès, consentirent à les terminer, sur la demande du digne prêtre, par arbitres, et le soir toutes les ouailles de cette paroisse prirent part à un dîner fraternel en commun.

Les citoyens commençaient du reste à se lasser de la tyrannie des prélats : le 27 mai 1790, le curé d'une paroisse des environs d'Auxerre étant mort, les habitants s'assemblèrent à l'hôtel de ville et procédèrent eux-mêmes à l'élection d'un pasteur. La voix publique désigna un vieil ecclésiastique vivant retiré dans le canton, entouré de l'estime de tous (1). La municipalité envoya le procès-verbal de cette élection à l'Assemblée nationale, qui commençait précisément à discuter la constitution civile du clergé, dont nous allons avoir à nous occuper.

Tel était l'état du clergé au moment où la Révolution voulut le réformer et le mettre d'accord avec les grands principes des Droits de l'homme. Beaucoup se montrèrent les partisans résolus et souvent enthousiastes des décrets de l'Assemblée nationale; l'un d'eux fit sur elle cet anagramme : *l'Assemblée nationale, les ânes la blâmaient.*

(1) *Chronique de Paris.*

Du 3 au 9 juin 1790.

XXIII

LA CONSTITUTION DU CLERGÉ

Les sceptiques s'allient aux vieux catholiques. — Camus. — But des réformateurs catholiques. — Colère des prélats. — Erreur de Robespierre. — La bonne foi. — Longue discussion. — Principes adoptés. — Le serment des prêtres. — Anathème lancé par Rome. — Résultats de la Constitution. — Retour indispensable aux principes.

On pourrait s'étonner de voir la majorité de la gauche de l'Assemblée nationale, en grande partie composée de philosophes et de sceptiques en matière religieuse, voter une constitution du clergé, et par cela même créer une place importante dans l'État à la religion et aux religieux.

On pourrait être surpris de voir les disciples de Voltaire et de Diderot, qui avaient tant raillé le Dieu des catholiques et tant persiflé les prêtres, s'occuper de donner des lois favorisant les églises et la prédication de ses ministres.

Mais pour s'expliquer cette contradiction il faut jeter un coup d'œil sur cette gauche de l'Assemblée ; nous y verrons à côté des sceptiques, des philosophes, des persifleurs et des railleurs dont nous parlons, des hommes au visage

(1) *Chronique de Paris.*

sévère et à la croyance enracinée dans le cœur, ayant toujours soutenu et défendu toutes les mesures favorables à la liberté et à la révolution, nous y verrons des catholiques fervents ayant rendu de réels services en votant contre le despotisme et contre les privilèges, nous voulons parler de ce parti de vieux catholiques ayant pour chef Camus, un avocat fermement attaché aux doctrines des jansénistes ; ces hommes rêvaient de régénérer la religion catholique en lui infusant les vieux principes égalitaires de la primitive Église.

Cette partie de l'Assemblée voulait établir l'égalité dans la religion, comme les philosophes voulaient la faire régner dans la société ; le principe était le même, appliqué à un but différent.

Aussi les philosophes soutinrent les chrétiens jansénistes dans leur lutte contre les abus que nous avons signalés dans notre précédent chapitre et, de cette façon, ils reconnurent en quelque sorte les services que leurs collègues avaient rendus à la cause de la Révolution, dont, dès le début, ils s'étaient montrés les auxiliaires utiles et ardents.

Ce fut Camus qui mena toute la campagne et prépara les diverses mesures législatives devant former *la constitution civile du clergé*, constitution qui créait, en faveur des prêtres, tous les avantages exorbitants que le Concordat devait plus tard consacrer.

Camus était né à Paris en 1740 : il avait été avocat du clergé de France au Parlement ; jurisconsulte estimé et lettré érudit, il faisait partie de l'Académie des Inscriptions et Belles-Lettres. La ville de Paris l'envoya comme député aux Etats Généraux. Il fut un des premiers à prêter le serment du jeu de Paume ; à un grand amour de la liberté, il joignait une très grande piété. Camus avait rêvé, comme tant d'autres après lui, de réaliser ce projet impossible : la constitution d'une Église gallicane, indépendante de Rome, gouvernée par des évêques patriotes, mettant l'intérêt de leur patrie au-dessus des intérêts et des agiotages de la curie romaine.

En attendant, Camus et ses amis commencèrent par délimiter leur champ d'action, par bien préciser leur but, qui était non pas de réformer, en quoi que ce fût, le dogme, mais de régler les rapports du clergé avec la constitution nouvelle ; ils voulaient supprimer les scandaleux abus de l'administratione cclésiastique, faire concorder les divisions épiscopales avec les divisions territoriales de la France et enfin ramener la hiérarchie sacerdotale à l'élection comme cela avait eu lieu dans la primitive Église et comme cela se pratiquait en France dans le domaine politique.

Ils voulaient supprimer ces évêchés rayonnant sur quinze cents lieues carrées au préjudice d'autres qui n'en avaient que douze ou quinze ; ils étaient opposés à ces paroisses comprenant jusqu'à cinquante mille âmes, quand, à côté, il s'en trouvait qui n'en comptaient que cinquante ou soixante. Les réformateurs adoptèrent comme principe l'établissement d'une paroisse par commune et d'un évêché par département.

Quant au salaire il devenait égal pour tous les prêtres de même rang : à travail égal correspondait une rémunération égale.

Enfin le droit de nomination passait du roi au peuple, qui élisait à toutes les fonctions ecclésiastiques ; ainsi disparais sait ce honteux spectacle d'un abbé de Bernis créé cardinal parce qu'il avait consenti à charmer la nuit d'amour d'une célèbre courtisane. On ne verrait pas davantage les maîtresses en titre des évêques disposant de tous les bénéfices et de toutes les cures en faveur de leurs mignons de couchette et de leurs favoris, comme cela avait lieu, au vu et au su de tout le monde, notamment à Narbonne, Metz, Bordeaux et Montauban.

On comprend les colères des évêques et des prélats en présence de cette proposition.

Les philosophes du côté gauche de l'Assemblée laissèrent aux vieux catholiques le soin de défendre leurs théories et se contentèrent de voter contre les royalistes sans se mêler au débat. Seul, Robespierre se départit de cette réserve et prit une part active à la discussion ; imbu des idées de Rousseau, il rêvait de voir un peu partout des « vicaires savoyards », prêchant la morale au peuple : aussi, de sa sa parole, souvent éloquente, il appuya les propositions de Camus.

Ce fut, de la part de Maximilien, un excès de sentimentalisme, et pour sa mémoire, nous préférerions qu'il se fût abstenu de monter à la tribune dans le cours de cette longue discussion. Mais de là, étant données les circonstances que nous connaissons, peut-on aller jusqu'à accuser Robespierre d'avoir obéi à de secrets sentiments de dévotion ou à des vues ambitieuses prévoyant les services que, dans l'avenir, pourraient lui rendre les prêtres? Nous ne le pensons pas.

Robespierre avait le tort de croire à l'utilité d'une religion pour enseigner la morale, et il a inventé cette théorie impossible qui s'appelle Religion civile, deux mots accouplés et qui se contredisent ; aussi saisit-il avec empressement l'occasion qui lui est offerte de faire appliquer ses idées, toutes de théorie et de sentiment, qui devaient le pousser plus tard à faire, à la Convention, cette proposition étrange établissant le culte de la Raison et la fête de l'Être suprême.

Donc, que Maximilien ait obéi à des motifs de sentimentalité faux et exagérés, cela est indiscutable ; mais qu'il ait agi par croyances religieuses ou par spéculation, c'est ce contre quoi il est de toute justice de protester au nom même de la réalité des faits.

La discussion fut très longue et très orageuse ; malgré l'opposition énergique et désespérée des nobles, des prélats, la constitution civile fut adoptée, consacrant les principes de Camus, que nous avons exposés plus haut.

Il fut créé un siège épiscopal par département et une paroisse par commune.

Les évêques et curés furent soumis à l'élection.

Le traitement des évêques fut fixé à cinquante mille livres à Paris, à vingt mille en province pour les villes de plus de cinquante mille âmes, et à douze mille dans celles au-dessous ; les curés devaient toucher de six mille à douze cents livres, suivant l'importance des cures.

L'État s'engageait à payer ainsi une somme annuelle de soixante-dix-sept millions par an.

Enfin les prêtres et les évêques devaient prêter le serment général et solennel « de veiller sur les fidèles du diocèse (ou de la cure) qui leur était confié, d'être fidèles à la nation, à la loi et au roi, et de maintenir de tout leur pouvoir la constitution décrétée par l'Assemblée nationale et acceptée par le roi. »

Prenez les divers termes de ce serment, vous n'y trouverez rien qui puisse blesser la conscience la plus susceptible d'un catholique fervent. Cependant, poussée par les nobles de France et les jésuites, la cour de Rome déclara ce serment incompatible avec la foi, en fit un cas de conscience pour les membres du clergé, et, de cette façon, cette constitution civile, destinée à attacher les prêtres à la Révolution, ne fit que les en éloigner, même ceux qui jusque-là s'étaient déclarés les partisans des idées nouvelles.

Ces pauvres curés, placés entre leurs croyances religieuses et leur foi politique, entre l'Église qui les anathématisait et la Révolution qui les attirait, n'hésitèrent pas pour la plupart ; ils se soumirent et, pour ne pas être apostats, ils courbèrent la tête, continuèrent à être esclaves, soutenant ceux qui les tyrannisaient contre ceux qui voulaient les émanciper et les rendre libres.

Ainsi donc, cette condescendance des philosophes pour leurs collègues, les jansénistes, va causer à la Révolution ces terribles embarras qui doivent contribuer pour une large part à jeter la France dans les excès de la Terreur et ce sera là le châtiment de ces hommes bien intentionnés, punis pour avoir manqué aux principes d'égalité et pour avoir transigé avec la religion catholique, cette force brutale dont on ne vient à bout qu'en ne lui faisant aucune concession, en ne lui accordant aucun privilège, en la soumettant au droit commun, qui se résume d'un seul mot: La séparation de l'Église de l'État. Cette séparation qu'on dut établir plus tard, qui dura sept ans et à laquelle nous devrons revenir, si nous voulons un État libre en dépit de ce pouvoir spirituel tyrannique.

Du 10 au 16 juin 1790.

XXIV

MENUS FAITS

Le roi part pour Saint-Cloud. — Projets et plan de fuite. — Vente de la bibliothèque de d'Holbach. — Les vols de couverts d'argent. — Débuts d'un Bénédictin au théâtre. — Naissance de la sténographie parlementaire. — La mort de Franklin. — Deuil public. — La cérémonie du café Procope. — L'Assemblée vote le projet d'une fédération. — La province stimule Paris. — Les Fédérations de province.

Pendant qu'on discutait cette constitution civile du clergé, dont nous avons assez longuement parlé pour n'avoir pas à y revenir, Louis XVI faisait part à l'Assemblée de son intention d'aller passer l'été à Saint-Cloud ; les députés n'élevaient aucune objection, trouvant tout naturel que le roi allât prendre le frais sous les ombrages de ce château, puisqu'il était incommodé par les grandes chaleurs.

Le ministre M. de La Tour-Dupin, à la tribune, déclara de son propre mouvement, sans qu'aucune question lui fût posée à ce sujet, que le roi viendrait assez fréquemment pour communiquer avec l'Assemblée ; le ministre demanda même que la garde nationale voulût bien continuer à Saint-Cloud le service qu'elle faisait déjà à Paris auprès du monarque.

Cette promesse spontanée et cette demande allaient au-devant des doutes que l'on prévoyait et des craintes qui auraient pu se manifester dans les clubs au sujet de la fuite possible de la famille royale. Par avance, les royalistes semblaient dire : Vous n'avez nulle suspicion à concevoir puisque le roi viendra se mettre en rapport avec l'Assemblée chaque fois qu'il sera nécessaire et vous ne le perdrez pour ainsi dire pas des yeux ; d'un autre côté la garde nationale sera là.

La garde nationale alla donc faire sentinelle à Saint-Cloud et nous avons su depuis, par les lettres qui ont été retrouvées, par les *mémoires* qui ont été publiés, que ce voyage avait eu surtout pour but de permettre au roi de fuir, ce qui était alors d'une grande facilité, Louis XVI ayant obtenu de sortir sans gardes et d'être seulement accompagné par un aide de camp de Lafayette. Le ménage royal partait fréquemment bras dessus bras dessous, allant, avec les enfants de France, chercher des fraises dans les bois et tous ne rentraient qu'à huit ou même neuf heures du soir.

Souvent on parlait du fameux départ auquel tout ce monde, à la cour, était bien décidé. On s'était même arrêté à un projet qui paraissait devoir réussir. La famille royale se rendrait dans un bois à quatre lieues de distance de Saint-Cloud, d'où une grande berline devait l'emporter. Le service du château attendrait facilement, sans s'inquiéter, jusqu'à neuf heures du soir, puisque la famille ne rentrait quelquefois qu'à cette heure-là. Le roi laisserait sur son bureau une lettre pour le président de l'Assemblée nationale. Cette lettre ne pouvait être remise à Paris que vers dix heures au plus tôt. L'Assemblée alors, n'étant pas réunie, le temps de trouver le président chez lui, on atteindrait minuit avant que les députés fussent convoqués ; et quand les courriers partiraient pour arrêter le roi, celui-ci aurait déjà eu une avance de sept à huit heures. Tel était le plan fort simple qui avait été imaginé et devait être tenté dans le courant de juin ; mais au moment de le mettre à exécution, Louis XVI en fut empêché par l'idée que Mesdames resteraient ensuite en butte aux colères du peuple ; il décida de ne partir que lorsque ses tantes auraient pu quitter la France.

Pendant que l'Assemblée continue ses travaux, si nous regardons les petits côtés de la vie populaire à Paris, nous voyons, le lundi 14 juin, la vente de la bibliothèque du baron d'Holbach, qu'on avait appelé *le maître d'hôtel de la philosophie* parce qu'il était très riche et donnait aux philosophes de nombreux et somptueux dîners. La vente ne produisit presque rien et plusieurs éditions des auteurs du dix-septième siècle, aujourd'hui couvertes d'or quand elles passent sous les marteaux des commissaires-priseurs, furent adjugées en bloc, pour quelques assignats.

La gêne était du reste trop grande : on avait d'autres soucis que d'acquérir des éditions rares dont le goût n'était pas encore répandu. Ceux qui auraient pu acheter, abbés ou privilégiés, étaient dépossédés de leurs rentes et bénéfices. Beaucoup même avaient recours à des moyens suspects pour se procurer des ressources ; c'est ainsi qu'on se plaignait d'un vol très répandu et qui consistait à emporter de chez les restaurateurs les couverts d'argent, en laissant à la place des couverts en cuivre argenté. Les registres de la police mentionnent ce genre de vol par centaines durant le seul mois de juin.

Cette semaine débuta, au Théâtre de Monsieur, un jeune homme sorti, en vertu de décrets, à la fin du mois de février, d'un couvent de bénédictins. Ce jeune comédien qui devait aller mourir riche banquier à New-York, se nommait Rousselet. Il débuta dans le rôle d'Oronte des *Ruse de Frontin*. Les journaux de l'époque lui reconnaissent du talent et de la beauté physique, mais lui reprochent son affectation, qu'ils mettent sur le compte de son séjour aux Bénédictins. Passer en trois mois du cloître sur la scène, échanger la robe de novice pour le pourpoint de jeune premier, voilà certes qui nous donne un des traits de cette époque où tout marchait avec une très grande rapidité.

Tout allait si vite, qu'on voulut essayer de retenir quelques-uns des discours improvisés à la tribune dans la fièvre des discussions, et le 11 juin on fit, dans une des galeries de l'Assemblée, en présence d'une commission de députés nommée à cet effet, l'essai d'un système préconisé par Roublet, Prudhomme et Maubach et qui devait écrire aussi vite que la parole, méthode d'où devait sortir la sténographie. Cet art de saisir la parole au vol était connu dès la plus haute antiquité, et l'académie des sciences de Paris avait dû s'en occuper en 1787 ; les expériences nouvelles, auxquelles fit procéder l'Assemblée, donnèrent d'assez bons résultats. A partir du 15 novembre suivant, les auteurs d'un autre procédé obtinrent de l'Assemblée une tribune spéciale pour mettre en pratique leur invention. « Une vaste loge était pratiquée derrière le fauteuil du président, en face de la tribune des orateurs. De jeunes scribes, au nombre de quatorze ou de douze au moins, étaient rangés autour d'une table ronde. Chacun avait devant soi une provision de bandes longues et étroites de papier, divisées par raies dans un même nombre de compartiments, et portant chacune un numéro d'ordre correspondant au rang des collaborateurs. Quelques mots de la première phrase du discours prononcé à la tribune étaient saisis par l'écrivain N° 1, qui, par un coup de coude ou tout autre signal, avertissait le N° 2 de recueillir les mots suivants. Le N° 2. après avoir exécuté sa tâche, transmettait le signal à son camarade le N° 3, qui prenait son contingent et avertissait le N° 4; et ainsi de suite jusqu'au numéro 14 et dernier. Alors le N° 1 remplissait la seconde ligne de la même bande de papier et ses camarades en faisaient autant. Les premières bandes étiquetées de 1 à 14 étant épuisées, on prenaient les deuxièmes bandes, puis les troisièmes bandes jusqu'à ce que l'improvisateur, faisant place au lecteur d'un discours écrit, les écrivains logographes pussent se reposer d'un travail assidu et qui exigeait une grande contention d'esprit.

« A mesure que les bandes se trouvaient remplies, on les passait à des copistes qui les mettaient au net en corrigeant autant que possible les erreurs et les livraient à l'impression (1). »

Ce fut le 11 juin qu'arriva à Paris la nouvelle de la mort de Franklin. Mirabeau, chez qui le génie mêlait les sentiments les plus bas comme les plus élevés, monta à la tribune et, dans une magnifique motion, proposa à ses

---

(1) Breton. — Article *Logographie*. — *Dict. de la Conversation*.

collègues de prendre le deuil pendant trois jours ; cette proposition fut votée et la séance levée en signe de douleur.

La ville de Paris se joignit à l'Assemblée pour manifester ses sentiments de sympathie envers l'illustre mort ; les hommes et les femmes portèrent des crêpes noirs à leurs chapeaux et à leurs coiffes ; les loges maçonniques se réunirent en tenues funèbres. Des cérémonies eurent lieu dans plusieurs établissements publics, notamment au café Procope, où on avait élevé un cénotaphe à Franklin, devant lequel l'avocat Lafitte prononça l'éloge du fondateur de la liberté américaine, en présence de nombreux délégués des sociétés patriotiques.

L'Assemblée venait, sur la proposition de Bailly, de voter que le 14 juillet aurait lieu à Paris une grande fédération à laquelle assisteraient des délégués de toutes les provinces. Les députés n'avaient consenti à cette proposition qu'avec beaucoup de difficultés et comme à contre-cœur ; ils craignaient que la fête proposée ne réussît pas avec l'éclat qu'ils désiraient voir aux fêtes nationales. Leurs désirs devaient être dépassés car jamais peuple ne donna plus magnifique spectacle que celui de cette fédération de 1790 dans laquelle la France tout entière va se réunir pour pousser le même cri de délivrance et de liberté.

Et à ce sujet il n'est pas inutile de faire remarquer que la province, dans cette circonstance, donna l'exemple à Paris. Depuis plusieurs mois, en effet, des fêtes analogues avaient eu lieu dans toutes les parties de la France et on peut dire que c'est sur les invitations réitérées, sous l'impulsion des villes de province, que Paris se décide à songer à cette fédération qu'elle va organiser avec cette merveilleuse grandeur que seul Paris sait donner à ses manifestations publiques.

La province devança la capitale, disons-nous, et en effet, dès le mois de novembre 1789, alors qu'existaient encore les anciennes divisions territoriales, quatorze villes de la Franche-Comté : Arbois, Beaune, Besançon, Dôle, Gray, Lons-le-Saunier, Orgelet, Ornans, Poligny, Pontarlier, Quingey, Saint-Claude, Salins et Vesoul, formèrent un pacte pour s'opposer à l'accaparement des grains. Dijon adhéra à ce pacte; et comme le succès avait répondu aux efforts de ces villes vaillantes, des citoyens se réunirent pour se féliciter de la réussite de l'œuvre commune et ce fut là l'origine de la première fédération.

Le 23 novembre 1789, une grande idée de fraternité réunit autour d'un même autel, dressé dans la plaine de l'Etoile, près du Rhône, les gardes nationales de Valence, de Châteauneuf-d'Isère, de Saint-Marcel, de Fauconnier, de Plovier, de Loriol, de Livron, de Saillant, de Pouzin, de Beauchastel, de la Voute, et tous prêtèrent ce serment qu'il faut reproduire en entier tant l'idée qui l'a inspiré est superbe et sublime.

« Nous, citoyens français de l'une et de l'autre rive du Rhône, depuis Valence jusqu'à Pouzin, réunis fraternellement pour le bien de la cause commune, jurons sur nos cœurs et sur ces armes consacrées à la défense de l'État, de rester à jamais unis, abjurant désormais toute distinction de province, offrant nos bras, nos fortunes et nos vies à la patrie, ainsi qu'au soutien des lois émanées de l'Assemblée nationale ; jurons d'être fidèles au monarque qui a tant de titres à notre amour ; jurons de nous donner mutuellement toute assistance pour remplir des devoirs aussi sacrés et de voler au secours de nos frères de Paris ou des autres villes de France qui seraient en danger pour la cause de la liberté. »

Avec le printemps et les fleurs, une explosion de fraternité fit éruption dans tout le pays et, de tous côtés, les fédérations locales s'organisèrent à Metz, Strasbourg, Pontivy, Orléans, Limoges, Lyon, etc.

Pendant qu'à Nîmes les catholiques essayaient de renouveler les assassinats dont ils avaient ensanglanté la ville quelques jours auparavant, à quelques lieues de là, à Saint-Jean-du-Gard, au milieu de ces Cévennes où tant de martyrs avaient été massacrés, avait lieu un spectacle touchant : le curé et le pasteur s'embrassaient dans l'église ; les protestants menaient le curé entendre le prêche dans leur temple, et les catholiques conduisaient le pasteur à l'église où il assistait à l'office à la place d'honneur.

Il serait facile de multiplier l'énumération de traits semblables, mais à quoi bon ? c'est la France entière qui tressaille, c'est le pays qui acclame la liberté, c'est la Patrie qui proclame le dogme de la Fraternité !

Grands exemples, sublimes leçons, qu'êtes-vous devenus ?

Du 17 au 23 juin 1790.

XXV

ABOLITION DES TITRES DE NOBLESSE

Célébration de l'anniversaire du 17 juin. — Le Club de 89. — Les dames de la Halle couronnent Bailly de fleurs. — « La consolation » chantée par les célébrités révolutionnaires. — Piis. — Clootz a l'Assemblée. — La délégation des étrangers. — Modification a la statue de Louis XIV. — Proposition de la suppression des titres de noblesse. — Attitude de La Fayette. — Noms patronymiques des ci-devants. — Les savonnettes-a-vilains.

Il y avait aujourd'hui un an, ce 17 juin, que l'Assemblée nationale avait été constituée et cette date était célébrée dans Paris par de nombreux banquets, précédant ceux qui devaient avoir lieu le 14 juillet, jour de la grande Fédération à laquelle on commençait à se préparer de tous côtés.

Le banquet, sinon le plus nombreux, au moins le plus important, fut celui du Club de 89, qui eut lieu au Palais-Royal avec un luxe et un éclat rappelant les fêtes royales

Ce club de 89 avait été fondé par Bailly, La Fayette, Sieyès, Le Chapellier, Mirabeau, qui trouvaient les doctrines des Jacobins un peu trop avancées.

Les dames de la Halle furent admises au dessert, elles présentèrent de gros bouquets aux principaux invités; elles posèrent même une couronne de roses sur la tête de Bailly.

Dans le jardin du Palais-Royal, la foule nombreuse réclamait, à grands cris, que l'on entonnât une chanson alors très à la mode dont Piis était l'auteur et dont l'intention vaut mieux que les vers pitoyables. Nous donnons ces couplets en entier à titre de curiosité historique. Elle fut chantée au balcon du Club de 89 tour à tour par Bailly, La Fayette, Mirabeau, Taillerand, évêque d'Autun, tandis que le peuple répétait en chœur le dernier vers :

LA CONSOLATION
Air : *des Dettes*

Les traîtres à la nation
Craignent la fédération :
C'est ce qui les désole :
Mais aussi depuis plus d'un an,
La liberté poursuit son plan :
C'est ce qui nous console.

L'instant arrive où pour jamais
Vont s'éclipser tous leurs projets.
C'est ce qui les désole ;
Et l'homme va par ses lois,
Rétablir l'homme dans ses droits :
C'est ce qui nous console.

Il arrive souvent qu'au bois
On va deux pour revenir trois,
Dit la chanson frivole.
Trois ordres s'étaient assemblés,
Un sage abbé les a mêlés :
C'est ce qui nous console.

Quelques-uns regrettent leurs rangs,
Leurs croix, leurs titres, leurs rubans ;
C'est ce qui les désole :

Ne brillons plus, il en est temps,
Que par les mœurs et les talents :
C'est ce qui nous console.

Sans doute on fera moins de cas
Et des cordons et des crachats :
C'est ce qui les désole ;
Mais les lauriers, mais les épis,
Les feuilles de chêne ont leur prix :
C'est ce qui nous console.

On en a vu qui, tristement,
N'ont fait qu'épeler leur serment,
C'est ce qui nous désole ;
On va le faire à haute voix,
De bouche et de cœur à la fois :
C'est ce qui nous console.

Piis, l'auteur de cette rapsodie dont il faut pardonner la forme, en faveur du fonds, avait obtenu de tels succès à la comédie Italienne que les acteurs de ce théâtre, qu'il enrichissait par ses productions, lui faisaient une pension de quatre mille livres par an. Il fut un des fondateurs du théâtre du Vaudeville, et, plus tard, secrétaire général de la préfecture de la Seine.

Le 19 juin, l'Assemblée, après avoir reçu une députation de vainqueurs de la Bastille, vit arriver à sa barre le baron Anacharsis Clootz, accompagné d'une délégation d'étrangers, composée d'Anglais, de Prussiens, de Siciliens, de Russes, de Polonais, d'Allemands, de Suédois, d'Italiens, d'Espagnols, de Brabançons, de Liégeois, d'Avignonnais, de Suisses, d'Indiens, d'Arabes, de Chaldéens, « *et cœtera* »...

ajouta le président de l'Assemblée après avoir lu cette longue nomenclature.

Ces étrangers parurent dans leur costume national, Clootz parla en leur nom. Après avoir rendu hommage à la sagesse de la France, il demanda que les étrangers, « hommes libres dont la Patrie est dans les fers », pussent assister aussi à la grande fête de la Fédération.

— Nous attendrons, messieurs, disait-il en terminant, dans un respectueux silence, le résultat de vos délibérations sur la pétition que nous dicte l'enthousiasme de la liberté universelle.

Cette demande fut accueillie par des acclamations unanimes; l'impression du discours de Clootz fut ordonnée. Le président, en faisant connaître ce résultat à la délégation, lui dit :

« L'Assemblée nationale vous permettra d'assister à la fédération de la France armée; mais elle y met une condition; c'est que, lorsque vous retournerez dans votre patrie, vous raconterez à vos concitoyens ce que vous avez vu (1). »

Un Turc voulut remercier ; mais, remarque le compte rendu officiel, la difficulté avec laquelle le fils de la Sublime Porte prononçait le français ne permit pas de retenir son discours.

Alexandre de Lameth monta ensuite à la tribune pour demander que le jour où les députés de toutes les provinces se rassembleraient, pour jurer fidélité à cette constitution qui promettait à tous les Français la liberté et

---

(1) *Moniteur.*

l'égalité, on écartât toute idée d'humiliation et de servitude. En conséquence, il fit la motion que la figure des quatre provinces (Franche-Comté, Lorraine, Alsace et Roussillon) qui étaient représentées enchaînées, comme les images de peuples tributaires, au pied de la statue de Louis XIV, fussent enlevées pour le 14 juillet.

Après quoi Lambel, député de Villefranche-de-Rouergue, sans que rien fît prévoir une pareille proposition, demanda qu'il fût défendu à l'avenir à qui que ce fût de prendre des qualités de comte, marquis, baron, etc... C'était purement et simplement proposer l'abolition des titres de noblesse.

Le marquis de la Fayette vint à la tribune pour annoncer qu'il croyait cette motion tellement nécessaire, qu'il ne pensait pas qu'elle eût besoin d'être appuyée, mais que, si elle en avait besoin, il s'y joindrait de tout cœur.

Un marquis de Foucault essaya de s'opposer à cette mesure, disant qu'on n'avait pas le droit d'enlever à une famille ce qui lui avait été donné comme récompense d'action d'éclat :

— Comment récompenser, disait-il, quelqu'un dont le nom peu connu obtint des lettres en ces termes : « Un tel fait noble et comte pour avoir sauvé l'État à telle heure ! »

La Fayette, que cette question semblait tenir fort à cœur, répondit :

— Au lieu de dire : « a été fait noble », on dira « a sauvé l'État. »

Goupil de Préfeln, résumant l'opinion de la majorité, déposa la proposition suivante : « Les titres de duc et pair, comte, vicomte, baron, marquis, chevalier, et tout autre titre attaché aux terres ci-devant féodales et seigneuriales, sont abolis et ne pourront jamais être rétablis. Tous titres honorifiques, héréditaires sont abolis, et toutes les lois qui ont pour objet les distinctions héréditaires sont abrogées. Ceux qui, contrevenant aux dispositions ci-dessus énoncées, prendront, en quelque acte public ou privé, des titres abolis, seront condamnés à 1,000 livres d'amende, et seront rayés, pendant un an, de la liste des citoyens actifs. Toute loi, ordonnance, titre, règlement, charte de fondation, en un mot, toutes les dispositions suivant lesquelles des associations et congrégations étaient réservées à certaines personnes et à certains titres, sont abolies.

« Toutes qualifications de Nosseigneurs et Messeigneurs sont abolies, sauf l'exception déterminée ci-après. — Ceux qui s'adresseront, soit à l'Assemblée nationale, soit au roi, soit à quelque tribunal ou assemblée administrative, ne pourront leur donner d'autre appellation que celle de Messieurs. — Le titre de Monseigneur ne pourra être donné à personne, de quelque état et de quelque rang qu'il soit, sauf l'exception des princes du sang. »

La Fayette intervint encore pour protester contre le titre de Monseigneur conservé aux frères du roi, qui, dit-il, « ne sont que des citoyens actifs comme les autres. »

Messieurs de Noailles, de Montmorency, deux représentants de la plus ancienne noblesse de France, parlèrent en faveur de la suppression des titres, et malgré les protestations aussi bruyantes qu'éloquentes de l'abbé Maury — le fils d'un petit cordonnier — la suppression fut prononcée.

Dépouillés des noms des terres possédées par leurs

familles, ils reprirent leurs noms patronymiques ; c'est ainsi que *Montmorency* ne fut plus que *Bouchard; Richelieu, Vignerot ; La Rochefoucauld, Vert ; Saint-Priest, Guinard ; La Fayette, Mottié ; Mirabeau, Riquetti.*

Ce sacrifice fut surtout pénible et douloureux pour quelques gentilshommes de récente noblesse ayant acheté leurs titres peu d'années avant et étant devenus nobles à l'aide de ce qu'on appelait des savonnettes à vilains.

Les titres de noblesse avaient coûté jusqu'à 80,000 francs, car le gouvernement de Louis XVI s'était vu obligé de faire un grand trafic, surtout pendant la guerre d'Amérique, le besoin d'argent s'étant fait vivement sentir.

Du 24 au 30 juin 1790.

XXVI

AVIGNON SE DONNE A LA FRANCE

Séance du 16 juin. — Députation avignonnaise. — Discours des députés. — Enthousiasme et acclamations. — Réponse banale du président. — Exclamation de Robespierre. — Coup d'œil historique. — Comment les papes s'emparèrent d'Avignon. — Les crimes de la reine Jeanne. — Louis XIV. — Avignon en 1789. — Les papistes et les patriotes. — Rivalité de Carpentras. — Guerre civile. — Prise de Cavaillon. — Les Parisiens se passionnent pour Avignon. — Hésitations de l'Assemblée.

Le 26 juin 1790, un grand silence se fit dans le sein de l'Assemblée : le président venait de donner l'ordre aux huissiers d'introduire les députés des Avignonnais admis à la barre.

Les Avignonnais s'avancèrent, pendant que les tribunes et l'Assemblée applaudissaient frénétiquement l'entrée de ces vaillants méridionaux qu'on ne raillait pas alors, dans ces jours de foi patriotique, comme depuis ont pris la coutume de le faire de petits plaisantins à l'esprit court et à l'épigramme facile ; ils s'avancèrent, ces patriotes du Comtat, et l'un d'eux, d'une voix vibrante et chaude, avec un fort accent provençal, prononça un discours qui fut plusieurs fois interrompu par les acclamations de l'Assemblée.

— Envoyés vers vous, dit-il, par un peuple libre, indépendant et souverain, ce n'est pas en vain que nous venons jurer une fidélité inviolable à la nation.

Après avoir fait allusion aux travaux accomplis par l'Assemblée nationale, l'orateur ajouta :

— Placés au milieu de la France, ayant les mêmes mœurs, le même langage, nous avons voulu avoir les mêmes lois ; à peine avez-vous déclaré que tous les hommes sont libres, que nous avons voulu l'être. Nos municipalités se sont organisées d'après les lois établies par vos décrets, et nous étions déjà constitués, lorsque des brefs incendiaires et tyranniques, lancés par le Vatican, sont venus frapper d'anathème la constitution française.

L'orateur fit alors le tableau des dispositions préparées sourdement à Avignon pour tenter une contre-révolution.

Enfin, l'envoyé méridional continua :

— Le lendemain de ces scènes de sang et de carnage, les citoyens actifs de tous les districts de la ville d'Avignon s'assemblèrent légalement. C'est dans cette assemblée que le peuple, considérant qu'il ne peut être heureux et libre que par la constitution française, déclara qu'il se réunissait à la France, qu'il supprimait les armes du pape et qu'il y substituait celles du roi de France. Vous connaissez nos droits : les délibérations de tout le peuple avignonnais. Vous connaissez nos motifs : notre roi veut être despote et nous ne voulons pas être esclaves. La France est libre ; nous ne pouvons le devenir que par elle et nous nous jetons dans ses bras.

Ici les acclamations réitérées de l'Assemblée coupèrent la parole à l'orateur et, pendant un gros quart d'heure, interrompirent son discours.

Enfin, l'envoyé put reprendre sa harange et termina par ces mots :

— Vous acceptez sans doute un peuple qui vous appartenait autrefois, un peuple enfin qui a versé son sang pour le maintien de vos décrets... Nous remettons sur le bureau les délibérations de la ville et de l'État d'Avignon.

Après avoir pris connaissance des documents qu'on lui remettait, le président répondit quelques paroles banales, qui semblèrent bien froides, après l'apostrophe pleine de cœur et vibrante de patriotisme qu'on venait d'entendre.

— L'Assemblée nationale, dit-il, prendra en très grande considération l'objet de votre mission. Il est glorieux pour elle d'avoir inspiré aux citoyens d'Avignon le vœu que vous venez d'exprimer. Quel que soit le résultat de la délibération, la nation française sera toujours flattée de votre affection et de votre confiance.

Les Avignonnais paraissaient déçus, ils s'attendaient évidemment à un autre langage.

— Eh quoi, s'écria Robespierre, c'est tout ce qu'on trouv à répondre à un peuple qui demande à redevenir français!

Avignon voulait en effet rentrer dans la grande famille française ; le Comtat ayant été longtemps français de fait, n'avait jamais cessé de l'être par la langue et par les mœurs.

Fondée six cents ans avant Jésus-Christ par des colons grecs de Marseille, Avignon fut conquise par Jules César et fit partie de la Gaule Narbonnaise ; plus tard Thierry, roi d'Austrasie, l'incorpora à la monarchie française, dont Avignon dépendit jusqu'en 880, époque à laquelle elle fut réunie au royaume de Provence. Cela dura jusqu'au douzième siècle ; en 1125, Avignon échut au comte de Toulouse, comte de Provence ; les papes le dépouillèrent en le déclarant hérétique et en ne lui accordant son pardon qu'à la condition qu'il céderait au pontife ses terres d'au delà du Rhône.

En ce qui concerne la seconde moitié du Comtat venaissin, le pape l'acquit d'une façon plus honteuse encore. Le Comtat appartenait à la comtesse de Provence, Jeanne, reine de Naples, femme dépravée, vicieuse et corrompue.

La reine Jeanne avait un amant qu'elle voulait épouser ; mais comme elle était déjà mariée, elle assassina son mari, le roi André, et convola à de nouvelles noces avec Louis de Tarente son complice.

Accusée du meurtre de son premier époux, au moment où le pape, choisi comme juge, allait prononcer, cette reine acheta l'arrêt du souverain pontife en lui cédant, pour la somme très minime de 80,000 florins, la part du Comtat venaissin qui lui appartenait.

Voilà de quelle manière, par quels moyens, les papes s'emparèrent d'Avignon.

Ils y résidèrent depuis 1309 jusqu'en 1377, époque à laquelle Grégoire XI transporta de nouveau le siège pontifical à Rome. Durant le séjour des papes à Avignon, cette ville connut les magnificences des cours orientales avec tout leur cortège de plaisirs, de fastes et de vices. En l'absence du pape, le Comtat était gouverné par un légat. C'était un asile ouvert à tous les banqueroutiers, à tous les coupe-bourse qui, après avoir opéré leurs méfaits en France, cherchaient un refuge à Avignon, où ils pouvaient vivre tranquilles sous la protection du pouvoir papal à la condition de payer aux prêtres les redevances d'usage.

Louis XIV, au cours de ses difficultés avec le pape, s'empara de la ville à deux reprises différentes de 1663 à 1667 et de 1685 à 1690; Louis XV le prit également en 1768 et ne le rendit que cinq ans après.

Les Avignonnais avaient pendant cinq ans vécu de la vie de la France avec lesquels ils n'avaient jamais cessé d'avoir des relations très étroites; aussi le Comtat, comme le reste de la nation française, avait-il éprouvé les mêmes influences des idées philosophiques du XVIII° siècle et quand arriva la Révolution de 1789, les Avignonnais saluèrent avec enthousiasme l'avènement de la liberté et la proclamation des droits de l'homme, qu'ils considérèrent, dès le début, comme leur propre charte.

Deux partis se formèrent dans Avignon.

D'un côté le parti papiste, composé des prêtres, des nobles, des gros propriétaires; de l'autre, le parti populaire très nombreux et tout à fait désintéressé. Le premier voulait conserver ses privilèges et ses bénéfices; le second ne réclamait que la liberté proclamée en France, l'égalité promise par les droits de l'homme et la fraternité dont le Comtat avait soif.

Les curés furent assez habiles pour profiter des rivalités que les habitants de Carpentras nourrissaient contre la ville d'Avignon, rivalités d'influence locale, pour pousser Carpentras contre Avignon et en faire le centre, le siège de leurs menées papistes. Ils y levèrent même une petite armée de gardes nationaux dont les vexations et les tyrannies contre les patriotes, contre les partisans de la France, se firent sentir dans toutes les petites villes voisines et jusqu'à Cavaillon, d'où cinq cents patriotes sont obligés de partir, la nuit, pour aller chercher un refuge à Avignon.

Ces proscrits racontent aux Avignonnais les persécutions, les exactions, les cruautés des papistes ; aussitôt une armée de patriotes se forme dans Avignon, marche à son tour contre Cavaillon dont elle s'empare et va ensuite mettre le siège devant Carpentras.

C'est la guerre civile avec toutes ses suites et ses sanglantes représailles.

C'est au milieu de ces événements que les Avignonnais font des élections, se réunissent et se donnent à la France.

Si l'Assemblée avait accepté ce don généreux d'un peuple disposant librement de ses destinées, nul doute que la guerre civile n'eût été vite terminée ; mais l'Assemblée, malgré l'éloquence des envoyés, hésite, elle craint de déplaire à Louis XVI, qui ne veut pas laisser dépouiller le Pape.

A Paris, la population est pour la réunion. Les députés avignonnais sont fêtés dans les réunions publiques et dans les clubs.

Le légat s'enfuit d'Avignon ; Robespierre, Brissot, Camille Desmoulins poussent l'Assemblée à terminer la guerre civile en acceptant la réunion comme un fait accompli ; le club des Jacobins se passionne pour cette question et met la réunion du Comtat au nombre des points principaux de son programme.

Mais l'Assemblée hésite encore.

Malheureusement, nous verrons dans la suite beaucoup de sang versé, la guerre civile cruelle et impitoyable faire de nombreuses victimes avant que l'Assemblée ait le courage de tendre la main à ce vaillant petit peuple que l'arbitraire avait, durant quelques siècles, éloigné de la patrie commune, mais dont le cœur, les mœurs, les habitudes, le langage n'avait pas cessé un seul instant d'être français et qui, dans cette séance du 26 juin, venait revendiquer ses droits imprescriptibles, auprès de ces législateurs qui avaient voté les droits de l'Homme.

Du 1ᵉʳ au 6 juillet 1790.

XXVII

ENTHOUSIASME

Les royalistes essaient de jeter l'alarme. — Le terme et la fédération. — Secours aux inondés. — Corruptions. — Protection a la presse royaliste. — On essaie d'escamoter les élections municipales. — Lettre du duc d'Orléans a l'Assemblée. — Comment il est reçu aux Tuileries. — Mesure contre la reine. — Abattement de la cour. — Fol espoir. — Louis XVI écrit à Madame de Polignac. — Enthousiasme en Angleterre. — Opéra patriotique. — Réception faite a Londres aux députés nantais.

Les préparatifs de la fédération continuent avec un élan admirable.

Paris s'apprête, les provinces sont déjà en marche ; de vieux militaires sont en route pour la capitale et les Parisiens prennent leurs dernières dispositions. Un charcutier de la rue de Bussy écrit à l'Assemblée que, désirant contribuer, autant que ses faibles ressources le lui permettent, aux dépenses que la Ville est sur le point de faire pour la cérémonie du 14 juillet, il offre une douzaine de jambons de Bayonne pour les repas en commun qui auront lieu, et en même temps il met une chambre à la disposition d'un des députés de province.

Les royalistes, effrayés des préparatifs de la fête nationale, essayent, au dernier moment, d'enrayer l'enthousiasme ; ils répandent le bruit que le jour du 14 juillet éclateront des machines infernales, que des massacres auront lieu ; en même temps des familles, parmi les plus riches, quittent Paris, de nombreux députés de la droite demandent des congés ; mais rien n'y fait, les Parisiens entraînés se joignent à la fête avec une opiniâtreté qui déconcerte le parti de la cour.

Dans les clubs on fait remarquer que le 14 juillet était le jour du terme, aussi on demanda et on obtint que les déménagements fussent fixés au 12 ; le jour de la Fédération, il aurait été de toute impossibilité de trouver des hommes et des chevaux pour transporter les mobiliers.

La joie que l'on se promettait pour le lendemain ne faisait pas oublier les peines de la veille ; aussi quand l'évêque d'Oloron vint à la tribune tracer un tableau alarmant des désastres causés dans les provinces méridionales par l'inondation, on s'empressa de voter des secours qui s'élevèrent à plus de deux cent mille livres.

La cour, conseillée par Mirabeau, pratiquait autant qu'il était en son pouvoir le système de corruption individuelle, achetait par des faveurs ou même par l'argent l'appui de quelques députés hostiles, soudoyait des journaux et criblait d'amendes les feuilles populaires ; ainsi tandis que les journaux royalistes vilipendaient, calomniaient à leur aise des députés patriotes, Camille Desmoulins, le merveilleux persifleur des *Révolutions de France et de Brabant*, était accablé d'amendes, Marat était traqué et Fréron en prison.

Enfin, pour combler la mesure, Bailly d'accord avec Lafayette essayait de brusquer les élections municipales fixées au 4 juillet. En ne donnant pas aux citoyens le temps d'examiner et de discuter les candidats, Bailly voulait s'imposer lui et ses amis au choix des électeurs et ne pas abandonner un poste où il trouvait les moyens de satisfaire ses goûts de faste, de pompe et de luxe. A la nouvelle de la convocation des électeurs pour le 4 juillet, les clubs s'émurent, trente-six districts se réunirent aux Cordeliers, et envoyèrent une députation à la barre de l'Assemblée le soir du 1er juillet. Les députés faisant droit à ces justes réclamations retardèrent l'époque des élections au 25 juillet.

Au moment où la France allait célébrer le glorieux anniversaire, le duc d'Orléans, qu'on était parvenu à éloigner en lui confiant une mission diplomatique à Londres, voulut revenir prendre sa place parmi les députés et peut-être aussi surveiller par lui-même les agissements de ses partisans.

Dans la séance du 6 juillet, le député Levasson, ci-devant comte de la Touche, demanda la parole pour lire une lettre du prince, dans laquelle le duc d'Orléans, exposant que son séjour à Londres était inutile à la nation, réclamait le droit d'occuper de nouveau sa place de député, sauf avis contraire de l'Assemblée nationale.

L'Assemblée ayant passé à l'ordre du jour, c'était un acquiescement formel à la demande du duc, qui s'empressa de rentrer à Paris, au grand mécontentement de la cour.

Le duc arriva de Londres immédiatement et, voulant reconnaître la puissance souveraine de l'Assemblée, sa première visite fut pour ses collègues, puis il se rendit auprès du roi.

A la cour, le duc d'Orléans fut reçu de la façon la plus

outrageante ; les dames lui tournèrent ostensiblement le dos ; les seigneurs lui barraient le passage avec des airs provocants ; quelques-uns même allèrent jusqu'à dire à haute voix, de façon à être entendus :

— Prenez garde aux plats d'argent !

Louis XVI reçut son cousin d'un air maussade et, sans se lever, lui dit assez durement :

— Venez, Monsieur, vous apprendrez à être un bon Français.

Le duc quitta les Tuileries la rage au cœur. Enfin, suprême insulte, au moment où il était au bas du grand escalier, des gentilshommes lui crachèrent sur la tête en lui criant :

— Bonjour, Judas !

Pendant ce temps, les préparatifs de la fête continuaient.

Le Champ de Mars avait été choisi pour servir de théâtre à cette grande cérémonie. On employait quinze mille ouvriers à ces travaux. Mais pour exécuter le plan adopté, ce nombre était insignifiant ; tout est en retard et, il faudra, la semaine prochaine, que trois cent mille Parisiens, ouvriers volontaires, mettent la main à la pioche pour arriver à temps et faire en une semaine des terrassements qui auraient demandé au moins une année.

On voulait donner et on donna, en effet, au Champ de Mars, l'aspect d'un immense cirque dont les gradins furent formés à l'aide de hautes buttes ; au milieu, on dressa l'autel de la Patrie sur lequel on devait prêter le serment qu'une Commission de l'Assemblée s'occupait à rédiger ; enfin, une tribune couverte était construite pour le Roi, les dignitaires et l'Assemblée nationale.

Entre la Seine et cette tribune, on éleva un arc de triomphe en planches et en toile peinte, surmonté de drapeaux tricolores, ayant les mêmes proportions que celui de la Porte Saint-Martin.

Une commission spéciale, dite de la Fédération, organisa le programme de la fête et décida que ni Marie-Antoinette, ni ses enfants n'auraient de place particulière dans le cortège officiel. Un membre ayant fait observer que c'était là une dérogation à toutes les traditions de la royauté, il lui fut répondu :

— Nous le savons parbleu bien !

L'autre objecta timidement :

— Mais enfin, c'est la règle ?

— Non, c'est la femme du roi !

En apprenant ce détail, la reine en éprouva une vive contrariété et, s'adressant à Louis XVI, elle lui dit :

— Voyez, sire, c'est le commencement de la fin.

— Oui, oui, répétait le roi, c'est bien triste.

— Ah ! il faudra agir et montrer de l'énergie.

Et Louis XVI balbutiait toujours :

— Oui, oui, c'est bien triste !

Marie-Antoinette était partagée entre deux sentiments : l'abattement que lui causaient tous ces événements, d'une part, et l'espoir de voir les délégués des provinces se déclarer pour elle, de l'autre.

A certains moments l'illusion était telle, que l'on s'imaginait à la cour que les provinciaux séduits, charmés et entraînés par les sourires de la reine, l'affabilité du roi, pourraient peut-être se déclarer contre Paris et rétablir l'ancienne autorité.

Ces folles illusions ne devaient pas tarder à s'évanouir devant l'enthousiasme des délégués pour tous les travaux de l'Assemblée nationale et pour toutes les mesures prises en faveur de la Liberté.

Le roi était celui, peut-être, qui se rendait le mieux compte de la situation et, à son retour de Saint-Cloud, il écrivait à la duchesse de Polignac : « J'arrive de la campagne, l'air nous a fait du bien, mais que ce séjour nous a paru changé. Le salon du déjeuner, qu'il était triste, aucun de vous n'y était. Je ne perds pas l'espoir de nous y retrouver ensemble : dans quel temps ? je l'ignore. Que de choses nous aurons à nous dire ! La santé de votre ami se soutient malgré toutes les peines qui l'accablent. Adieu, madame la duchesse; parlez de moi à votre mari et à tous ceux qui vous entourent. Dites-vous bien que je ne serai heureux que le jour où je me trouverai avec mes anciens amis. »

Cette semaine est importante dans la vie de Louis XVI, parce qu'il prit un bain, ce qui n'était guère dans ses habitudes, car chez le roi « les bains paraissent avoir été plutôt ordonnés comme mesure de santé que recherchés comme agrément et moyen de propreté(1). » Depuis le mois de juin 1782, Louis XVI n'avait pris en effet que quarante-trois bains ; en voici du reste le relevé fait par le roi lui-même sur son cahier journalier tenu de sa propre main :

15 et 17 juin, 7 et 8 septembre 1782 ;

16, 17, 18 avril, 16, 18 juillet, 24 et 25 août 1783 ;

10 mars, 14, 15 août, 9, 19 octobre 1784 ;

30, 31 janvier, 14, 15, 17 avril, 19, 22, 24 juillet 1785 ;

---

(1) Nicolardot, *Journal de Louis XVI*.

12, 15 janvier, 7, 9, octobre, 2, 4, juillet 1786 ;
5, 10, 11 février, 6, 7, 8 juillet 1787 ;
15, 16, 30 avril 1789 ;
29, 30 juin, 2 juillet 1790 ;
Total 43 bains.

Tandis que la tristesse s'était abattue sur la cour, la fête de la fédération excitait, même chez les étrangers, un enthousiasme indicible ; à Londres, notamment, la joie était grande. On y jouait un opéra mettant en scène les événements qui allaient se passer, et qui avait pour titre : *La confédération des Français au Champ de Mars*. La mise en scène était d'un luxe inouï et la foule envahissait la salle. Le premier acte représentait l'arrivée des fédérés étrangers à Paris ; le second, les travaux du Champ de Mars ; le troisième la fédération elle-même. Au troisième acte, on voyait les officiers municipaux en écharpe, l'Assemblée nationale, les gardes nationales, des prêtres en habits pontificaux et sacerdotaux ; tout ce monde chantant en chœur en français et en anglais des hymnes patriotiques.

Deux députés nantais, envoyés en Angleterre pour resserrer les nœuds fraternels unissant les clubs de la Révolution de Londres avec ceux de France, reçurent un accueil triomphal. On les emmena à la représentation de la pièce dont nous venons de parler, on les plaça aux premières loges, et le public salua leur entrée par des cris répétés de : « Vive la France ! »

Tel était, en dehors des intrigues diplomatiques, l'état des esprits à Paris, en province et à l'étranger. Cette fédération créait une sorte de mouvement qui faisait battre à l'unisson tous les cours pour la liberté.

A l'Assemblée La Reveillère Lépeaux lut une adresse des étudiants de l'Université d'Angers, annonçant que les professeurs avaient enseigné les principes révolutionnaires et que les élèves avaient soutenu une thèse solennelle sur les bases de la constitution française. Cette thèse était dédiée à l'Assemblée nationale.

Dans une pension de Paris, un jeune écolier qui avait assisté à quelques séances de l'Assemblée ayant eu à mettre en français ce vers de Virgile :

Usque adeo mori miserum est

le traduisit, dit-on, ainsi :

« Maury peut-il donc être aussi misérable ! »

Et la *Chronique de Paris* qui rapporte le fait ajoute : les grammairiens pensent qu'il y a un solécisme dans cette version parce qu'il paraît prouvé que Maury n'est pas neutre.

(1) Nicolardot. *Journal de Louis XVI*, p. 28.

Du 7 au 13 juillet 1790.

XXVIII

LA VEILLE DE LA FÉDÉRATION

Les travaux sont en retard. — Proposition du garde national Cartheri. — Paris au Champ de Mars. — Les buvettes improvisées. — Les modes du jour. — La pluie. — L'abbé Maury refuse de bêcher. — Vengeance des charbonniers. — La musique. — Les fédérés hébergés par les Parisiens. — Le pacte des écrivains. — Arrivée de Bretons. — L'anneau d'Henri IV. — Serment du roi. — Talma veut se marier religieusement.

Comme on l'avait prévu, huit jours avant la Fédération, on s'aperçut qu'il était impossible que les travaux fussent prêts pour le 14 juillet ; il restait une semaine à peine et il aurait fallu à dix mille ouvriers employés aux terrassements du Champ de Mars plus de six mois encore pour achever la besogne.

Ce fut alors qu'un garde national nommé Cartheri écrivit au rédacteur de la *Chronique de Paris* une lettre dans laquelle il proposait à tous les Parisiens de se faire ouvriers et de travailler en commun aux travaux de la fête.

Cette proposition du garde national Cartheri, du bataillon du quartier de la Trinité, reproduite par tous les journaux patriotes, discutée dans les clubs, fut approuvée presque partout, et le lendemain, trois cent mille ouvriers de tout âge, de tous rangs, de toutes conditions, se dirigèrent vers le Champ de Mars, la pioche ou la pelle sur l'épaule. A vraiment parler, c'était la fête qui commençait, et c'était en s'accompagnant de chansons que tous ces travailleurs pelleversaient.

Les magasins étaient fermés ; patrons et apprentis, ouvriers et employés, tout le monde était au Champ de Mars. Les habitants de certains quartiers avaient choisi des espaces de terrains tracés à l'avance et c'était à qui ferait le plus de besogne, à qui arriverait le premier. Les jeunes gens venaient au secours des jeunes filles quand celles-ci étaient en retard. Les vieillards ne voulaient pas se laisser dépasser par les hommes faits. Les femmes et les enfants chargeaient des tombereaux. On remarquait côte à côte des ouvriers, des artisans, des négociants, des artistes, des grands seigneurs, des dames de qualité, des prêtres, des courtisanes.

Les bouchers avaient sur leur chapeaux un large couteau en étoffe et on lisait dessous : « *Tremblez, aristocrates, voici les garçons bouchers !* »

Des paroisses entières des environs accouraient ayant à leur tête leurs maires et leurs curés.

Les acteurs du théâtre de Madame Montausier, conduits par leur directrice, se faisaient remarquer par leur intrépidité.

Un témoin oculaire raconte qu'il vit, attelés au même chariot, une bénédictine, un invalide, un moine, un juge et une courtisane. Dans un coin on apercevait une troupe de chartreux, sombres, silencieux, travaillant avec acharnement sous la conduite de leur abbé, don Gerle.

Au milieu de tout ce monde, des citoyens traînaient des

brouettes chargées d'un tonneau de vin qu'ils distribuaient aux travailleurs disant :

— Citoyens, que ceux qui n'ont pas soif, ne boivent pas !

Et il ne se présentait à ces buvettes improvisées que ceux qui étaient vraiment altérés (1).

La vieille gaîté française n'avait pas perdu, comme bien l'on pense, ses droits ; tandis que les joyeux refrains rythmaient les coups de bêche, on voyait la fraternité du costume s'opérer par avance ; c'est ainsi que des moines échangèrent leurs robes de bure contre des casaques de soldats, tandis que ceux-ci endossaient le froc par-dessus leurs chausses, ceux-là coiffaient le casque et tous ensemble s'attaquaient à la même tranchée.

Les élèves des pensions travaillaient aussi et on prête à un jeune enfant de huit ans une jolie répartie qui marque bien l'état d'esprit de l'époque. Comme on lui demandait si ce travail lui plaisait, il répondit :

— Je ne puis encore verser mon sang pour ma patrie, mais je lui donne ma sueur de bien bon cœur (2).

Les imprimeurs avaient écrit sur leur chapeau : *Imprimerie, premier flambeau de la liberté* ; les ouvriers des ateliers de M. Prudhomme portaient des bonnets du même papier que celui recouvrant le journal *les Révolutions de Paris* ; sur plusieurs drapeaux on lisait : *Pour la patrie rien ne nous coûte*, sur d'autres : *Vivre libres ou mourir*, sur d'autres encore : *Les esclaves du despotisme sont devenus des enfants de la liberté.*

---

(1) *Moniteur.*
(2) *Ibid.*

La mode s'en mêla : on inventa un vêtement spécial composé d'une blouse de mousseline grise, de bas et de souliers de même couleur, complétés par un large chapeau de paille et une ceinture tricolore.

Tout à coup il se mit à pleuvoir ; les aristocrates espéraient que le champ de travail serait déserté ; mais le mauvais temps ne fit qu'exciter ces ouvriers improvisés, on se moqua de la pluie qu'on appela « les larmes des aristocrates », et l'on continua de plus belle.

L'abbé Maury, au lieu d'imiter la plupart de ses collègues Siéyès, Grégoire et les autres, avait refusé de prendre part à ces travaux. L'ancienne corporation des charbonniers voulut le punir de ce dédain, et un mannequin représentant le fougueux abbé fut fabriqué, on le mit à cheval sur un âne, la tête du côté de la queue, on l'amena ainsi au champ de Mars au milieu des lazzis et des plaisanteries, en chantant le *Ça ira* de 1790, d'un caractère tout pacifique.

> *Le peuple en ce jour sans cesse répète :*
> *Ah! ça ira! ça ira! ça ira!*
> *Suivant les maximes de l'Evangile*
> *Ah! ça ira! ça ira! ça ira!*
> *Du législateur tout s'accomplira ;*
> *Celui qui s'élève, on l'abaissera ;*
> *Et qui s'abaisse, on l'élèvera, etc...*

La musique de cette chanson fut emprunté à un air favori de Marie-Antoinette, la mélodie *la Brunette*. L'auteur des paroles ne serait autre que Dupuis. Plus tard les mots furent changés, mais l'air resta le même ; quand Marie-Antoinette marchera à l'échafaud elle entendra cet air qu'elle avait tant aimé durant les heures calmes et les nuits heureuses de Trianon.

L'enthousiasme était tel que les invalides eux-mêmes ne voulurent pas rester en arrière ; à la tête de ces vieux soldats marchait, avec sa jambe de bois, le vétéran qui se rendait utile en gardant les manteaux et les vestes des travailleurs.

Les élèves de l'académie de peinture et de l'école vétérinaire rivalisaient de zèle avec l'Université ; les forts de la halle, les porteurs d'eau, les perruquiers, les corps de tailleurs, de cordonniers luttaient d'entrain. Les crieurs publics avaient décidé de consacrer une journée à l'accélération des travaux et un jour Paris s'étonna de ne pas entendre les réveille-matin, qui, au nombre de douze cents, travaillaient au Champ de Mars.

Une chanson de l'époque chantée sur l'air de : *Soldats français, chantez Roland*, rend bien la physionomie de ces belles journées (1).

> Allons, Français, au Champ de Mars ;
> Pour la fête fédérative,
> Bravons des travaux les hasards :
> Voilà que ce grand jour arrive,
> Bons citoyens, accourez tous ;
> Il faut creuser, il faut abattre ;
> Autour de ce champ formez-vous
> Un magnifique amphithéâtre ;
> Et de tous états, de tous rangs,
> Pour remplacer le mercenaire,
> Je vois trois cents mille habitants,
> La réussite est leur salaire.

(1) Almanach des Muses, 1791.

Le duc avec le portefaix,
Les charbonniers et la marquise,
Concoururent ensemble au succès,
De cette superbe entreprise.
Nos petits maîtres élégants,
Et vous aussi, femmes charmantes,
Vos chapeaux, vos plumes flottantes,
Avec petits pierrots galants,
On vous voit bêcher, piocher,
Traîner camions et brouettes;
Ce travail vous peut attacher
Au point d'oublier vos toilettes.

Les abbés, auprès des soldats,
Et les moines avec les filles,
En se tenant par le bras
Semblent faire même famille.
Quittons pour l'instant le fusil!
Voyez, l'enfance et la vieillesse,
S'efforce de prendre un outil,
Travaille malgré sa faiblesse;
Ce fut avec la même ardeur
Que l'an passé on prit les armes;
Mais grâce à tous les gens de cœur,
Nous pouvons être sans alarmes.

Les députations des provinces arrivaient avant le jour fixé et prenaient part aux travaux des Parisiens. Dans les derniers jours de la semaine, on ne se ralentit ni jour ni nuit. Les enfants tenaient des torches à la lueur desquelles les charpentiers, les maçons, les manœuvres étaient occupés à construire le pont Louis XVI; les moissonneurs, retenus aux champs, venaient, leur journée terminée, donner leur part de labeur pour la préparation de la fête de la Patrie. Pour animer et encourager ces braves citoyens on avait dressé des estrades sur lesquelles étaient montés les orchestres des théâtres de Paris ; des musiciens de bonne volonté jouaient aussi les airs aimés du peuple.

Grâce à cet élan général, les travaux s'achevaient et il était maintenant certain que tout serait terminé dans la nuit du 13 au 14 juillet.

Les habitants des provinces arrivaient toujours et aucun ne fut en peine pour se loger. Les Parisiens reçurent chez eux la plupart des fédérés, leur offrirent gratuitement la table et le gîte ; ceux qui durent descendre à l'hôtel ne payèrent que des sommes minimes, les hôteliers et les restaurateurs ayant d'eux-mêmes diminué leurs prix. Mademoiselle Théroigne de Mirecourt s'était fait inscrire pour six fédérés, à condition qu'ils n'eussent pas plus de trente ans et qu'ils fussent Bretons ; Madame de Staël avait réclamé huit vétérans de l'armée. Dans beaucoup de quartiers, les hôtels, restaurants et garnis furent gratuits pour les étrangers, et les frais couverts par une souscription publique.

Les riches, comme Beaumarchais, le célèbre auteur du *Mariage de Figaro*, comme le député Lepelletier de Saint-Fargeau, avaient fait dresser, dans leur hôtel, de larges tables toujours servies à tout venant.

Sur la proposition de La Fayette, les députés décrétèrent que les gardes nationales de province partageraient avec celles de Paris l'honneur de composer la garde de l'Assemblée.

On savait ordinairement par avance, le jour et l'heure de l'arrivée des délégués de chaque province, on allait les attendre en dehors de la ville, leur apportant des rafraîchissements, des provisions des fruits, et on les recevait par des acclamations. C'est de cette façon que, tour à tour, furent accueillis les Normands, les Champenois, les Lorrains, les enfants de l'Auvergne, les Marseillais, les Toulousains, qui arrivaient, tous, l'enthousiasme au cœur, et les derniers les yeux pleins des rayons du beau soleil du Midi.

Les journalistes voulurent aussi prendre leur part de ce sentiment de fraternité qui envahissait toutes les âmes et, sur la proposition de Camille Desmoulins, ce généreux enfant terrible de la Révolution, ils décidèrent d'observer le *pacte dit des écrivains*, d'après lequel on suspendait, pour un moment, toutes les rivalités, toutes les querelles de personnes, toutes les polémiques, pour ne songer qu'à célébrer le grand jour anniversaire de la délivrance qui était le grand jour de la joie nationale.

Les fédérés bretons furent reçus à Versailles par les vainqueurs de la Bastille, qui les précédèrent jusqu'à Paris en tenant à la main des branches d'arbres et des lauriers. Le commandant des Bretons fut admis devant Louis XVI ; le fédéré s'étant jeté aux pieds du roi, celui-ci, comme entraîné par ce mouvement de concorde qui animait tout son peuple, le releva ; après l'avoir embrassé, il lui dit :

— Portez cet embrassement à vos camarades.

Les Tourangeaux furent également admis ; ils offrirent au roi un anneau donné autrefois par Henri IV aux Bénédictins de Marmoutiers. Louis XVI prit la bague, la trouva fort belle et, après avoir remercié de ce cadeau, ajouta :

— Je la porterai, Messieurs, à mon doigt — je vous le promets — le jour de la Fédération.

L'Assemblée décida qu'une députation, choisie dans son sein, se joindrait aux électeurs de Paris pour assister au *Te Deum* célébré le 13 au soir dans l'église Notre-Dame.

Il fut, en outre, convenu que le roi prendrait le commandement des gardes nationales et de toutes les troupes envoyées à la Confédération ; que le président de l'Assemblée serait placé à la droite du roi sur un fauteuil semblable et sans intermédiaire entre le monarque et lui. Les députés devaient se tenir tant à la droite du président qu'à la gauche du roi.

La formule du serment fut celle ayant déjà servi au 4 février. On rédigea les termes du serment du roi, serment ainsi conçu :

— Moi, premier Citoyen et roi des Français, je jure à la Nation d'employer tout le pouvoir qui m'est délégué par la loi constitutionnelle de l'État, à maintenir la Constitution décrétée par l'Assemblée nationale et acceptée par moi, et à faire exécuter les lois.

Le 13 juillet, les fédérés reçurent l'ordre de se réunir, l'après-midi, aux Champs Élysées pour passer la revue du Roi ; mais une pluie battante empêcha cette revue et on se contenta de faire défiler des gardes nationaux devant Louis XVI placé sous une espèce d'abri construit avec des planches. Le roi saluait de la tête pendant que les soldats criaient : « Vive la Nation ! »

Tandis que la population était occupée à se préparer pour le grand jour, certains prêtres ne se faisaient pas faute de se montrer aussi intolérants que par le passé. Nous n'en voulons pour preuve que la lettre suivante du grand tragédien Talma, adressée à l'Assemblée et lue à l'ouverture de la séance du 12 :

« J'implore le secours de la loi constitutionnelle, et je réclame les droits de citoyen qu'elle ne m'a point ravis, puisqu'elle ne prononce aucun titre d'exclusion contre ceux qui embrassent la carrière du théâtre. J'ai fait choix d'une compagne à laquelle je veux m'unir par les liens du mariage ; mon père m'a donné son consentement : je me suis présenté devant le curé de Saint-Sulpice pour la publication de mes bans. Après un premier refus, je lui ai fait faire une sommation par acte extra-judiciaire. Il a répondu à l'huissier qu'il avait cru de sa prudence d'en référer à ses supérieurs qui lui ont rappelé les règles canoniques auxquelles il doit obéir, et qui défendent de donner à un comédien le sacrement de mariage, avant d'avoir obtenu de sa part une renonciation à son état... Je me prosterne devant Dieu ; je professe la religion catholique, apostolique et romaine... Comment cette religion peut-elle autoriser le dérèglement des mœurs ?... J'aurais pu, sans doute, faire une renonciation et reprendre le lendemain mon état ; mais je ne veux point me montrer indigne de la religion qu'on invoque contre moi, indigne du bienfait de la Constitution en accusant vos décrets d'erreur et vos lois d'impuissance. — Je m'abandonne avec confiance à votre justice. »

Les graves préoccupations de l'Assemblée ne l'empêchèrent pas d'intervenir ; grâce à des démarches, les difficultés furent levées et Talma put se marier...

Du 14 au 20 juillet 1790.

XXIX

PREMIER ANNIVERSAIRE DU 14 JUILLET

Sentiments divers des partis. — Les royalistes. — Le juste-milieu. — Les républicains. — La fête. — Le défilé. — Les 83 départements. — Les bannières blanches. — La messe du Champ de Mars. — L'autel de la patrie. — Les tribunes. — Le trône et le drapeau blanc. — Les costumes du roi et de la reine. — Serment de Lafayette. — Le roi ne monte pas a l'autel. — Lafayette héros de la fête. — Enthousiasme des fédérés. — La reine montre le Dauphin au peuple. — Paris en fête. — Danses. — Repas en commun. — La procession en l'honneur de Jean-Jacques. — Les illuminations. — « Ici on danse ! »

Le 14 juillet 1790 était un mercredi. Le jour de la prise de la Bastille, le temps avait été sombre et pluvieux; cette année le ciel était encore couvert et il plut à plusieurs reprises.

Avant de raconter les détails de cette fameuse journée, unique peut-être dans les annales des peuples, et que l'on ne verra qu'une fois, comme dit Bailly dans sa proclamation aux Parisiens, nous allons exposer les sentiments qui animèrent chacun des trois partis qui commençaient déjà à avoir une existence propre et parfaitement caractérisée.

Les royalistes purs, les partisans de Marie-Antoinette et

de l'ancienne monarchie, ne pouvaient oublier que la prise de la Bastille avait été la victoire du peuple et la défaite de la royauté. Aussi, les journaux royalistes essayaient-ils par avance de parodier cet élan sublime de la nation ; les plus avisés, obéissant au mot d'ordre donné par le ministère, affectaient un silence et un dédain qui cachait un profond embarras.

La majorité de l'Assemblée nationale, appelée alors le juste milieu et que nous nommons aujourd'hui le centre, dont Lafayette était la personnification vivante, ne voyait dans la Fédération qu'un moyen d'étendre son influence, d'augmenter son pouvoir. Les députés de cette partie de l'Assemblée espéraient que la fête ébranlerait le ministère et que, le lendemain, le roi se déciderait enfin à les appeler au pouvoir, à leur confier des portefeuilles si vivement convoités.

C'était toujours le même système de la bourgeoisie s'imaginant que la Révolution devait finir au moment où la puissance de Lafayette et des autres débutait.

Les républicains, — car on commençait à prononcer le mot de République, sans croire la chose possible — les républicains donc se plaignaient que cette fête ne fût pas assez celle du peuple, qu'on y fit la part trop large au roi, à Lafayette qu'on avait l'air de placer à part, au milieu d'acclamations idolâtres et serviles dans un moment où, d'après le nouvel ordre de choses, le mot de Sieyès enfin appliqué : les hommes n'étant plus rien, la nation devait être tout.

Le matin du 14, les fédérés se trouvèrent réunis au boulevard du Temple; de là, ils se dirigèrent vers le Champ de

Mars rangés par ordres ; chaque département suivait une bannière blanche sur laquelle était inscrit le nom du département, au milieu d'une couronne de chêne peinte ; les bannières avaient été offertes par la ville de Paris, et les fédérés, après la fête, les emportèrent dans leurs départements respectifs.

Un grand nombre de fédérés étaient arrivés de grand matin au lieu du rendez vous, la plupart étaient à jeun ; quelques-uns sortirent des rangs pour aller acheter des aliments dans les boutiques voisines. On s'en aperçut et on s'empressa de leur apporter des provisions de toutes sortes ; des dames, des jeunes filles, leur offrirent des rafraîchissements « qu'il ne leur était permis de payer que par un baiser qu'on leur rendait quelquefois (1). »

Dans la marche de la Fédération des Tuileries au Champ de Mars, comme il faisait très chaud, un homme du peuple s'avança vers Lafayette, tenant une bouteille d'une main et un verre de l'autre ; il emplit le verre de vin et l'offrit au général, qui eut un moment d'hésitation, puis se décida à boire ; l'hésitation n'avait pas échappé à l'inconnu qui, pour éloigner tout soupçon, emplit de nouveau le verre et le vida d'un trait (2).

Le cortège se mit en marche à huit heures du matin.

On remarquait tout d'abord un bataillon de vieillards portant des drapeaux et que la foule saluait avec respect; puis venait un bataillon d'enfants de dix à quinze ans tenant à la main des branches de feuillage, des rameaux, des

---

(1) *Anecdotes du règne de Louis XVI*, t. IV, p. 68.
(2) *Ibid.*

lauriers. De nombreuses jeunes filles vêtues de blanc, portant une large ceinture tricolore et chantant des cantiques de circonstance, figuraient dans le cortège.

Des députés civils marchaient en tête de chaque département, l'épée nue à la main, précédant des députés militaires ayant l'épée au fourreau pour bien montrer la subordination de l'armée à la Nation, de la force à la loi. Cette procession suivit les rues Saint-Martin, Saint-Denis, Saint-Honoré, traversa le Cours-la-Reine et passa la Seine sur un large pont de bateaux construit tout exprès. Sur le passage, la foule était innombrable, s'écrasant contre les murs, dans les rues et les carrefours; les maisons, les balcons, les toits regorgeaient de monde. L'arrivée des fédérés était saluée par des acclamations et des vivats. On leur offrait du vin, du coco, des fruits.

A trois heures et demie seulement, ils entrèrent au Champ de Mars dont les gradins en terre étaient occupés par six cent mille spectateurs. Le cirque était couvert d'arbres et d'arbustes qu'on y avait provisoirement plantés. En face de l'Ecole Militaire, se dressait l'immense arc de triomphe, chargé de citations et d'inscriptions en vers, célébrant la Patrie et la Liberté. Le long de la façade de l'Ecole Militaire, on avait dressé huit vastes tribunes couvertes de toiles, dont la tribune du roi occupait le centre. Dans cette tribune, ornée avec luxe, était transporté le trône et, à côté, on remarqua qu'on avait placé une simple chaise pour le président de l'Assemblée; enfin, au-dessus du trône, flottait le vieux drapeau blanc brodé de fleurs de lis d'or, ce qui causait un vif mécontentement. Le roi, cependant, n'avait pas cru pouvoir se per mettre d'aller plus loin et il ne portait pas le costume de cérémonie : la couronne, le sceptre et le manteau de pourpre. Il avait simplement un habit à la française et, au chapeau, la cocarde tricolore. La reine, simplement vêtue, portait dans les cheveux trois larges plumes, l'une blanche, l'autre rouge et la troisième bleue.

On raconte que le matin du 14 juillet, les parents prenant les petites mains de leurs enfants au berceau et les élevant en l'air, leur faisaient jurer d'aimer les enfants, leurs frères, comme eux, hommes, à midi, iraient au Champ de Mars jurer d'aimer leurs frères, les hommes (1) !

Au milieu du Champ de Mars s'élevait l'autel de la Patrie, entouré de deux cents prêtres en costumes sacerdotaux avec des ceintures tricolores et parmi eux les soixante aumôniers de la garde nationale. Talleyrand, le fameux évêque d'Autun, marchait à la tête de ces prêtres, prêt à donner le signal de la cérémonie, qui commença à trois heures et demie. Talleyrand célébra la messe au son de toutes les musiques militaires ; l'évêque bénit les quatre-vingt-trois bannières des départements.

A ce moment, Lafayette monta les marches de l'autel et, l'épée nue, prononça le fameux serment. Immédiatement, les roulements de tambours se firent entendre et cent pièces de canon hurlèrent la joie, pendant qu'un même cri de « Vive la liberté ! » s'échappait de six cent mille poitrines. En même temps le bruit du canon partant de proche en proche, jusqu'à la frontière, annonçait à toute la France que la fête était commencée.

(1) Tony-Révillon.

Contre toute attente, le roi ne se rendit pas à l'autel, sous prétexte qu'il pleuvait un peu ; lui qui, à la chasse, essuyait les averses les plus abondantes, eut peur d'un nuage qui crevait; c'est de sa place, sous la tente de sa tribune, à très haute voix du reste, qu'il prononça le serment adopté par l'Assemblée.

Les paroles de Louis XVI furent couvertes de quelques rares applaudissements ; cette froideur contrastait singulièrement avec l'accueil enthousiaste fait à Lafayette, le véritable héros de la fête. A peine ce dernier fut-il descendu de l'autel de la Patrie, que des fédérés en grand nombre se précipitèrent à ses genoux, embrassant ses mains, les pans de son habit, ses bottes, jusqu'à la selle de son cheval. Cet enthousiasme insolite fut, du reste avec raison, critiqué par Camille Desmoulins qui traita ces fanatiques « d'esclaves » en leur rappelant l'exemple de Caligula prodiguant à son cheval les honneurs consulaires.

Après le serment du roi, la reine, voulant essayer de provoquer une manifestation en sa faveur, prit le Dauphin dans ses bras et le montra au peuple ; mais ce mouvement inattendu, qui n'était point dans le programme, fut accueilli avec beaucoup de froideur et, seuls, des spectateurs de la loge privilégiée poussèrent quelques cris de « vive la reine ».

Sitôt que la cérémonie du Champ de Mars fut terminée, les réjouissances de la rue commencèrent. On dansait dans les carrefours, ici la farandole, plus loin la bourrée et des danses de différents pays.

Dans plusieurs quartiers, le vin se mit à couler des fontaines ; on cria au miracle, mais quand on alla aux renseignements on apprit que ce phénomène n'avait rien que de naturel. Des fraudeurs étaient parvenus à placer dans les grands tuyaux de conduite d'eau de petits tuyaux de cuivre qui aboutissaient à des dépôts dans l'enceinte de Paris et en deçà des barrières. Des négociants peu scrupuleux se servaient de ces tuyaux pour passer du vin sans payer de droits d'entrée; les tuyaux, soit malveillance, soit hasard, se crevèrent et pendant quelques heures le vin coula des fontaines (1).

Le soir, vingt-deux mille couverts furent dressés dans les jardins de la Muette. Tous les députés des départements vinrent s'asseoir devant ces tables présidées par Lafayette qui courut le risque d'être étouffé par les embrassements.

Dans les théâtres, on donna des représentations gratuites, dans lesquelles on chanta des hymnes de circonstance de Chénier et Fontanes.

Au Théâtre-Français, on joua une pièce patriotique : *le Journaliste des Ombres*, au Palais-Royal, *le Dîner des Patriotes*.

Dans plusieurs quartiers, on avait dressé des tables devant les portes et chacun apportant son plat vint manger dans un repas commun et porter la santé de la liberté.

A partir de ce jour, on orna les layettes des nouveau-nés d'une cocarde tricolore; les bourgeoises de la ville de Chalon engagèrent la municipalité à envoyer une adresse à l'Assemblée par laquelle elle serait priée d'ajouter un

---

(1) *Moniteur.*

article additionnel à la constitution portant que sur les fonts baptismaux on placerait un drapeau aux trois couleurs et qu'après la cérémonie du baptême, le parrain et la marraine jureraient sur le nouveau-né qu'il serait fidèle à la constitution et s'engageraient personnellement à ne rien négliger pour lui en inspirer les principes (1).

L'extrait de baptême suivant prouve que ce vœu était dans les idées du temps.

« L'an mil sept cent quatre-vingt-dix, le quatorze juillet, jour mémorable de l'anniversaire de la liberté française, a été baptisé Jean-François *Bonaventure* surnommé *Fédéré* par la commune réunie de Villeneuve-Saint-Georges, né ce même jour... Le parrain et la marraine ont signé après avoir prêté, sur les fonts, pour ledit *Fédéré*, le serment de fidélité à la nation, à la loi et au roi, en présence de MM. le maire, les officiers municipaux, procureur de la commune, de la garde nationale, etc. »

A Belley, après la fédération, on baptisa aussi quatre enfants dans les mêmes conditions et avec le même cérémonial.

En province, on avait voulu que la fraternité régnât aussi, et la municipalité de Pezénas avait réalisé le vœu d'Henri IV en permettant à chacun de « mettre la poule au pot »; elle avait distribué à tous les ménages, la veille du 14, des poules pour que chaque citoyen pût fêter l'anniversaire.

A Beaune, dans la Côte-d'Or, le maire harangua la garde nationale de Charolles se rendant à la fédération de Dijon et lui offrit un vin d'honneur.

(1) *Anecdotes du règne de Louis XVI*, t. IV, p. 2.

— Messieurs, dit le maire, rappelez-vous que Louis XIV passant par ici et faisant l'éloge des vins que nous lui offrîmes, nous lui répondîmes que nous en avions de bien meilleurs. — Vous le gardez sans doute pour une meilleure occasion, répondit le despote orgueilleux. — Le despote avait raison ; cette meilleure occasion n'était pas pour lui ; elle est pour nos frères et nos égaux, pour les amis et les défenseurs de la liberté, pour vous, Messieurs.

Revenons à Paris.

On voyait défiler une procession composée de jeunes gens ornés de couronnes de chêne et promenant, sur un baldaquin, le buste de J.-J. Rousseau.

Les Champs-Élysées étaient illuminés dans toute leur longueur et, sous une voûte de lampions, circulait un peuple heureux de fêter la liberté.

Paris entier illumina et il n'aurait pas été besoin d'une mesure prise par Bailly ordonnant à tous les habitants d'éclairer les maisons : l'enthousiasme de la ville entière aurait suffi.

Sur la place de la Bastille, où un an auparavant s'élevait la sinistre prison, on avait improvisé un bosquet à l'aide de plus de cent mille arbrisseaux, ayant dans leur feuillage des lampions de couleur. On avait construit une caverne artificielle, faiblement éclairée et au fond de laquelle on apercevait un homme et une femme enchaînés s'appuyant sur un globe : c'étaient les deux statues qui autrefois décoraient le cadran de l'horloge de la Bastille. De tous les côtés étaient plantés des écriteaux avec cette simple inscription : « Ici l'on danse ».

Il était cinq heures du matin que les danses continuaient

toujours, et le soleil s'était déjà levé que les illuminations n'étaient pas encore éteintes.

La ville de Paris fit distribuer à chaque fédéré une médaille de bronze que beaucoup firent dorer et qu'on portait attachée sur la poitrine à l'aide d'un ruban tricolore ; cette médaille (1), gravée par Gateaux, graveur des médailles du roi, représente la Vérité dissipant les ténèbres de l'erreur et dirigeant sa lumière vers le livre de la constitution que la Liberté soutient sur l'autel de la Patrie. La France s'appuyant sur un faisceau, symbole de la force, jure d'être fidèle à ses nouvelles lois. La Félicité publique tenant les attributs d'abondance et de paix, témoigne sa joie ; dans le fond le peuple exprime son allégresse. — Sur l'autre face on lit : CONFÉDÉRATION DES FRANÇAIS : PARIS XIV JUILLET MDCCXC.

Tel fut le premier anniversaire de la prise de la Bastille, célébré par ceux-là mêmes qui en avaient été les héros. Les fédérés repartirent pour leurs départements emportant au fond du cœur un sentiment de profonde admiration pour les Parisiens qui venaient de conquérir la liberté et travaillaient à l'établissement de lois nouvelles destinées à métamorphoser le monde.

(1) Collection des médailles de la Bibliothèque nationale.

Du 21 au 27 juillet 1790.

XXX

LA REINE CONSPIRE CONTRE LE PEUPLE ; LE COMTE DE PROVENCE CONSPIRE CONTRE LA REINE

La reprise de « Charles IX ». — Résistance des acteurs réactionnaires. — Cabale royaliste. — Danton au parterre. — Conspiration de la cour. — Évasion de conspirateurs. — Complicité d'un ministre. — Violation de la loi. — Les troupes autrichiennes en France. — L'Europe se coalise. — Mouvement contre-révolutionnaire — La cour a Saint-Cloud. — Tentatives d'assassinat et d'empoisonnement contre la reine. — Un assassin impuni. — Marie-Antoinette dénonce les vrais coupables. — Les princes assassins.

La semaine qui suivit le 14 juillet, les divers districts fêtèrent plus spécialement les confédérés ; le district Henri IV, notamment, donna en leur honneur une fête devant la célèbre statue du Pont-Neuf ; le roi de bronze avait été orné d'une ceinture tricolore et on dansait autour du piédestal.

Six cents jeunes filles habillées de blanc allèrent offrir à sainte Geneviève, patronne de Paris, un tableau représentant la fédération et sur lequel était écrit le serment civique prêté au Champ de Mars. Le soir, cette procession, précédée d'une musique militaire et suivie d'un détachement des gardes nationales de Paris et des départements, se rendit sur l'emplacement de la Bastille et se joignit à une autre procession de jeunes gens portant sur leurs épaules un buste de J.-J. Rousseau couronné de chêne; un chœur chantait une hymne de circonstance dont voici un couplet :

> Que tout s'anime
> Au saint nom de Rousseau,
> Ce nom sublime
> Sera toujours nouveau.

La procession, après avoir plusieurs fois fait le tour de la place de la Bastille, alla promener le buste dans les différentes sections.

Le lendemain, à dix heures du matin, les vainqueurs de la Bastille, accompagnés des veuves et des orphelins de ceux qui étaient morts le 14 juillet 1789, se rendirent sur les ruines de la forteresse pour y rendre les honneurs funèbres à leurs frères d'armes. En tête, marchaient ceux qui avaient été blessés durant le combat, puis venaient trente veuves et trente orphelins.

L'aumônier de la députation du département de la Creuse et le vicaire de Sainte-Marguerite entonnèrent des cantiques de circonstance qui furent chantés en chœur par tous les assistants. La cérémonie se termina par un éloge funèbre des vainqueurs décédés et par l'inévitable prestation du sempiternel serment civique.

Au milieu des réjouissances de la fédération, le public se porta, comme toujours, au théâtre ; les comédiens, par tempérament, par genre, par intérêt et par pose attachés pour la plupart au parti de la cour, ne perdirent pas une si belle occasion de manifester leurs sentiments royalistes.

Au Théâtre-Français, on remit à la scène *Charles IX*, la célèbre tragédie de Chénier. Ce n'avait pas été sans peine et sans résistance de la part des comédiens que cette pièce populaire avait été jouée. Nous avons raconté, en son temps, comment le public dut forcer la main à Messieurs de la Comédie pour les obliger à donner la première représentation de la tragédie, et nous avons dit quel éclatant succès elle obtint en dépit des comédiens réactionnaires et grâce au souffle patriotique du poëte et de deux acteurs de grand talent, deux jeunes patriotes fermement attachés aux idées nouvelles : Madame Vestris et Talma.

Sitôt que la première fougue fut passée, les acteurs royalistes dont Naudet était le chef, s'empressèrent de faire disparaître *Charles IX* de l'affiche ; en vain le peuple le redemanda-t-il plusieurs fois ; pour la faire remettre à la scène, il fallut que les Marseillais délégués à la Fédération eussent le vif désir de voir la tragédie dont ils avaient tant entendu parler.

Ces délégués firent part de leur désir au district des Cordeliers dans l'arrondissement duquel se trouvait le Théâtre-Français. Le district envoya une délégation aux comédiens, qui opposèrent d'abord un refus formel, à l'exception de Talma et de Madame Vestris ; finalement Naudet avoua qu'il avait ordre de ne pas jouer la pièce. Cet ordre émanait du maire Bailly et de Lafayette commandant la garde nationale parisienne. Bailly et Lafayette s'érigeaient en censeurs et défendaient une tragédie pleine d'allusions contre le despotisme et la tyrannie, pour complaire à la cour. Cependant, devant l'insistance des Marseillais et du district des Cordeliers, les comédiens durent se rendre; *Charles IX* fut affiché. Naudet et sa bande d'aristocrates organisèrent une petite cabale formée de jeunes gens auxquels il avait distribué des billets de faveur. Quand le public fut admis, le parterre était déjà presque plein ; au lever du rideau, il y eut un peu de tumulte. Naudet se permit même de montrer sa mauvaise humeur en marmottant des propos déplacés contre les spectateurs patriotes. Ces inconvenances furent, comme on le pense, saluées par des bordées de sifflets. Naudet se laissa aller jusqu'à montrer le poing au parterre, on ne répondit pas à cette provocation et on se contenta d'applaudir à outrance Talma et Madame Vestris.

Le premier entr'acte fut marqué par un incident qui mérite d'être rapporté à cause de Danton qui en fut le prétexte. Il était d'usage, au Théâtre-Français, de rester découvert pendant les entr'actes. Mais, à peine le rideau fut-il baissé que Danton se couvrit.

Immédiatement les cris de : « A bas le chapeau ! » se firent entendre. Danton refusa d'obéir à cet usage qui n'était, du reste, consacré ni par le règlement ni par les ordonnances. Les patriotes imitèrent Danton et, à partir de ce jour, on distingua, dans les théâtres, les patriotes des royalistes, à ce que les uns restaient découverts pendant les entr'actes, tandis que les autres mettaient leur chapeau.

Les fédérés partirent peu à peu ; les bataillons les accompagnaient en dehors de la ville. Ainsi le bataillon de Saint-Antoine fit la conduite aux fédérés de Lyon ; à quelque distance de Paris, on servit, sur la pelouse, un dernier repas fraternel ; on passa la porte de Paris et de Lyon et ces hommes, qui ne devaient plus se revoir, se séparèrent en pleurant.

Chaque délégation de province était accompagnée à peu près de la même manière.

Plusieurs bataillons de fédérés des départements étaient venus avec leurs aumôniers ; le 22 juillet ces prêtres se présentèrent à l'Assemblée où l'un d'eux prononça un discours patriotique. Le président, après lui avoir répondu, invita les aumôniers à se placer dans l'intérieur de la salle : le côté gauche était plein et l'huissier de service leur indiqua des places au côté droit, mais ils refusèrent de s'asseoir et préférèrent rester debout. La minorité voulut se fâcher, mais ses murmures cessèrent devant les applaudissements des tribunes (1) ; à ce sujet un étranger avait, dans sa correspondance, désigné le côté gauche sous le nom de côté qui parle, et le côté droit sous celui de côté qui crie.

Le parti de la cour profita de l'enthousiasme excité par la fête nationale pour continuer ses complots.

Il faut du reste remarquer, dès à présent, que jusqu'ici, au milieu des commotions, des luttes et des entrainements, le peuple s'est montré d'une bénignité, d'une douceur véritablement surprenantes. Il s'est contenté de supprimer des abus, de détruire des privilèges sans porter la main sur les personnes des privilégiés ; il n'a même pas chassé les nobles des premiers emplois de l'État, et au moment où nous sommes arrivés ceux-ci occupent encore toutes les places importantes dans l'administration et dans l'armée.

Mais les aristocrates ne voulaient pas de cette mansué-

---

(1) *Anecdotes du règne de Louis XVI*, t. VI, p. 160.

tude et ils répondirent par les complots et par l'organisation de la contre-révolution.

C'est ainsi que, dans la nuit du 13 au 14 juillet, pendant que l'on était exclusivement occupé des préparatifs de la fête, deux individus portant l'habit des gardes nationaux se présentèrent à la prison de l'Abbaye où était détenu Bonne-Savardin, qui avait été emprisonné sous l'accusation de complot et d'entente avec les émigrés pour leur livrer la ville de Lyon.

Les deux gardes nationaux remirent au concierge de la prison un ordre portant le sceau de la Ville de Paris, la signature des membres du comité des recherches, et requérant la mise en liberté immédiate du conspirateur. Le concierge obéit; le lendemain, on s'aperçut que l'ordre était faux, que les signatures avaient été contrefaites et le sceau de la Ville de Paris imité. On acquit en même temps la certitude que Saint-Priest, un des ministres de Louis XVI, était complice de cette évasion.

On apprit aussi que la reine avait envoyé un de ses hommes de confiance pour féliciter un agent royaliste nommé Froment récemment échappé des prisons de Nîmes et lui donner des ordres.

Pendant ce temps, les nations ennemies continuaient à se liguer contre la France avec l'adhésion et sur les indications mêmes du roi et de Marie-Antoinette.

C'est dans ces circonstances qu'éclata, le 27 juillet, la nouvelle que le roi venait d'autoriser l'armée autrichienne marchant contre les patriotes du Brabant à passer sur le territoire français, ce qui ne pouvait être fait, aux termes d'un décret du 18 février, que par suite d'une autorisation de l'Assemblée nationale. Les députés s'émurent, la foule se réunit au Palais-Royal, et les représentants, trompés par une habile manœuvre de Mirabeau, se contentèrent de désavouer le ministre en infligeant un blâme au prince de Condé, simple instrument dans l'affaire.

Ainsi donc, pour récapituler, tandis que le peuple ne demande que la paix et la concorde, la cour organise la conspiration et fomente la guerre civile; les royalistes font évader les conspirateurs ; les ministres se rendent complices des faussaires et, ce qui est plus grave, ouvrent la frontière aux armées autrichiennes avec le secret espoir qu'après avoir battu les patriotes brabançons, les soldats du frère de Marie-Antoinette pourront marcher contre Paris.

Quand, plus tard, des violences seront commises, il faudra se souvenir de ces agissements royalistes qui obligent la France à renoncer à ses conquêtes, à abandonner ses libertés, ou à les défendre par la force.

Tout ce mouvement contre-révolutionnaire était conduit et dirigé par la reine retirée de nouveau à Saint-Cloud avec toute la cour.

Là, et durant cette semaine, des tentatives d'empoisonnement contre Marie-Antoinette, et une tentative d'assassinat se produisirent, paraît-il, sans que jamais ni les auteurs ni les complices aient été livrés à la justice. C'est ainsi qu'on arrêta un nommé Rotondo dans les jardins du château de Saint-Cloud ; il fut immédiatement enfermé dans une des salles du corps de garde et, après que le roi l'eut fait interroger, l'ordre fut donné de le reconduire secrètement à la frontière.

A cette même époque, la contre-police de Louis XVI

informa ce prince qu'il se tramait un projet d'empoisonnement contre Marie-Antoinette. Pas plus que pour Rotondo, le roi ne demanda des poursuites. Il défendit même de dénoncer ces faits.

En présence de cette réserve étrange, on peut se demander quel était l'instigateur de ces menées criminelles ? Il est de toute évidence que si ces tentatives fussent venues d'assassins vulgaires, on se serait empressé de les livrer au Châtelet en essayant de faire retomber sur le parti populaire ces attentats, qui auraient excité, comme toujours, en faveur de la reine, une montée de sympathie; mais il est plus que probable que ceux qui dirigeaient les assassins et les empoisonneurs étaient les mêmes intéressés à se débarrasser d'une puissance qui nuisait à la leur.

Marie-Antoinette l'avait, du reste, bien compris.

La reine avait pour habitude de boire dans la journée de l'eau sucrée en prenant du sucre en poudre dans un compotier qui se trouvait toujours sur la commode de sa chambre. Son médecin Vicq-d'Azir, inquiet sur des tentatives d'empoisonnement, avait convenu avec Madame Campan de renouveler deux ou trois fois par jour, à l'insu de Marie-Antoinette, le sucre pour dépister toute tentative criminelle ; un jour, la reine surprit cette dernière faisant l'échange dont nous venons de parler. Elle devina le motif qui la faisait agir, et lui dit :

— Voilà bien des précautions inutiles. On n'emploiera pas un grain de poison contre moi. Les Brinvilliers ne sont pas de ce siècle-ci. On a la calomnie qui vaut beaucoup mieux pour tuer les gens et c'est par elle qu'on me fera périr (1).

Or, nous savons quels sont ceux qui de tout temps avaient calomnié la reine, lancé contre elle les pamphlets les plus venimeux, et si nous rapprochons les paroles de Marie-Antoinette de l'impunité accordée aux assassins et aux empoisonneurs, il nous sera facile de deviner d'où partaient les tentatives odieuses dont le château de Saint-Cloud fut le théâtre à la fin de ce mois de juillet.

(1) *Mémoires de Madame Campan.*

Du 28 juillet au 4 août 1790.

XXXI

UNE PAGE DE L'HISTOIRE DU JOURNALISME

Les journalistes patriotes et la contre-révolution. — Irritation de la reine contre les journalistes. — Elle se plaint a Bailly. — Tyrannies contre la presse. — Les dénonciations de Marat. — « C'en est fait de nous ! » — Les polémiques de Camille Desmoulins. — Plaintes de l'ambassadeur d'Espagne. — Malouet dénonce Camille a la tribune. — Le crime de lèse-nation. — Une séance orageuse. — Robespierre défend Camille. — Détails biographiques. — Fondation des « Révolutions de France et de Brabant ». — Camille prend un collaborateur. — Travail et appointements d'un journaliste en 1790.

Nous savons de quelle manière la contre-révolution organisait la résistance et la guerre civile pendant que les patriotes ne demandaient qu'à jouir en paix des quelques libertés plus nominales que réelles conquises par l'Assemblée nationale.

Mais il y avait un pouvoir nouveau qui, à côté des clubs, exerçait une influence grande sur l'opinion publique ; ce pouvoir s'appelait le journalisme, qui dévoilait sans cesse les projets des partisans de la cour, dénonçant souvent des innocents, mais quelquefois aussi empêchant les projets royalistes d'aboutir.

Durant ces journées que la réaction consacrait à ourdir

des complots contre l'ordre de choses nouveau, c'était, incontestablement, un devoir civique de démasquer des manœuvres dont Marie-Antoinette tenait les fils et dont les émigrés étaient les acteurs principaux. Il ne faut donc pas s'étonner de voir des journalistes patriotes de cette époque avoir toujours la dénonciation sous la plume ; c'est de cette façon que s'explique et se justifie le rôle de Marat. Camille Desmoulins, cet enfant terrible de la Révolution française, ce lettré si fin, cet écrivain si brillant, sans employer la même âpreté que Marat, ne montrait pas un zèle moins ardent à dénoncer les projets criminels du parti de la cour.

Cette franchise des écrivains patriotes montant pour ainsi dire la garde, la plume au poing, autour des institutions nouvelles, ne manquait pas d'affecter la reine qui s'en plaignait avec aigreur à Bailly.

Un soir que le maire de Paris était allé à Saint-Cloud quelques jours avant le 14 juillet pour régler différents points du cérémonial qui devait être suivi dans ces jours de fêtes, la conversation vint à tomber sur les journalistes.

— Quand donc, s'écria Marie-Antoinette en s'adressant à Bailly, mettrez-vous un terme à ces flots d'injures que déversent tous les jours contre nous vos écrivains insolents, M. Desmoulins en tête?

Bailly, dont le plus grand désir, à ce moment-là, était de se plier aux caprices de la reine, prit bonne note de cet avertissement, et, tandis que les écrivains royalistes continuèrent à jouir de la liberté la plus grande, de l'impunité, pourrait-on dire, les journalistes patriotes furent en butte à des vexations de toutes sortes.

Déjà Fréron, le fils de l'ennemi de Voltaire, et qui était à l'avant-garde du bataillon des écrivains révolutionnaires, avait été emprisonné pour divers articles publiés dans *l'Orateur du peuple*.

Camille Desmoulins, pour ne pas succomber sous des amendes considérables, avait dû se rétracter plusieurs fois ; Marat, on s'en souvient, avait été décrété d'accusation ; pendant ce temps, les royalistes conspiraient toujours et l'impunité continuait à couvrir les journalistes contre-révolutionnaires.

Dans ces conditions, tandis que les bruits de conspiration se faisaient de nouveau entendre, tandis que l'on discutait le plus ou moins de chance des entreprises des émigrés, tandis, enfin, que l'on supputait les probabilités d'une invasion par la Prusse et par l'Autriche, un pamphlet parut, avec un titre retentissant comme un coup de clairon :

— *C'en est fait de nous !*

Tels étaient les cinq mots qui se détachaient sur la couverture de cette brochure, contenant des accusations formulées avec une étrange précision et qui semblaient appeler les citoyens aux armes pour défendre les principes révolutionnaires menacés par la cour et ses séïdes :

« C'en est fait de vous pour toujours, si vous ne courez aux armes, si vous ne retrouvez cette valeur héroïque qui, le 14 juillet et le 5 octobre, sauvèrent deux fois la France,

« Volez à Saint-Cloud, s'il en est temps encore.

« Ramenez le roi et le dauphin dans vos murs.

« Tenez-les sous bonne garde, et qu'ils vous répondent des « événements.

« Renfermez l'Autrichienne et son beau-frère : qu'ils ne
« puissent plus conspirer.

« Saisissez-vous de tous les ministres et de tous leurs
« commis.

« Mettez-les aux fers.

« Assurez-vous de la municipalité et des lieutenants du
« maire.

« Gardez à vue le général.

« Arrêtez l'état-major.

« Enlevez le parc d'artillerie de la rue Verte.

« Emparez-vous de tous les magasins et moulins à
« poudre.

« Que les canons soient répartis entre tous les districts.

« Courez, courez... Cinq à six cents têtes abattues vous
« auraient assuré repos, liberté et bonheur : une fausse
« humanité a retenu vos bras et suspendu vos coups ; elle
« va coûter la vie à des milliers de vos frères. Que vos
« ennemis triomphent, et le sang coulera à grands flots ;
« ils vous égorgeront sans pitié ; ils éventreront vos
« femmes, et, pour éteindre à jamais parmi vous l'amour
« de la liberté, leurs mains sanguinaires chercheront le
« cœur dans les entrailles de vos enfants. »

Cet écrit n'était pas signé, mais au style et aux idées tout le monde reconnut Marat.

L'émotion causée par ce pamphlet fut si grande que, pendant deux jours, la ville de Paris ne s'occupa pas d'autre chose. Les députés envoyèrent même six commissaires aux ministres pour leur demander des explications.

Camille Desmoulins ne resta pas en arrière, comme bien

on pense ; mais à côté de ces attaques contre les royalistes en général, se produisaient des polémiques ardentes et vigoureuses contre les particuliers. Il appelait le vicomte de Mirabeau, V. D. M. — *Vin de Malvoisy*, allusion aux excès et aux griseries auxquels se livrait celui qu'il nommait encore le citoyen Tonneau. Souvent, il appelait l'abbé Jean-François Maury, J. F. *Maudit*. Mounier, Cazalès, Malhouët n'échappaient pas à ses railleries. Un jour, un certain Bone-Carrère menaça, à la tribune des Jacobins, Camille, de cinq cents coups de canne, mais il était plus facile de menacer que de mettre à exécution contre un homme qui n'était point d'humeur à se laisser faire. Les hardiesses de plume de Desmoulins avaient exaspéré le comte de Fernan-Numès, ambassadeur d'Espagne, qui porta ses récriminations au ministre M. de Montmorin lequel n'en pouvait mais.

Malhouët, vivement pris à parti, fit prévenir Desmoulins que s'il ne cessait ses attaques contre lui, il se plaindrait à la tribune de l'Assemblée.

— Eh quoi ! s'écria Camille, il serait dit qu'un Picard comme moi céderait à un Auvergnat comme Malhouët ? Non, je continuerai.

Et il continua en effet.

Malhouët tint parole, et, dans la séance du 31 juillet, il dénonça le journal de Desmoulins à la tribune comme coupable d'un crime public.

« Saute, Malhouët, écrivit alors Camille, comme tu vas faire la cour à la femme du roi. »

L'Assemblée décréta Camille coupable de lèse-nation et

décida que ses écrits seraient poursuivis comme incendiaires.

Deux jours après, le 2 août, Desmoulins envoya à l'Assemblée une adresse qui fut lue à la tribune et dans laquelle le journaliste prenait à son tour Malhouët à partie.

Malhouet dut se défendre :

— Il est bien question. s'écria-t-il de ma plainte ! Camille Desmoulins est-il innocent ? il se justifiera. Est-il coupable ? Je serai son accusateur et de tous ceux qui prendront sa défense. Qu'il se justifie s'il l'ose.

Alors on voit dans les tribunes un homme se lever tout droit et répondant au défi de Malhouët s'écrier :

— Oui, je l'ose !

C'était Camille Desmoulins.

Ce fut pendant quelques instants un tumulte difficile à décrire. Une partie des spectateurs applaudissaient à tout rompre ; d'autres poussaient de petits cris scandalisés.

— Qu'on l'arrête, criaient quelques députés.

— On l'a provoqué, répondaient les autres, et il ne peut pas se défendre.

Le président donne l'ordre d'arrêter « le particulier qui a proféré ces paroles » ; mais *le particulier* qui n'avait pas grande confiance s'était empressé de fuir, pendant que son ami Robespierre prenait sa défense et empêchait son arrestation.

— Mon cher Robespierre, disait le lendemain Camille, ne m'a pas abandonné en ce moment.

Tous ces incidents ne firent qu'aigrir la verve intarissable du jeune journaliste. Camille, en effet, avait à peine trente ans. Il était né à Guise, en 1760 ; son père était lieutenant-général au bailliage de cette ville. Admis comme boursier au collège Louis-le-Grand, il eut pour condisciple Robespierre et se distingua par des succès précoces.

Quoique bègue, il se fit inscrire au barreau où son infirmité ne lui permit pas de briller. La Révolution trouva en lui un défenseur ardent et passionné pour soutenir ses idées. Il fonda les *Révolutions de France et de Brabant* qui fit sa réputation et aussi un peu sa fortune; jusque-là, il avait vécu dans la gêne. Logé à l'hôtel de Pologne, en face de l'hôtel de Nivernais, il écrit en septembre 1789 à ses parents : « Vous m'obligerez de m'envoyer des chemises et deux paires de draps le plus promptement possible. » Il se fatigue vite de la vie d'hôtel et il écrit à son père : « Je compte être dans mes meubles à la Saint-Remy. Envoyez moi six louis. »

Après avoir publié plusieurs brochures, il fonda les *Révolutions* dont le succès fut de suite très grand ; pendant les premiers mois, il en fut le seul rédacteur ; mais en juillet 1790, il prit pour collaborateur Stanislas Fréron ; un traité intervint entre les deux écrivains et le libraire Laffrey. Par ce traité, Camille Desmoulins s'obligeait « à déléguer à Stanislas Fréron la somme de 3,000 livres sur celle de 10,000 livres que J.-J. Laffrey s'est engagé par acte » à lui payer annuellement pour la rédaction du journal. Le journal se composait de trois feuilles d'impression et Stanislas Fréron s'engageait à écrire une feuille et demie d'impression toutes les semaines ; la copie devait être livrée, partie le mercredi et partie dans la journée du jeudi.

Tels étaient à cette époque, les bénéfices, les occupations, les dangers d'un journaliste patriote qui faisait trembler toute une assemblée de députés, tenait en échec les conspirations royalistes et bravait la prison pour dire sa façon de penser et défendre ses idées.

Les temps ont-ils bien changé ?

Du reste, les journalistes patriotes n'avaient pas seulement à lutter contre les conspirations. Il fallait encore répondre aux attaques des écrivains royalistes contre les députés soutenant les idées révolutionnaires ; ces attaques étaient souvent grossières, toujours venimeuses ; on en jugera par les deux pièces de vers suivantes, qui donnent une idée du genre de polémique adopté par des écrivains payés par la cour pour déconsidérer les députés de la gauche.

Il s'agit du député Camus, l'avocat janséniste qui rêvait de ramener le clergé aux règles pures, simples et populaires de la primitive Église; Camus fut un des principaux auteurs de la fameuse Constitution civile du clergé.

BOUQUET

A UN DE MES DOUZE CENTS LÉGISLATEURS QUI A QUITTÉ LA PERRUQUE

Satan voulant perdre la France
Détermina dans sa vengeance
De former un mortel qu'aucun frein n'arrêtât ;
Un seul homme suffit pour changer un État.
Plein de ce noir projet, il prend dans sa colère,
De Sisyphe, le cœur, l'écume de Cerbère,
Et du tout façonne un fœtus.
L'âme manquait encor, mais tournant son derrière
Par trois fois il souffla dessus.
Ainsi naquit M. C.**** (1)

(1) *Journal général de la cour et de la ville.* Septembre 1790.

Comme on le voit, ces lieutenants du trône et de l'autel ne reculaient pas devant les mots les plus grossiers et ils mêlaient la poésie et les expressions les plus triviales; nous en avons un nouvel exemple dans la pièce suivante du même auteur contre le même Camus :

> *Connaissez-vous un avocat en us,*
> *A l'esprit lourd au langage diffus,*
> *Qui du clergé dévora les écus*
> *Puis le trahit comme on livra Jésus,*
> *Qui pour mentir a sur tous le dessus ;*
> *Et de la haine exhale le virus,*
> *En des écrits que l'on craindrait bien plus,*
> *S'ils n'étaient pas de parfaits torche-cus ?*
> *Chacun s'écrie: Ah ! c'est M. C.***** (1).

Voilà les adversaires contre lesquels avaient tous les jours à combattre les journalistes patriotes.

Tels étaient les écrivains subventionnés par la cour pour soutenir la vieille monarchie de droit divin ; Laporte, intendant de la liste civile, chef de la police secrète de Marie-Antoinette (2) avait organisé une armée de pamphlétaires, ne reculant devant aucune injure et qui s'imaginaient répondre aux raisonnements des journalistes patriotes en insultant les députés populaires avec les dernières violences et la dernière grossièreté.

(1) *Journal général de la cour et de la ville.* Septembre 1790.
(2) *Mémoires de Madame Campan.*

Du 5 au 11 août 1790.

XXXII

COUPS DE LANCETTE ET COUPS D'ÉPÉE

Le roi a mal aux dents. — Les bulletins de santé. — Barnave élu maire de Grenoble. — A vingt-huit ans. — Mot de Mirabeau. — Opinion de Camille Desmoulins. — Bailly réélu maire de Paris. — Le roi obtient une voix. — Echec du duc d'Orléans. — Cherté des suffrages. — Traitement de maire. — Nombre d'électeurs. — Les commissions de Madame Bailly. — Le duel de Barnave. — Le sang impur. — Grossièreté royaliste. — Au bois de Boulogne. — Je suis mort ! — Précédents duels de Barnave. — Au café Procope.

Pendant que la cour conspirait sans relâche et que le roi se prêtait à tous ces complots, l'Assemblée se préoccupait fort de la santé de Louis XVI qui eut, cette semaine, un abcès à la joue au sujet duquel les députés se faisaient régulièrement envoyer de Saint-Cloud des bulletins rédigés par les quatre médecins ordinaires de Sa Majesté.

Le premier de ces bulletins constate que « le roi est indisposé depuis quelques jours d'une fluxion occasionnée par une douleur de la dent incisive supérieure. Sa Majesté a le visage gonflé. Il s'est joint quelques mouvements de fièvre et un peu de chaleur d'entrailles : le dentiste juge qu'il y a un peu de fluxion autour de la gencive. »

Le lendemain les médecins entrent dans les détails les plus minutieux et disent :

« L'abcès formé à la gencive s'est dégagé hier soir, et il s'en est suivi un dégonflement du visage ; il reste encore sous la lèvre quelques duretés qui vont se dégager insensiblement. L'ardeur des entrailles est aussi diminuée ; cependant la bile coule encore difficilement : on continue l'usage du petit lait et autres remèdes, jusqu'à ce qu'il soit temps d'employer le purgatif ».

Ces communications étaient lues au commencement des séances à la tribune de l'Assemblée par un des secrétaires. Il est facile comprendre combien encore, à l'époque où nous sommes arrivés, les députés étaient soumis et dévoués au roi. Malgré toutes les fautes, toutes les imprudences et les conspirations de la royauté, l'esprit monarchique était à ce point enraciné dans le vieux sol de France qu'un mal de dents de Louis XVI préoccupait l'Assemblée et qu'une fluxion devenait presque une question d'État.

Qu'il eût été facile de conserver la domination sur un peuple pareil, qui ne demandait qu'à jouir en paix des quelques libertés conquises ! Mais la cour, n'écoutant que sa colère et son désir inextinguible de despotisme et d'oppression, ne cessa d'exciter l'étranger, de fomenter la guerre civile que lorsque le peuple, lassé à la fin, dut employer la violence pour faire respecter ses droits qu'on voulait détruire et qui ne furent sauvegardés que par un effort surhumain des citoyens, se levant en masse et recourant à la force, après avoir essayé inutilement de tous les autres moyens pacifiques.

Barnave, un jeune avocat du barreau de Grenoble, qui, envoyé comme député aux États généraux à l'âge de vingt-sept ans à peine, s'était signalé par son éloquence qui en fit souvent le rival de Mirabeau, fut élu maire de Grenoble par ses concitoyens qui mirent ce jeune homme à la tête de leur municipalité. C'est de lui que Mirabeau avait dit :

— C'est un jeune arbre qui montera haut si on le laisse croître.

Barnave avait été un des principaux orateurs qui soutinrent la proposition de Siéyès constituant définitivement l'Assemblée nationale ; à la réunion du Jeu de Paume il insista beaucoup pour que les députés ne se séparassent qu'après avoir prêté le serment et établi la Constitution.

En août 1790, il était en pleine popularité et sa jeunesse ne faisait que mettre en évidence ses talents.

Barnave était un des principaux orateurs des Jacobins ; son élection comme maire de Grenoble fut vivement approuvée par les patriotes. Camille Desmoulins s'écriait :

— Est-ce à Barnave ou à la ville de Grenoble que cette élection fait le plus d'honneur ? Dis-moi qui t'a nommé, je te dirai qui tu es. A coup sûr ce sont de bien excellents patriotes et de bien honnêtes gens que les votants des sept districts de Grenoble.

Du reste les Grenoblois n'entendaient pas enlever Barnave à l'Assemblée et au club des Jacobins ; ils lui écrivirent en effet pour l'informer qu'ils lui avaient nommé un lieutenant qui le remplacerait à la mairie jusqu'à ce que la Constitution fût achevée.

A Paris, les électeurs choisirent de nouveau Bailly, comme maire de la capitale, par douze mille voix.

Danton qui était candidat à la même place n'obtint que 49 voix, Camus et Freteau un nombre à peu près égal ;

Marat eut une voix et Louis XVI une aussi ; le bulletin en faveur du roi était ainsi libellé : « Le roi, afin qu'il ait une autorité quelconque. »

Le duc d'Orléans avait mis en mouvement toutes ses relations et toutes ses intrigues pour essayer d'obtenir ce poste de maire, qui plaçait le titulaire sur le même pied que le président de l'Assemblée qui était presque l'égal du roi dans toutes les cérémonies publiques. Mais les agissements du duc avaient échoué. A ce sujet, Camille Desmoulins écrivait très malicieusement dans son journal : « Jamais on ne vit une si grande cherté de suffrages. Philippe d'Orléans qui, à entendre les aristocrates, avait emprunté en Hollande dix-huit millions pour être maire, n'a pu acheter que 12 voix avec ses dix-huit millions. »

Camille critiqua l'élection de Bailly, le triomphe de la bourgeoisie égoïste et tracassière.

— On cherche, disait Desmoulins, la raison de cette majorité de suffrages si absolue qu'a obtenue M. Bailly. On se demande ce qu'il a fait? Le serment du Jeu de Paume? mais n'aurait-il pas été le dernier des hommes s'il se fût conduit d'une autre manière?

Bailly resta donc maire de Paris et continua à en toucher le traitement de cent mille livres, ce qui représenterait aujourd'hui une somme au moins quatre fois supérieure.

Il faut faire remarquer que seuls quatorze mille citoyens actifs prirent part à l'élection, tandis que six cent mille citoyens non actifs regardèrent les bourgeois plus riches qu'eux leur imposer un maire.

Bailly tenait du reste beaucoup à cette place, non pour le

profit que cela lui rapportait, mais pour les honneurs et les bénéfices de parade qu'il en retirait. Madame Bailly partageait le désir de se montrer avec lui et elle se donnait un plaisir très grand à faire porter ses dépêches par des domestiques vêtus de livrées aux couleurs nationales avec boutons aux armes de la Ville de Paris ; elle aimait aussi à employer des soldats pour ses commissions du ménage, comme pour aller chez sa marchande de modes lui apporter son pouf et ses cornettes.

Presqu'en même temps que Barnave était élu maire à Grenoble, il avait à Paris un duel avec Cazalès le député royaliste, duel qui faisait grand bruit. Barnave, dans la discussion à laquelle avait donné lieu le meurtre de Foulon n'avait pas craint de dire :

— Le sang qui a coulé est-il donc si pur ?

A partir de ce moment le côté droit ne perdit pas une occasion de le provoquer par des sarcasmes ou des interruptions.

A la suite de la séance du mardi 10 août qui avait été consacrée à la réorganisation judiciaire et dans laquelle le jeune député de Grenoble parla en faveur de l'élection des juges, comme il descendait de la tribune, il entendit Cazalès dire en élevant la voix et en le regardant de travers :

— Tous ces membres de la majorité sont des jean-foutres et de foutus gueux !

Barnave n'opposa à cette grossière insolence royaliste que le calme le plus poli, il se contenta de demander :

— Parlez-vous collectivement, monsieur, ou bien cette insulte m'est-elle personnelle ?

— L'un et l'autre, répondit Cazalès.

Cazalès était un jeune député royaliste de talent et de caractère, mais il avait l'esprit prompt et cette vivacité propre à ses concitoyens (il était de Toulouse), qui si souvent ressemble à des ressentiments.

Voici au surplus le duel raconté par Alexandre de Lameth, le témoin de Barnave (1).

« Cazalès et Barnave étaient à l'Assemblée dans une complète opposition. A la séance du 10 août 1790, Cazalès adressa au côté gauche de l'Assemblée dans lequel siégeait Barnave, quelques mots très vifs, que celui-ci put prendre pour lui et auxquels il répondit avec politesse, mais avec fermeté. A la fin de la séance, Cazalès vint à Barnave et lui dit :

« — Au fond, il n'y a rien ; tous deux nous avons fait nos preuves ; si vous le voulez, nous en resterons là.

« La réponse fut :

« — Je suis bien aise de votre jugement, c'était le mien.

« Cependant, tout était loin d'être terminé. Le lendemain, de grand matin, Cazalès, accompagné du duc de Saint-Simon, arriva chez M. de Lameth où demeurait Barnave, qu'il réveilla en leur disant :

« — Je suis exactement dans la même disposition qu'hier, mais mon parti ne veut pas que j'en reste là, et, à regret, je viens vous le dire.

« — Je l'avais prévu, répondit Barnave.

(1) Ces notes ont été publiées pour la première fois, par M. le pasteur Dide dans la revue *la Révolution française*, t. II, p. 555.

« — J'en suis désolé, reprit Cazalès, mais enfin quand ? où ? et quelle arme choisissez-vous ?

« — Dans une heure, au bois de Boulogne, le pistolet, fut la réponse de Barnave.

« On alla sur le terrain, Alexandre de Lameth assistait Barnave ; son frère Théodore était allé chercher le célèbre chirurgien du Fouarre, et l'avait placé, isolé, à peu de distance du théâtre du combat ; il se tenait lui-même dans l'éloignement.

« — C'est à vous, qui avez été provoqué, à tirer le premier, dit Cazalès.

« — Il n'y a pas eu offense d'intention, répondit Barnave.

« — Je le crois de votre part, je l'affirme de la mienne ; nous allons donc tirer au sort.

« Au même instant, Alexandre de Lameth présenta sa main fermée à Cazalès en disant :

« — *Pair ou non ?*

« Après quelque résistance, Cazalès prononça :

« — Impair.

« Et voyant qu'il s'était trompé, il ajouta :

« — Vous savez que je suis joueur, et vous avez pensé que je dirais ainsi.

« A treize pas, Barnave tira, mais n'atteignit pas. Cazalès ajusta à son tour ; son arme fit deux fois faux feu.

« — Mon Dieu ! s'écria-t-il, que je vous fais d'excuses.

« — Je suis là pour attendre, dit Barnave.

« Au troisième essai, le coup partit, mais encore sans

résultat. On aurait dû en rester là ; Alexandre de Lameth le désirait vivement ; mais soigneux à l'excès de la réputation de son ami, et voyant l'autre, le duc de Saint-Simon, plus âgé que lui, garder le silence, il crut devoir l'imiter.

« On rechargea les armes ; les balles, selon l'usage alors, étaient entourées de rubans, pour les fixer le plus exactement ; Cazalès le fit remarquer avec une innocente malignité en disant :

« — Sommes-nous galants pour vous, monsieur, c'est du tricolore.

« Pendant cette triste opération, les deux adversaires se promenant amicalement, Cazalès dit à Barnave :

« — Je serais inconsolable de vous tuer, mais vous nous gênez beaucoup ; je voudrais seulement vous mettre hors de la tribune pour quelque temps.

« — La crainte qui vous occupe, reprit Barnave, me tourmente à votre égard depuis ce matin ; mais je suis plus généreux que vous en désirant vous atteindre à peine, car vous êtes la toute-puissance de votre côté, peu riche en orateurs, tandis que, dans le mien, à peine s'apercevrait-on de mon absence.

« Le duc de Saint-Simon fit signe qu'on pouvait s'avancer ; le sort de nouveau fut consulté ; cette fois il prononça : Cazalès tomba frappé au front. Son premier cri fut :

« — Eh bien ! je suis ici pour cela.

« Un chapeau à la forme du temps avait heureusement empêché la balle de pénétrer trop avant, mais le sinus frontal était brisé. Du Fouarre accourut, il examina la blessure et s'écria :

« — *Cela ne sera rien !*

Cazalès répéta l'exclamation ; mais craignant d'avoir montré trop d'intérêt pour lui-même, il ajouta aussitôt :

« — C'est la bête qui parle.

« Puis, apercevant M. Théodore de Lameth qui s'était tenu à l'écart dans le bois, il dit à Alexandre :

« — Pourquoi votre frère n'approche-t-il pas ?

« — Parce que, répondit celui-ci, vous n'avez qu'un témoin, Barnave ne peut en avoir deux.

« — Est-ce que, répliqua vivement Cazalès, des gens comme nous ont besoin de témoins, si ce n'est pour les ramasser ? Ne le sont-ils pas d'un côté comme de l'autre ?

« La voiture d'Alexandre de Lameth, meilleure que la sienne lui fut offerte ; il la refusa d'abord, puis il reprit vivement :

« — Oui, je l'accepte, il faut que ce soit ainsi.

« La bienveillante pensée fut à l'instant comprise et appréciée.

« Depuis cette époque, en conservant leurs opinions, Barnave et Cazalès furent liés de la plus étroite amitié. »

Barnave n'en était du reste pas à son coup d'essai ; il n'avait que dix-sept ans quand il s'était battu pour la première fois pour venger une insulte faite à son frère plus jeune que lui de deux ans ; il reçut dans cette affaire un coup d'épée qui mit ses jours en danger. Au mois de mars 1790 il s'était battu avec le duc de Noailles, il avait manqué son adversaire qui, de son côté, avait tiré en l'air, et on s'était réconcilié sur le terrain.

A la suite de son duel avec Cazalès, la nouvelle de la mort de ce dernier courut dans Paris et l'orateur populaire Lafite lut la pièce suivante au café Procope :

> *Cazalès en duel a provoqué Barnave,*
> *Mais ce duel nous a prouvé*
> *Que le grand orateur peut encore être brave :*
> *L'Homme d'épée est mort et le maire est sauvé ;*
> *L'Homme libre a tué l'esclave.*

Le soir les amis du jeune maire de Grenoble l'amenèrent au club des Jacobins où on lui fit les honneurs de la séance en le nommant président; mais il était tellement ému qu'il put à peine dire quelques mots.

Les royalistes se dispensèrent désormais de ces invectives et de ces railleries dont ils avaient pris l'habitude : ils étaient vaincus doublement, — à la tribune et sur le terrain.

Quant à Barnave, pendant un an encore, il restera fidèle au parti populaire; puis, tout à coup, il changera de front et d'opinions, il deviendra un des soutiens, des conseils et des défenseurs de la cour. Nommé un des trois commissaires pour aller au devant du roi, il se trouva pendant deux jours dans la voiture du roi, aux côtés de Marie-Antoinette; les sourires de la femme métamorphosèrent le révolutionnaire en royaliste fervent.

Du 11 au 17 août 1790.

XXXIII

AGITATIONS DANS L'ARMÉE

Tracasseries des officiers. — Le maître d'armes Roussière. — Provocations. — Les soldats se font justice eux-mêmes. — La garnison de Nancy. — Régiment du roi. — Mestre-de-camp. — Chateauvieux. — Insolence et provocations des officiers. — Vexations. — Lecture publique des pamphlets royalistes — Quinze cents duels. — But des officiers. — « Les retenues ». — Vols. — Les trois régiments de Nancy demandent des comptes. — Deux suisses fouettés. — Proclamation du décret du 6. — Les régiments consignés. — Excuses de Denove. — L'affaire des caisses. — Huit députés envoyés a l'Assemblée. — Décret injuste. — Les huit députés arrêtés a Paris. — Agitation populaire.

L'esprit révolutionnaire avait pénétré dans l'armée, est-il besoin de le dire? et cette armée composée, recrutée, comme nous l'avons indiqué dans un précédent chapitre, souffrait encore de tous les abus monstrueux de la royauté ; les soldats étaient soumis à des officiers tenant leurs grades des privilèges de l'ancien régime et qui se vengeaient sur leurs soldats, par des tyrannies indignes et des tracasseries odieuses, des progrès et des idées nouvelles.

D'abord, les royalistes avaient tenté de travailler l'esprit de l'armée ; vaincus de ce côté, et la trouvant rebelle à cette propagande, s'apercevant qu'elle était acquise aux principes révolutionnaires, ils essayèrent de faire tourner l'armée contre l'Assemblée en lui infligeant toutes sortes de mauvais traitements qu'ils disaient appliqués par les ordres des députés.

Quelques officiers nobles commençaient à passer au service de l'étranger, plusieurs avaient pris du service en Autriche ; d'autres s'ingéniaient à créer des rivalités entre les soldats des régiments et les gardes nationaux des villes où ils tenaient garnison.

Ainsi, à Nancy, un maître d'armes du régiment du roi appelé Roussière, était payé par les officiers pour attaquer, la nuit les bourgeois et indisposer de la sorte la population contre les soldats. Ce Roussière se déguisait en garde national ou en bourgeois et provoquait ensuite les soldats.

Les soldats de son régiment s'aperçurent des menées de ce Roussière qui était de première force à l'épée et tuait en duel tous ceux qui acceptaient ses insolentes provocations. On le saisit dans une chambrée, on l'interrogea et il finit par avouer qu'il avait été poussé à ces provocations quotidiennes et payé par trois jeunes officiers royalistes : Charitabelle, Chasfontaine et Bissy.

Les soldats se plaignent, demandent que Roussière qui a accepté un pareil rôle, soit passé par les banderolles, sorte de cérémonie infamante dans laquelle le condamné était obligé de traverser tout le régiment aligné sur deux rangs, recevant à son passage devant chaque soldat un coup appliqué sur les épaules avec la bretelle du fusil, détachée à cet effet ; cela équivalait à une dégradation.

Les officiers supérieurs n'osent pas résister, mais au lieu de condamner Roussière aux banderolles, on lui inflige trois mois de prison qu'il n'aurait pas subis, car on l'aurait certainement fait évader. Les soldats comprennent le subterfuge, ils réclament qu'on amène le coupable au quartier où ils désirent le garder ; ils l'obtiennent. A peine Roussière a-t-il paru qu'on l'entoure, on le coiffe d'un bonnet de papier portant sur le devant ce mot : ISCARIOTE et sur le derrière cette inscription : *c'est ainsi que l'honneur punit la bassesse.*

On coupe les cheveux du misérable, grave injure à une époque où les soldats portaient tous la queue et les cadenettes ; puis, on le chasse de la caserne.

Quant aux trois officiers qui avaient lancé ce spadassin tour à tour contre les soldats et contre les bourgeois, ils s'enfuirent, franchirent la frontière et allèrent prendre du service dans les corps d'expédition que l'Autriche lançait contre les patriotes belges.

Il y avait à ce moment à Nancy trois régiments en garnison :

Le Régiment-du-Roi, Mestre-de-Champ, et Chateauvieux

Le Régiment-du-Roi, dont le roi était colonel, était un régiment de cavalerie portant le costume bleu réservé aux soldats privilégiés ; on lui avait maintenu ses quatre bataillons par faveur spéciale quand l'ancien ministre de la guerre, Saint-Germain, avait dédoublé tous ses autres régiments ; il comptait à peu près deux cents officiers dont la moitié n'avaient pas vingt ans et appartenaient tous aux premières familles de la noblesse. Les soldats de ce régiment étaient aussi en dehors des règles ordinaires du recrutement ; ils avaient le droit de suivre les cours de mathématiques, de fortifications, professés pour les officiers ; plusieurs de ces simples militaires sortaient de la bourgeoisie riche ; malgré cela la grande majorité était acquise aux idées révolutionnaires.

Les cavaliers du Mestre-de-camp tenaient aussi pour l'Assemblée nationale ; de même du Chateauvieux composé de soldats suisses, mais de la Suisse française, du pays de Vaud et du lac de Genève. Lors de la prise de la Bastille, ce régiment, en garnison à Paris, campé au Champ de Mars, refusa de tirer sur le peuple quand les Parisiens allèrent prendre des armes aux Invalides.

En présence de ces trois régiments absolument patriotes, les officiers affectaient une insolence de tous les instants pour les décrets de l'Assemblée et s'appliquaient à tout ce qui pouvait irriter les soldats. Au moment de la Fédération ils avaient refusé d'y assister ; puis, réfléchissant, ils s'y étaient rendus en petite tenue et vêtus de vieux costumes sales et déchirés comme ceux que l'on met pour les corvées désagréables.

Parlant des *Droits de l'Homme*, un d'eux avait dit un jour devant les hommes :

— Votre *Déclaration des Droits*, c'est une toile d'araignée que nous saurons bien balayer.

Un autre jour, un autre officier à qui on demandait si vraiment les Autrichiens allaient venir en France, comme le bruit en courait, répondait :

— Oui, ils viennent, ces braves Autrichiens et c'est pour vous châtier !

Les vexations affectaient souvent les formes d'une révoltante mesquinerie ; ainsi le chien d'un soldat ayant mordu à la patte le chien d'un colonel, on fit tuer le chien du soldat devant lui, et son maître fut mis en prison pour un mois.

Les officiers faisaient lire à l'appel du matin, et devant les compagnies sous les armes, des pamphlets écrits exprès que l'on attribuait aux députés patriotes, mais en réalité l'œuvre des royalistes et dans lesquels on insultait l'armée et surtout les soldats.

Les officiers avaient tellement su créer la division entre les soldats eux-mêmes, tant ils désiraient des troubles, qu'à un moment donné, à Nancy, quinze cents hommes, soixante par compagnie, étaient à la veille de se battre contre un nombre égal appartenant aux autres corps. Un soldat ayant plus de bon sens réunit ces deux partis et demanda le motif de ces duels ; personne ne put le donner : aussi y renonça-t-on.

Le but des officiers était bien simple : ils désiraient voir éclater des troubles afin de pouvoir faire de faux rapports à l'Assemblée pour obtenir d'elle des décrets de rigueur contre les soldats qu'ils voulaient punir de cette façon de leur attachement à la constitution ; nous allons voir que malheureusement ils réussirent dans leurs tristes projets, grâce à la complicité de Lafayette.

Les soldats avaient encore d'autres motifs de se plaindre en dehors des persécutions auxquelles ils étaient en butte.

A cette époque, nous dit Loustalot dans ses *Révolutions de Paris*, il existait dans les états-majors une sorte de rapine indigne de quiconque porte le nom d'officier, une espèce de brigandage connu sous le nom de *retenue*. Par des mémoires fidèles, qui nous ont été transmis, nous apprenons que cette manière de voler (quel autre nom peut-on lui donner ?) avait enlevé au régiment de Beauce deux cent quarante mille sept cent vingt-sept livres.

Quoi d'étonnant à cet état de choses quand on sait que souvent le colonel était à la fois caissier, administrateur et inspecteur de son régiment, tenant une comptabilité incomplète quand il en tenait une.

Les trois régiments de Nancy demandèrent des comptes de la *masse* du régiment représentant l'avoir collectif de tous les soldats. Les officiers du Mestre-de-Camp et du régiment-du-Roi s'exécutèrent, mais les officiers du régiment suisse Chateauvieux répondirent aux deux soldats délégués pour demander cette vérification en les faisant fouetter à la parade.

Ceci se passait le 11 août au matin.

Dans l'après-midi, les soldats des deux autres régiments français coururent à la caserne des Suisses où les délégués étaient en prison, mirent les deux captifs en liberté, obligèrent le colonel à les réhabiliter et à leur compter à chacun cent louis d'indemnité.

Le lendemain, 12 août, on devait proclamer publiquement à Nancy un décret de l'Assemblée nationale dissolvant les associations des soldats patriotes qui s'étaient formées dans les régiments et portant que le roi serait supplié de nommer des officiers généraux pour vérifier les comptes des caisses depuis six ans, en présence des plus vieux officiers, sous-officiers et de quatre soldats tirés au sort; qu'il serait sévi d'une manière terrible contre les fauteurs de toute nouvelle insurrection et qu'enfin il serait loisible à tout officier, sous-officier et soldat de faire parvenir ses plaintes, soit aux ministres, soit à l'Assemblée, et cela directement et sans intermédiaire.

Ce décret avait été rendu sur les incitations de Lafayette qui, au courant de l'effervescence de l'armée, voulait, comme il l'avait écrit à son cousin Bouillé, « frapper un grand coup. »

Le 12 était donc le jour choisi pour la proclamation publique à Nancy de ce décret. Denoue, le commandant de la place, consigne les troupes dans leurs quartiers; malgré cet ordre, à l'heure dite, les régiments prennent les armes et vont se ranger en bataille sur la place Royale.

Du 18 au 25 août 1790.

XXXIV

LES TROUBLES DE NANCY

Explications des soldats de Nancy. — Pescheloche, député a Nancy. — Esprit de conciliation des soldats. — Banquets. — Toast aux officiers. — Malseigne est nommé inspecteur. — Bravades et provocations de ce général. — Il pousse les Suisses a bout. — Malseigne a Lunéville. — Les carabiniers chargent les soldats de Nancy. — Maladresse de Lafayette. — Accord entre les carabiniers et les soldats de Nancy. — Un tragique incident. — Malseigne prisonnier. — Bouillé n'est pas content.

Cette semaine et la suivante furent encore occupées par les événements militaires de Nancy.

Les délégués des régiments de Nancy qui avaient été arrêtés, composèrent un mémoire et, l'opinion publique s'étant emparée de cette affaire, l'Assemblée fut obligée de s'intéresser aux prisonniers qui, du reste, furent interrogés et répondirent avec beaucoup de prudence et de raison.

Ce fut un jeune grenadier qui parla au nom de ses sept camarades.

— Ce n'est pas parmi les officiers, dit-il, que la révolution trouvera ses défenseurs. Laissez-nous nous instruire : les lumières banniront du milieu de nous des vices qui ne sont que les résultats d'habitudes grossières et de l'ignorance ; elles nous donneront de l'honneur et si l'armée est conduite par l'honneur, ce sera son meilleur général, son plus habile capitaine. Nous sommes pauvres, mais vous avez décrété que tous les hommes sont égaux en droits, qu'ils sont libres (1).

A Paris, on décida que Pescheloche, accompagné de deux des huit soldats arrêtés, irait à Nancy afin d'apporter des paroles de conciliation et aussi pour contrôler les rapports jusqu'ici reçus et de la véracité desquels l'exagération d'Emery avait fait douter. Pescheloche était, nous l'avons dit, un capitaine de la garde nationale parisienne.

Pendant que les deux soldats et le capitaine de la garde nationale sont en marche vers Nancy, le décret du 16 août y arrive ; il est transcrit sur les registres et lu dans les chambrées des casernes des trois régiments. Les soldats, comme on pense, éprouvèrent une vive irritation. Ils comprirent combien ils avaient dû être calomniés, et leur mécontentement augmenta encore en apprenant que leurs camarades, envoyés à Paris dans un but de conciliation, avaient été arrêtés.

Cependant, ils se soumirent et signèrent, comme le demandait le décret, un acte de repentir ainsi conçu :

« Nous, soussignés, grenadiers, chasseurs et soldats du régiment du roi, ayant reçu une députation en forme de la garde nationale de Nancy, laquelle nous a représenté les suites fâcheuses dans lesquelles nous aurions pu tomber, supplions l'Assemblée nationale, le roi et nos chefs, d'oublier les fautes que nous avons pu commettre. Nous promettons obéissance à la discipline et à nos chefs, res-

(1) *Journal des Révolutions de l'Europe*, t. XIII, p. 18.

pect et soumission aux décrets de l'Assemblée nationale, acceptés et sanctionnés par le roi. Nous prions la garde nationale de réclamer nos députés arrêtés à Paris, et de demander à l'Assemblée nationale et au roi, indulgence pour nous et pour eux (1). »

C'est dans ces dispositions pacifiques que Pescheloche trouva les soldats à son arrivée à Nancy ; les trois régiments lui firent, d'ailleurs, l'accueil le plus sympathique. Un banquet lui fut offert par les troupes, durant lequel les musiques se firent entendre, et, au dessert, des toasts furent portés à la nation, à la garde nationale de Paris, à l'Assemblée nationale, à Pescheloche, au roi. Avant de se séparer, un grenadier se leva et porta la santé suivante.

— Je porte, dit-il, la santé de messieurs les officiers de notre corps (2).

Cette santé à laquelle on ne s'attendait pas, provoqua tout d'abord un silence, mais le désir d'apaisement était tel, que tous les assistants s'associèrent à cette proposition et burent à la santé de ces officiers qui, depuis plusieurs mois, ne cessaient de les provoquer, de les tyranniser.

Pescheloche eut peu à faire en présence de ces sentiments de modération pour obtenir des régiments qu'ils restitueraient vingt mille cartouches à balle, enlevées des magasins, qu'ils rendraient les registres de l'état-major, qu'ils ne s'attrouperaient plus dans les rues en armes (3).

Tout allait pour le mieux, quand on apprit l'arrivée

---

(1) *Rapport de Sillery*, p. 23.
(2) *Lettres de Pescheloche*, p. 7.
(3) *Ibid.*, p. 9.

dans la ville d'un officier appelé de Malseigne qui était envoyé par le roi pour rectifier les comptes. Le choix de cet officier ne pouvait pas être plus mauvais. Malseigne était un officier ultra-royaliste et, dans la fonction qu'on lui avait confiée, tandis qu'il aurait fallu de la modération, de la prudence, de la conciliation, il n'apporta que de la bravade et des provocations.

A peine arrivé, il alla au quartier du régiment des Suisses, commença par faire des récriminations, par accabler les soldats de reproches (1); tandis qu'il avait pour mission de rendre justice aux soldats, il montra trop qu'il voulait venger les officiers, ses camarades. Il revint plusieurs jours de suite à la caserne, se montra de plus en plus sévère, de plus en plus violent.

On aurait dit qu'il désirait raviver les troubles et il finit par obtenir ce résultat.

Un matin que le régiment se trouvait réuni dans la cour, renouvelant ses réclamations, Malseigne, dominant le tumulte, demanda ce que les soldats voulaient définitivement :

— Notre argent et que vous nous jugiez, s'écrie-t-on.

Le général Malseigne répondit à ces demandes qu'il avait, du reste, mission de satisfaire, par des menaces dont les murmures empêchaient de comprendre le sens ; mais les gestes de Malseigne indiquaient suffisamment la signification de son langage. Comme il voulait s'éloigner, probablement pour aller donner les ordres dont il avait menacé le régiment, un soldat s'écria :

(1) *Détails des événements survenus à Nancy*, par le baron Salis Samade, p. 11.

— Qu'on l'empêche de sortir !

En effet, la sentinelle voulut lui barrer le passage, elle croisa la baïonnette :

— On ne sort pas.

— Qui a donné la consigne ? demande Malseigne.

— Les soldats.

— Mais je suis votre général ; je suis l'inspecteur...

— On ne sort pas, répond de nouveau la sentinelle.

Malseigne tire son épée dont il veut frapper le factionnaire, mais son épée s'étant rompue sur le chien du fusil, il prend celle du prévôt de la maréchaussée et blesse deux hommes. Puis, se faisant jour à travers les soldats, il se retire tranquillement et sans marcher trop vite (1).

La guerre était de nouveau déclarée et Malseigne avait fini par obtenir ce qu'il paraissait si vivement désirer, ce qu'il semblait chercher avec tant de soin, une recrudescence de mutinerie. Cependant, cette fois, on pouvait facilement venir à bout de la sédition, puisqu'elle était cantonnée dans le régiment suisse de Châteauvieux, les deux autres régiments blâmant sa conduite (2).

Mais, comme pour pousser les choses à bout, Malseigne donne l'ordre aux Suisses de partir pour Sarrelouis ; ils refusent jusqu'à ce que les comptes de la garnison soient rendus. Ils avaient un grand nombre de créanciers à Nancy et ils ne voulaient point partir sans les payer ; pourtant devant l'offre qui leur fut faite de déposer chez un ban-

---

(1) *Rapport de Sillery*, p. 25.
(2) *Procès-verbal de la municipalité de Nancy*.

quier, jusqu'après la vérification des comptes la somme, qu'ils demandaient, Châteauvieux se disposait à obéir, quand les soldats du Régiment du roi et de Mestre-de-camp craignant aussi qu'on ne leur fît quitter Nancy (1), prirent en main la cause de leurs camarades qu'ils désapprouvaient la veille et se refusèrent à leur laisser quitter la ville.

La maladresse de Lafayette augmenta encore les désordres ; en effet, les aides de camp du commandant de la garde nationale parcouraient la campagne, recrutant les gardes nationaux qu'ils réunissaient à 3,000 hommes d'infanterie et à 1,400 cavaliers tous Allemands commandés par Bouillé et qui allaient marcher contre les trois régiments de Nancy (2).

Malseigne disparut et se réfugia à Lunéville où un régiment de carabiniers, dont il avait été autrefois major-général, était en garnison. Dès que la fuite de Malseigne est connue, deux cents cavaliers du Mestre-de-Camp se mettent à sa poursuite. Pendant ce temps, le général arrivé à Lunéville fait sonner le boute-selle, des carabiniers montent à cheval et il les lance sur la route de Nancy où ils rencontrent les cavaliers de Mestre-de-Camp, qu'ils chargent le sabre en main, en tuent plusieurs, en blessent d'autres et ils en font même quelques-uns prisonniers. Ceux qui peuvent s'échapper retournent à bride abattue à Nancy en criant :

— Trahison ! On a tué nos frères d'armes !

Trois mille hommes, pris dans les trois régiments, se

---

(1) *Louis Blanc*, t. V, p. 27.
(2) *Rapport de Sillery*.

dirigèrent vers Lunéville et arrivèrent vers une heure et demie du soir à une lieue de la ville. La troupe s'arrêta, attendant le lendemain.

Mais revenus de leur premier entraînement, les carabiniers ne tardent pas à se demander pour qui ils se sont déjà battus et pourquoi ils vont se battre encore contre des camarades. Le résultat de cette délibération fut de mettre bas les armes ; des carabiniers envoyèrent des députés aux soldats de Nancy, leur proposant un accord amiable et leur offrant même de rendre Malseigne, à la condition expresse qu'il ne lui serait fait aucun mal jusqu'à ce que l'Assemblée nationale eût décidé, ce qui fut convenu et accepté.

Cet accord faillit être troublé par un incident qui manqua de rallumer la querelle. Un soldat du Mestre-de-Camp qui, la veille, avait fait partie de l'escorte de deux cents hommes mise en fuite par les carabiniers, apercevant un adjudant qui avait tué son frère se précipita sur lui, et à l'instant même où l'adjudant embrassait un soldat du régiment du roi, le cavalier lui brûla la cervelle d'un coup de pistolet (1).

On parvint à expliquer ce tragique événement, et les trois mille soldats rentrèrent à Nancy, ramenant dans une voiture Malseigne, en pantoufles, en robe de chambre et en bonnet de nuit.

Il était encore possible d'éviter une nouvelle effusion de sang, mais le parti royaliste avait besoin de ce qu'il appelait un exemple et Bouillé va exécuter ce mas-

---

(1) *Bibliothèque historique de la Révolution.* Nancy, 326.

sacre de soldats, de vieillards, de femmes et d'enfants.

Pendant que ces lamentables événements se passaient à Nancy, le roi faisait parvenir à l'Assemblée un état des maisons royales et domaines dont il désirait conserver la jouissance.

Voici cet état :

« Le Louvre, les Tuileries, les maisons en dépendant, les Champs-Elysées, Vincennes, La Muette, Choisy-Le-Roi, Versailles, Marly, Saint-Cloud, Meudon, Saint-Germain, avec les maisons et les serres qui en dépendent ; Fontainebleau, Compiègne, Rambouillet, avec les biens ecclésiastiques qui y sont enclavés, et les bois de l'abbaye de Barbaux, quoique placés de l'autre côté de l'eau ; Chambord, la terre du Pin en Normandie, la serre de Pompadour en Limousin ; ces deux dernières terres sont destinées à conserver les haras qui y sont établis (1) ».

Soit un total de 15 palais ou résidences royales.

Le lendemain Louis XVI compléta cette liste en envoyant une lettre d'une députation du Béarn au sujet du château de Pau berceau d'Henri IV.

« Nous avons renoncé à notre constitution, disaient ces députés, parce que Votre Majesté l'a désiré et le bonheur de la France l'exigeait. Les Béarnais voient avec douleur que le berceau du bon Henri va être mis en vente. Ils tiennent à ce château plus qu'à leur fortune, plus qu'à leur vie (2). »

Louis XVI exprimait le désir, par respect pour le ber-

---

(1) *Moniteur.*
(2) *Ibid.*

ceau de son aïeul, de conserver également le château de Pau.

A cette liste il fallait encore ajouter les terres et biens ci-dessous dont le roi avait la disposition pendant tout son règne, les ayant acquis personnellement, sans réunion au domaine de la couronne.

Terre de l'Isle-Dieu, acquise de M. de Soubise, 24 décembre 1784.........	1,500,000 Liv.
Terre de Saint-Briest et de Saint-Etienne-en-Forez, acquises de M. Gilbert, 2 février 1787	1,335,935 Liv.
Forêts de Lamors et de Floranges, acquises de M. de Liancourt, 20 juillet 1785......................	1,200,000 Liv.
Terre de Montgommery, acquise de M. Clément-Darville, 20 juillet 1785.	3,306,604 Liv.
Terre de Bois-le-Vicomte, acquise de M. Archambault-Périgord, 1er août 1785.........................	1,450,000 Liv.
Total.........	8,792,539 Liv.

Dans cette nomenclature n'étaient pas compris une multitude de petites acquisitions de maisons, de terrains pour chenils, faisanderies et objets semblables (1).

(1) *La Chronique de Paris.*

Du 26 août au 1er septembre 1790.

XXXV

LA REVANCHE DE BOUILLÉ

Astuce de Bouillé. — Terreur a Nancy. — Deux délégations envoyées a Bouillé. — Insolence de ce général. — Cris de rage. — Conditions inacceptables. — Ultimatum. — On obéit — Trahison ! — Héroisme de Deville. — La lutte est engagée. — Exemple d'héroisme civil d'une femme du peuple. — Carnage. — Trois mille cadavres. — Sauvet. — Un chirurgien expie son humanité. — Lettre abominable de Louis XVI. — Douleurs des patriotes. — Mort de Loustalot.

Bouillé qui voulait frapper un coup imposant se mit en marche contre la ville de Metz avec une armée composée de 2,200 hommes d'infanterie et 1,440 cavaliers.

Le jour même, l'astucieux général écrit à l'Assemblée pour lui demander deux députés ayant mission de pacifier les esprits et d'arranger les affaires; et, en même temps qu'il fait cette demande, sans attendre la réponse, il se met à la tête de sa troupe et marche contre la ville de Nancy sous les murs de laquelle il se trouva le 31 août.

En apprenant l'arrivée à Nancy des soldats de Bouillé à la tête de ce fameux régiment Royal-Allemand dont les soldats ne parlaient pas français et qui était comme la personnification de l'armée mise au service du royalisme le plus outré, les habitants de Nancy crurent que Bouillé venait, comme il en avait été si souvent question, opérer un mouvement contre-révolutionnaire.

Les soldats des trois régiments de Nancy se mirent immédiatement en état de défense et toute la population pauvre de Nancy, sincèrement attachée aux idées nouvelles, partageant la terreur qu'inspirait Bouillé aux soldats vint se joindre aux trois régiments.

Cependant, dans cette journée du 31, deux députations de la garde nationale de Nancy furent envoyées à Bouillé.

La première arriva au campement du général à onze heures du matin, la seconde à trois heures ; toutes deux demandèrent quelque temps de répit, le temps de laisser se calmer les esprits dans la ville, après quoi il serait certainement facile de s'entendre.

Mais Bouillé, le général royaliste, ne voulut accorder aucun délai.

Quoi ! l'on demande du temps pour amener l'apaisement, et Bouillé refuse ? est-ce qu'on ignore donc que le général aristocrate est de ceux qui pensent que la guerre civile est le seul moyen de rendre à la royauté son autorité ; aussi cette guerre civile, il la veut à tout prix ; il la lui faut, il l'aura. L'occasion se présente de la déclarer et l'on vient lui demander de la laisser échapper ; allons donc ! il veut frapper un grand coup ; il le frappera.

Il reçut la députation debout, le chapeau sur la tête, l'air insolent, la parole provocante. Avant que les délégués eussent même ouvert la bouche, il les accueillit par ces mots :

— Je me propose de passer au fil de l'épée toute la ville (1) !

---

(1) *Extraits des registres de la municipalité de Nancy*, p. 48.

Et se tournant vers ceux qui l'entouraient, il leur demanda :

— Sont-ce là vos sentiments ?

— Oui ! oui ! s'écrie-t-on de toutes parts ?

Pourtant un des envoyés essaie d'entrer en matière par un compliment qui devrait toucher un vieux militaire :

— Vous qui avez été toujours le père des soldats...

Bouillé l'interrompt par ces mots cruels :

— Oui, du soldat soumis, mais le soldat rebelle, je l'abandonne et si je me souviens de lui c'est pour le punir selon la rigueur des lois.

Les envoyés veulent insister, mais l'entourage du général les en empêche et s'écrie en leur montrant le poing :

— Ce sont des coquins, ce sont des traîtres, il faut les pendre (1) !

Le soir, les envoyés firent parvenir aux habitants assiégés la communication suivante.

« Citoyens de Nancy :

« Nous n'avons que le temps de vous mander les intentions de M. de Bouillé.

« Il exige :

« Que la garnison de Nancy sorte de la ville ayant à sa tête MM. Malseigne et Denoue.

« Et que quatre hommes par régiment, reconnus chefs de la discorde, soient à l'instant envoyés à l'Assemblée pour y être jugés suivant la rigueur des lois.

(1) *Mémoires de Bouillé*, ch. IX, p. 150.

« Si les régiments persistent, dans les vingt-quatre heures après l'arrivée des députés, il entrera dans Nancy à force ouverte et se propose de passer au fil de l'épée quiconque sera trouvé les armes à la main. »

Ainsi on demandait à des soldats français de livrer quatre des leurs pour en faire les boucs émissaires d'une action commune ; n'était-ce pas demander l'impossible ? Les soldats de Nancy se refusèrent avec indignation à un acte aussi déloyal.

Cette communication arriva à Nancy un peu avant trois heures ; immédiatement, les soldats des trois régiments envoyèrent la seconde députation à laquelle Bouillé répondit par l'ultimatum suivant :

« Dans une heure MM. Malseigne et Denoue seront hors la ville, ainsi que les trois régiments reposés sous les armes ; sinon j'entre à coups de canon (1). »

Cette fois on ne demandait plus d'otage ; c'étaient les régiments en entier qui devaient se rendre et partager le même sort. Les trois régiments acceptent et, à quatre heures, ils sortent de la ville pour aller se ranger sous les remparts aux cris de :

— La loi ! la loi !

Seuls quelques Suisses du régiment de Chateauvieux sont demeurés derrière la porte Stainville avec quelques gardes nationaux. Ce ne pouvait être un danger sérieux,

(1) *Rapport de Sillery*, p. 50.

puisque, en une heure, la garnison tout entière avait accepté le dur *ultimatum* de Bouillé, et il aurait été très facile en attendant quelques heures de vaincre la dernière obstination de cette poignée de Suisses ; tout se serait ainsi passé sans effusion de sang. Mais alors le grand coup de Bouillé manquait et le général ne voulait pas laisser échapper une si belle occasion de voir éclater la guerre civile et le désordre au milieu desquels il espérait pouvoir rétablir l'autorité royale.

Aussi, au lieu d'attendre, il lance son aide de camp Rodais du côté de la porte Stainville à la tête d'une colonne.

— Qui vive ? crie derrière la porte un garde national.
— Ami, répond Rodais.
— Si vous êtes amis, retirez-vous.
— Nous venons apporter ici le bon ordre, continue l'aide de camp de Bouillé.

Et sans plus attendre, il pousse à pleins poumons le commandement de la cavalerie :

— En avant, marche (1) !

La colonne de Rodais va franchir la porte, les soldats de Nancy veulent se défendre ; on pointe le canon et l'ordre est donné de tirer.

Alors un jeune officier breton du régiment du Roi, nommé Désille, essaie d'éviter l'effusion du sang. Il se jette sur la bouche même du canon en s'écriant :

— Non, mes amis, vous ne tirerez pas !

---

(1) *Nouveaux détails authentiques, arrivés de Metz, sur la marche de l'armée de Bouillé*, p. 7.

On l'arrache de sur la pièce, il s'y replace de nouveau et tombe enfin déchiqueté (1).

Se croyant trahis, les soldats des trois régiments qui sortaient de la ville rentrent précipitamment dans leurs casernes pendant que Bouillé de son côté s'empresse d'enlever la porte Stainville à coups de canon (2).

La lutte commence alors dans les rues ; des coups partent des croisées, des soupiraux des caves ; le massacre est épouvantable ; on voit les soldats de Bouillé au milieu du sang qui coule à grands flots dans les ruisseaux de la ville, éventrer des femmes enceintes, et dépecer des petits enfants (3).

Il y eut des exemples de courage demeurés ignorés. Une femme du peuple nommée Humbert, au risque d'être massacrée, voyant que les soldats de Bouillé pointaient un canon sur une troupe de Nancéens, jeta sur la lumière du canon un seau d'eau et empêcha le coup de partir.

A sept heures du soir, Bouillé écrivait que « l'ordre régnait dans la ville. »

Oui, l'ordre régnait, car trois mille cadavres étaient étendus sur le pavé.

A ce moment, des députés, envoyés par l'Assemblée nationale sur la demande de Bouillé qui s'était bien gardé de les attendre, écrivaient :

« Nous sommes arrivés non dans une ville, mais dans un cimetière ! »

---

(1) *Rapport de Sillery*, p. 57.
(2) *Ibid.*, p. 59.
(3) *Histoire abrégée de la Révolution française*, par l'auteur de l'*Histoire de Louis XVI*, t. I, liv. II, p. 71.

Le lendemain, la haine froide succéda aux massacres ; les officiers qui avaient combattu la veille s'instituèrent juges et formèrent des tribunaux qui, pour aller plus vite, condamnaient sans entendre.

« Concevant, ont-ils écrit, l'indispensable nécessité d'une justice prompte et vigoureuse, nous nous sommes abstenus des formes ordinaires. »

Vingt et un soldats Suisses furent pendus par ordre de leurs chefs, le vingt-deuxième fut roué ; en mourant sur la roue il s'écria :

— Bouillé est un scélérat, plus tard on connaîtra sa trahison et notre innocence. Je meurs : Vive la nation (1) !

Le martyr se nommait Sauvet.

Un des chirurgiens de Châteauvieux fut condamné aux galères pour avoir pansé les blessés sans distinction et prononcé de belles paroles qui furent punies comme un crime :

— Je ne vois pas un rebelle dans un camarade expirant (2).

L'Assemblée nationale, malgré les efforts généreux de Robespierre et sur la proposition de Mirabeau, approuva les actes de Bouillé.

Louis XVI écrivit à l'Assemblée une lettre où on remarque ce passage abominable :

« Je me félicite de voir la paix rétablie dans la ville de

---

(1) *Histoire abrégée de la Révolution française*, par l'auteur de l'*Histoire de Louis XVI*, t. I, liv. II, p. 83.

(2) *Ibid.*

Nancy grâce à la fermeté et à la bonne conduite de M. de Bouillé. — J'ai de cette affligeante mais nécessaire affaire une extrême satisfaction ! »

Qu'on nous parle encore de la magnanimité de ce roi !

Les vrais patriotes furent saisis d'une sainte douleur en apprenant ces atrocités.

Loustalot, jeune avocat de vingt-huit ans qui aurait sans nul doute joué un grand rôle, Loustalot qui avait quitté le barreau de Bordeaux pour prendre la première place dans le journalisme parisien où il avait créé les *Révolutions de Paris*, Loustalot ne résista pas à cette monstrueuse hécatombe de citoyens et il mourut, on peut le dire, de désespoir et de douleur.

Du 2 au 8 septembre 1790.

XXXVI

UNE PAGE D'AMOUR

Camille rencontre Lucile dans le jardin du Luxembourg. — Desmoulins amoureux. — Vie de jeune homme. — Les fêtes de Monceaux données par le duc d'Orléans. — Refus de Robespierre. — Mademoiselle Paméla. — La beauté de Lucile. — La laideur de Camille. — Les bonnes fortunes de Camille. — Une pièce de vers amoureux. — Demande en mariage. — Refus du père. — Le carnet de Lucile. — Madame Duplessis conquise. — Les amoureux séparés. — Tendres aveux de Lucile. — Le père est vaincu.

Pendant que ces tragiques événements se passent à Nancy, jetant une forte émotion dans toute la France, un doux roman se déroule dans un coin de la capitale, ayant pour héros un des principaux personnages de la Révolution, Camille Desmoulins, et une jeune fille qui, à force de tendresse et d'affection pour le célèbre journaliste, va en quelque sorte imposer son amour à l'histoire ; nous voulons parler de Lucile Duplessis que Camille épousera dans quelques mois.

Camille Desmoulins avait rencontré la jeune fille accompagnée de sa mère dans les jardins du Luxembourg et insensiblement il en était devenu éperdûment amoureux.

Elle avait quinze ans quand il la vit pour la première

fois et, peu à peu, sans s'en apercevoir, l'enfant devenant femme, Camille eut pour elle la passion brûlante que ne devait pas éteindre le mariage.

Cet amour grandit au milieu de la vie de jeune homme que menait Camille avec quelques jeunes gens folâtres de son âge. Le duc d'Orléans l'emmenait quelquefois avec lui à Monceaux où l'on passait gaiement le temps en joyeuse compagnie ; là, trônait Madame de Genlis qui était à la fois la concubine du duc, l'institutrice de ses enfants et quelques-uns ajoutent la maîtresse du fils aîné de la maison, le duc de Chartres, plus tard Louis-Philippe Ier.

Dans ces réunions on devisait politique entre de somptueux dîners.

Invité à une de ces fêtes, Robespierre avait refusé disant :

— Non, je reste chez moi, la tisane de Champagne est le poison de la liberté.

Parmi les jeunes et jolies filles que savait réunir Madame de Genlis, se trouvait une demoiselle Paméla que Camille, dit-on, eut aussi un moment l'intention d'épouser ; mais ces résolutions passagères, ces attachements momentanés tombaient devant le regard clair et limpide de la chaste Lucile.

Lucile était de taille moyenne, plutôt petite que grande, mais ayant un charme particulier ; son visage enfantin, troué de grands yeux, avait une expression étrange :

Un contemporain l'a ainsi définie :

« C'était une adorable petite blonde ! »

Camille n'était pas beau, l'œil dur, le teint pâle ; cependant la lèvre pleine, d'une mordante ironie, coupait sa figure d'un rictus qui n'était pas dépourvu d'agrément.

« Je ne suis pas gentil garçon, tant s'en faut, » écrivait un jour Camille à Arthur Dillon.

Les portraits qui nous ont été conservés nous le représentent avec ce sourire Voltairien, le front large, les yeux ardents et noirs qui semblent être la marque des esprits satiriques.

« Il était laid, dit une femme de l'époque, mais de cette laideur spirituelle et qui plaît! »

Du reste, Camille était recherché moins pour ses qualités physiques que pour son talent mordant, son esprit incisif qui déjà avaient consacré sa réputation.

Connu de tout Paris avant d'avoir joué un des premiers rôles politiques, ses bonnes fortunes étaient nombreuses; sans être toujours heureux du premier coup, il avait une façon particulière de vaincre les résistances les plus rebelles qui lui assurait le plus souvent la victoire ; ainsi il appelait la poésie à son aide pour faire le siège des cœurs endurcis, comme le prouve la pièce suivante (1):

A MADEMOISELLE L..., ANGLAISE

Sur l'air : *O ma tendre Musette*, ou sur l'air du *Ballet d'Armide*

> Pardon, si sur ses traces
> On me voit chaque soir;
> Mais pour suivre les grâces
> Est-il besoin d'espoir ?

(1) Cette poésie a été publiée pour la première fois, par M. Jules Claretie dans son livre : *Camille Desmoulins*.

> Sans pouvoir m'en défendre
> Mes jours vont s'écouler
> Le matin à l'attendre,
> Le soir à l'admirer.
>
> Cherchais-tu la plus belle
> Qu'on trouve sous les cieux ?
> Regarde : c'est bien elle,
> Que demandaient tes yeux.
> Ne cherchais-tu que celle
> Qui promit le bonheur?
> Eh bien c'est encore elle,
> Que demandait ton cœur.
>
> Ta cousine est jolie ;
> Mais seulement tu veux
> Disputer à Fannie
> A qui courra le mieux.
> Oh ! prolonge l'enfance
> Par ces jeux, mais pourquoi ?
> Clarisse, l'innocence
> N'a point d'âge pour toi.

Après le coup de pistolet au Palais-Royal, la veille du 14 juillet, Camille Desmoulins devint un véritable personnage.

Cependant, le père de Lucile, M. Duplessis, ne voyait pas d'un œil favorable ce mariage projeté. Fils d'un petit maréchal ferrant du village, M. Duplessis était arrivé, à force de travail et d'opiniâtreté, au poste important de commis principal du contrôle général des finances et il ne voulait pas que sa fille eût à souffrir la gêne par laquelle lui-même avait dû passer; en un mot, il avait quelques répugnances à accepter pour gendre le journaliste des

Révolutions de France et de Brabant. En outre, le père de Lucile, tout en s'étant rallié franchement à la Révolution, n'était pas sans être effrayé par l'attitude prise par Camille Desmoulins. Mais le jeune homme avait su conquérir les bonnes grâces de Madame Duplessis, enfin il était aimé de Lucile, que fallait-il de plus ?

Lucile l'aimait à la passion et elle inscrivait sur son cahier de jeune fille — ce carnet de tant de douces impressions — elle inscrivait ce vers, recommandation faite à son fiancé qu'elle adore :

Écris sur ma tombe : Elle aima !

Malgré tout, la première fois que Camille s'ouvrit à M. Duplessis de ses projets de mariage il se buta à un refus et il dut s'éloigner pour quelque temps de la maison de celle qu'il aimait.

Mais l'amour des vierges est tenace et Lucile écrivait sur son petit cahier les lignes suivantes, pleines de grâce, de tendresse et de pudeur :

« O toi qui es au fond de mon cœur, toi que je n'ose aimer, plutôt que je n'ose dire que j'aime. Tu me crois insensible ! Oh ! cruel, me juges-tu d'après ton cœur, et ce cœur pourrait-il s'attacher à un être insensible ? Eh bien ! oui, j'aime mieux souffrir, j'aime mieux que tu m'oublies... O Dieu ! juge de mon courage.. lequel de nous deux a le plus d souffrir ? Je n'ose me l'avouer à moi-même ce que je sens pour toi : je ne m'occupe qu'à le déguiser. Tu souffres, dis-tu, je souffre davantage ; ton image est sans cesse présente à ma pensée ; elle ne me quitte jamais, je te cherche des défauts *je les trouve et je les aime. Dis-moi donc, pourquoi tous ces combats ? pourquoi j'aime en faire un mystère, même à ma mère : je voudrais qu'elle le sût, qu'elle le devinât, mais je ne voudrais pas le lui dire.* »

La séparation dura jusqu'à la fin de l'année ; à ce moment le père dut céder devant les instances de sa femme, l'amour de sa fille et la constance de Camille.

Le mariage fut décidé, et Desmoulins put écrire à son père pour lui demander son consentement.

N'y a-t-il pas quelque chose de touchant dans cette page de la vie privée du grand journaliste partageant son existance entre l'amour de la liberté et celui de Lucile ?

Du 9 au 15 septembre 1790.

XXXVII

ÉVOLUTIONS ET CONTRE-RÉVOLUTION

Avanies infligées a la presse par la bourgeoisie. — Abus de pouvoir d'un chien de commissaire. — Méfait de Lafayette. — Extrait de « l'Ami du Peuple ». — Décret sur les boutons de la garde nationale. — Retraite de Necker. — Il est arrêté a Arcis-sur-Aube. — Caractère de Necker. — Le « ça ira » en musique. — Les onze dents de la ci-devante. — Vente de la galerie de tableaux du duc d'Orléans. — Publicité des séances des conseils municipaux.

Pendant que Camille Desmoulins, après ses infortunes d'amour, peut enfin espérer être bientôt heureux, pendant qu'il fait une cour assidue à Lucile Duplessis qui va devenir sa femme dans quelques jours, il est obligé de subir les avanies dont la presse patriote était la victime non seulement de la part des partisans de la cour, mais encore de la part des représentants de la bourgeoisie triomphante avec Lafayette, cette bourgeoisie qui se voyant attaquée par les écrivains, employait contre eux les mêmes moyens vexatoires et tyranniques dont s'était autrefois servie la royauté. C'est ce qui faisait dire à Camille :

« A voir les persécutions qu'on suscite aux écrivains, aux imprimeurs et même aux colporteurs, on serait tenté de croire que la Liberté n'a rien gagné à la Révolution et que les Français n'ont fait réellement que changer de maître. »

La presse était en effet soumise à l'inquisition du premier commissaire de district venu qui s'arrogeait le droit d'arrêter les brochures prétendues incendiaires.

Ainsi le mardi 14 septembre, à dix heures du matin, un nommé Argot, secrétaire-greffier du comité de police de l'Abbaye-Saint-Germain (un de ces employés appelés aujourd'hui dans le langage trivial un chien de commissaire) arrêta un homme de peine chargé de diverses brochures; il les éparpilla toutes, éventrant le ballot, coupant les ficelles des paquets, et, n'en trouvant aucune qui lui parût de nature à troubler la paix publique, laissa le portefaix continuer sa route.

Ce même jour, à neuf heures du soir, un espion de la police secrète de Lafayette informa ce dernier que Marat venait de mettre sous presse un numéro qu'on était en train de tirer et dans lequel le commandant des forces nationales était attaqué avec vigueur.

Aussitôt Lafayette, sans autre forme de procès, donne à un nommé Grandin, commissaire du Châtelet, l'ordre de se mettre à la tête de trois cents gardes nationaux à pied ou à cheval, de cerner l'hôtellerie de la dame Meugnier où se trouvaient les ateliers d'André, l'imprimeur du journal de Marat, et de détruire les presses.

Ce qui fut exécuté de point en point.

Les presses furent brisées à coups de hache, les numéros déjà tirés, saisis ; et, comme si ce n'eût pas été assez, on envahit l'appartement de la dame Meugnier où on espérait trouver des journaux cachés ; on força les bureaux ; des armoires furent crochetées, les paillasses vidées, les matelas percés de coups de baïonnettes ; enfin, on saisit une charretée de collections de l'*Ami du peuple*.

Voilà quel était le régime de la presse, sous le proconsulat de Lafayette, un an et demi après la déclaration des *Droits de l'Homme*.

Ces mesures avaient été prises par Lafayette parce que Marat l'avait accusé de complaisances pour la cour et d'assiduités auprès de Marie-Antoinette.

L'affiche suivante faisait partie de ce numéro détruit :

Affiche.

Le sieur Motier (ci-devant Lafayette), par la grâce de la renommée et la bêtise du peuple général de la milice parisienne, se voyant enfin démasqué et redoutant les suites de l'indignation publique, est déterminé à être moins assidu à Saint-Cloud et à venir quelquefois chercher la lumière au club des Jacobins. En conséquence, il supplie très humblement le public hébété de croire à son repentir, de lui rendre ses bonnes grâces et de le laisser faire.

Le ton de l'attaque ne dépassait certainement pas celui des écrits royalistes qui se montrèrent à ce moment doux pour Lafayette vilipendant au contraire les députés patriotes.

Pendant ce temps que faisait l'Assemblée ?

Occupée par les finances, dont nous allons dire un mot, elle interrompait ses graves discussions sur le déficit pour rendre le décret suivant :

« L'Assemblée nationale, décrète :

« 1° Que le bouton uniforme des gardes nationales de France sera conforme à l'empreinte annexée à la minute du présent décret, portant une couronne civique, au milieu de laquelle seront écrits ces mots : *La loi et le roi*, avec le nom du district en entourage entre la couronne civique et le cordon du bouton.

« 2° Que dans les districts où il y aura plusieurs sections, elles seront distinguées par un numéro placé à la suite du nom du district.

« 3° Que l'uniformité ne sera pas détruite, quelle que soit la qualité du bouton, doré sur bois, surdoré, monté sur os, sur moule de cuivre ou massif; chaque citoyen restant le maître de choisir la qualité qui lui conviendra le mieux. »

Ce décret proposé et rédigé par Rostaing, député du côté droit, supprimait de la légende le mot *nation* pour ne laisser que *la loi et le roi*; en un pareil moment, cette suppression avait son importance et la remarque en fut faite par plusieurs districts qui refusèrent d'abandonner leurs anciens boutons.

« Pourquoi le mot « nation » est-il supprimé, le roi n'est que le premier valet de la nation ! » disait Marat dans ce même numéro de l'*Ami du Peuple* que Lafayette avait fait saisir et qui se terminait par ces mots :

« Voilà donc le diable qui se cache dans un bénitier; encore un flacon d'encre, sieur Lafayette, et tu n'oseras pas te montrer. Souviens-toi de Necker. »

Ces dernières paroles faisaient allusion à la retraite que

venait de prendre le ministre des finances au milieu de l'indifférence générale.

Necker se trouva placé entre l'indifférence de l'Assemblée et la haine de la cour ; l'indifférence des députés venait de ce qu'ils avaient tout espéré d'un financier qui, dans les circonstances pénibles du moment, n'avait rien su et rien pu tenir. La haine de la cour est trop naturelle et trop connue pour avoir besoin d'explication.

A trois reprises Necker écrivit à l'Assemblée pour lui annoncer sa retraite prochaine, invoquant sa santé chancelante ; l'Assemblée passa trois fois à l'ordre du jour.

Le 8 septembre, Necker partit avec sa femme et trois domestiques, laissant à Paris sa fille — qui devait être plus tard la célèbre Madame de Staël — malade et hors d'état de faire la route, disait-elle, mais aussi peut-être bien retenue par ses amours avec Narbonne, le général qu'elle poussera, un an plus tard, au ministère de la guerre.

A Arcis-sur-Aube, Necker fut arrêté et on le retint prisonnier dans une auberge jusqu'à ce que l'Assemblée nationale eût ordonné, sans même blâmer cette arrestation, qu'on le laissât continuer sa route.

Necker put donc regagner sa Suisse et aller dans ses montagnes gémir — plusieurs volumes durant — sur sa popularité perdue.

Au moment, dans la séance du 11 septembre, où l'Assemblée prenait connaissance de la lettre écrite par Necker pour se plaindre de son arrestation, un député s'écria :

— M. Necker est un honnête homme qui a bien servi son pays.

Cela était vrai.

Mais les services rendus par Necker n'étaient pas suffisants pour le maintenir au pouvoir à une époque où les événements battaient tout en brèche, et les institutions et les hommes.

Oui, Necker était un honnête homme, le *vir probus* dans toute l'acception du terme. Pendant sept ans il avait servi le pays avec une intégrité scrupuleuse et avec un désintéressement absolu, refusant de toucher ses appointements de ministre des finances et de ministre d'État qui étaient de deux cent vingt mille livres par an ; il n'avait pas voulu accepter davantage les diverses pensions ou bénéfices de sa charge ; enfin, en quittant le pouvoir, il laissait la moitié de sa fortune, deux millions, dans les caisses de l'État à titre de dépôt.

En temps ordinaire Necker aurait été un ministre modèle ; en temps de Révolution où la vertu est indispensable, mais ne suffit pas pour gérer les affaires publiques, Necker manqua de force pour résister au grand courant qui soufflait sur tout, abattait tout ce qui était chancelant et détruisait tout ce qui était abattu.

Le départ de Necker, qui à une autre époque avait causé une si grande émotion dans Paris, fut cette fois sans grande importance, et l'on n'en continua pas moins à chanter des chansons à la mode dont la plus célèbre, le fameux *Ça ira !* était sur toutes les épinettes et se vendait mis à la portée de tous les talents. On accommodait sur cet air et avec ce refrain des ariettes patriotiques, à voix seule, de tous genres, en l'accompagnant sur le clavecin, le forte-piano ou la harpe ; les trois parties de symphonie séparées *Ça ira, ça ira, ça ira,* se vendaient à une livre, 16 sols,

« y compris le cotillon qui peut se danser la nuit comme
« le jour, par M. Carretto, organiste du Temple », chez
Mercier, rue des Prouvaires, n° 33 (1).

C'était au chant de ce refrain qu'on riait dans les salons de la bourgeoisie des ridicules du jour, car le rire — cette qualité si française — n'avait pas perdu ses droits et les occasions ne manquaient pas.

Ainsi on se racontait les détails d'un procès bizarre que jugeait à ce moment le présidial du Châtelet et qui amusa Paris tout un jour.

Une certaine dame de Valois, « ci-devant marquise de son état, et qui espérait bien le redevenir par la vertu de contre-révolution qui se préparait, avait encore onze dents, mais dispersées de manière qu'elle pouvait broyer ses aliments, quoiqu'avec peine, et à force de grimaces. » Un sieur Dubois de Chernaut, chirurgien et dentiste par intérim, lui conseilla de se faire arracher ces onze dents pour lui substituer un ratelier qui lui rendrait les dents d'une jeune personne de seize ans. Combien ? Trente louis. Marché fait ; deux cents livres sont comptées par avance, le reste payable lors de la livraison. Les onze dents disparaissent et la dame en est quitte pour une hémorrhagie. « Le sieur Dubois recommande à la patiente de ne manger ni céleris, ni petites raves, ni artichauts à la poivrade jusqu'à nouvel ordre. » Madame de Valois attend le *dentier* avec impatience. Elle manqua « de mourir de joie et de saisissement en voyant le bijou aux trente-deux perles » ; mais, hélas ! ce bijou placé dans

---

(1) *Petites affiches*, octobre 1790.

la bouche sexagénaire avait un petit inconvénient ; c'est qu'il empêchait de parler, de manger, de tousser, d'éternuer, et qu'au plus petit mouvement il se déplaçait et blessait la ci-devante ; petit inconvénient qui fut constaté par le procès-verbal d'un dentiste expert.

Madame de Valois, consternée, recourut aux voies judiciaires ; le 23 juin, elle fait des offres réelles au sieur Dubois pour son ratelier, et elle en a demandé la validité, concluant à la remise des 200 livres payées en avance sur le bijou, plus 300 livres de dommages-intérêts pour les onze dents arrachées. Le sieur Dubois de son côté refusait les offres, demandant le surplus des trente louis (1).

Et le présidial du Châtelet donna raison au dentiste contre la noble plaideuse, condamnée à des frais considérables, car les procès coûtaient cher, la vieille procédure n'ayant pas été encore totalement abolie. Aussi, pour éviter des plaintes avec ses créanciers, le duc d'Orléans qui avait des dettes criardes, vendit sa belle galerie de tableaux 900,000 livres (2) et paya les plus pressés.

Signalons, en terminant le récit de cette semaine, l'initiative prise par la municipalité de Cahors, demandant à l'Assemblée que les séances du corps administratif fussent publiques (3). C'est de cette idée que devait naître plus tard la publicité des séances des conseils municipaux ; mais il fallut près d'un siècle pour que l'idée de la municipalité cadurcienne germât et fût appliquée.

(1) *Le Courrier de Paris dans les 83 départements*, de Gorsas, n° 29.
(2) *Journal général de la cour et de la ville*, septembre 1790.
(3) *Moniteur*.

Du 16 au 22 septembre 1790.

XXXVIII

INCIDENTS DIVERS

Discussion sur le déficit. — Troubles dans l'Assemblée. — Quelques détails sur la démolition de la Bastille. — Les études de droit faites en français. — Introduction en France de la guillotine. — Le docteur Guillotin. — Chanson. — Description de la guillotine, par Victor Hugo. — Persécutions contre Lapierre. — Interdiction aux crieurs. — Affiche de la police. — L'éternel despotisme. — Révolte des matelots de Brest.

Il s'agissait de combler l'épouvantable déficit qui grandissait toujours. Toute la semaine fut employée à la discussion des divers moyens proposés, et sept jours ne suffirent pas, comme on pense, pour arriver à une solution.

Le moyen le plus pratique, le seul efficace qui avait du reste déjà donné des résultats relativement satisfaisants, c'était l'emploi des assignats. La discussion porta surtout sur le mode à employer et sur la façon dont les assignats seraient émis.

Entre temps, l'Assemblée reçut diverses députations, notamment celle du peuple Liégeois, dont l'admission à la barre donna lieu à un incident. La députation était déjà entrée dans la salle quand le côté droit, furieux de voir les représentants d'un peuple réclamant sa liberté, venant rendre hommage aux représentants d'un autre peuple qui avait tant fait pour l'indépendance des nations, se leva plein de rage, bien décidé à empêcher ce qu'un écrivain de l'époque appelait : « *une admirable communion des intérêts moraux des nations.* »

Le député Durget réclama les lettres de créance des députés liégeois.

Mirabeau de sa voix tonnante, avec un geste de défi aux députés royalistes, demanda la question préalable sur cette motion désobligeante.

L'Assemblée devint tumultueuse, des cris partirent de toutes parts, des interpellations se croisèrent, les tribunes intervinrent dans cette discussion, et un moment l'orage fut général.

— Nous demandons les lettres de créance, s'écria le député royaliste Folleville. Il ne faut pas que l'on soit admis à la barre de cette Assemblée comme les ânes au moulin ou comme les larrons en foire.

Le président rappela Folleville à l'ordre.

— Rappeler à l'ordre un pareil insolent, dit Lucas, est insuffisant, je propose que l'interrupteur soit envoyé à la prison de l'Abbaye.

A ces mots, le tumulte redouble. Les tribunes lancent des coups de sifflets, le royaliste Foucault monte à la tribune et clame :

— Vous osez parler d'arrestation, je vous défie bien de venir m'arrêter, et je vous préviens que mes collègues et moi nous saurons résister à l'oppression.

La droite applaudit avec transport, pendant que les murmures dominent parmi les spectateurs.

Alexandre Lameth se lève, il proteste contre l'opposition d'une minorité factieuse qui insulte et brave les représentants de la grande nation française; puis, se tournant du côté des tribunes, et s'adressant à la droite, il s'écrie :

— Frémissez, que la patience de la nation ne s'irrite à la fin et ne s'altère.

Les applaudissements des tribunes éclatent frénétiques.

— C'est une infamie, s'écrie Murenais, on nous menace du peuple !

Au bout d'une demi-heure une grande partie des députés de la droite sort ; le silence se rétablit à peu près, et la députation liégeoise est introduite ; elle rend hommage au patriotisme des citoyens français et fait un parallèle entre la révolution de Liège et la révolution de France. Le président félicite et remercie la députation, l'Assemblée ordonne l'impression du discours du député liégeois et la réponse du président.

Cette semaine défila également à la barre un cortège bizarre conduit par Palloy l'entrepreneur de la démolition de la Bastille. Palloy, accompagné de tous ses ouvriers et des architectes employés à la démolition, vint offrir à l'Assemblée une représentation de la Bastille exécutée en bas-relief avec une pierre provenant de la démolition. Un modèle semblable fut offert quelque temps après aux quarante-huit sections de Paris et aux quatre-vingt-trois départements. L'Angleterre demanda aussi un nombre assez considérable de ces reproductions.

La petite Bastille que Palloy vint offrir à l'Assemblée avait déjà figuré au 14 juillet sur l'autel de la patrie ; les ouvriers firent don également aux députés d'une large dalle provenant de la forteresse et sur laquelle on avait gravé le portrait du roi entouré de cette inscription : « Louis XVI, par la loi constitutionnelle roi des Français ».

Disons, en passant, que la démolition de la Bastille fut utile à bon nombre de malheureux sans travail, anciens boutiquiers et petits bourgeois sans ressources, qui trouvèrent là, durant quelques mois, une occupation et un salaire.

Les frais de la démolition de la Bastille s'élevèrent à 568,143 livres ; on vendit 275,243 livres de matériaux. Ce fut la Commune de Paris qui avança à Palloy les frais de l'entreprise, et l'Assemblée décida, plus tard, que ces frais de démolition seraient remboursés à la ville de Paris et pris sur le produit de la vente des biens nationaux.

Dans la séance du 22 septembre, Lépaux fit la lecture d'une adresse des professeurs d'écoliers de la ville d'Angers, suppliant l'Assemblée nationale d'examiner si l'enseignement du droit public ne devait pas être fait en français, plutôt qu'en latin comme cela avait été pratiqué jusqu'à ce jour.

Cette proposition fut renvoyée au comité d'instruction qui adopta les conclusions de l'adresse et fit plus tard décréter que l'enseignement du droit serait fait, dans tout le royaume de France, en langue française, au lieu de ce latin émasculé et barbare employé depuis longtemps dans toutes les écoles.

C'était rompre avec la routine, c'était détruire une coutume qui datait du moyen âge. Ce ne fut pas du reste la seule réforme qui prit naissance durant cette semaine, car le docteur Guillotin, savant d'un grand mérite, doublé d'un humanitaire, qui avait obtenu de grands succès à la faculté de Reims, présenta à l'Assemblée un projet faisant adopter un nouveau mode d'exécution des condamnés. C'était une sorte d'échafaud à l'aide duquel on tranchait la tête, au lieu d'employer la strangulation comme cela avait eu lieu jusqu'alors. Le docteur Guillotin qui était professeur d'anatomie et de pathologie à la Faculté de Paris n'avait pas inventé cette machine ; il en fut en quelque sorte le propagateur, et la foule donna au funèbre instrument le nom de celui qui en proposa publiquement l'application. Les journaux de l'époque furent les premiers qui nommèrent cet échafaud la Guillotine.

Voici le couplet qui fut publié par plusieurs feuilles publiques (sur l'air du *Menuet d'Exaudet*) :

Guillotin,
Médecin,
Politique
Imagine un beau matin,
Que pendre est inhumain
Et peu patriotique.
Aussitôt
Il lui faut
Son supplice
Qui sans corde ni poteau
Supprime du bourreau
L'office.
C'est en vain que l'on publie
Que c'est pure jalousie
D'un suppôt
Du tripot
D'Hippocrate,

Qui d'occir impunément
Même exclusivement
Se flatte.
Le Romain,
Guillotin
Qui s'apprête,
Consulte gens du métier,
Barnave et Chapelier,
Même le coupe-tête,
Et sa main
Fait soudain
La machine
Qui simplement vous tuera,
Et que l'on appellera
La Guillotine.

Cet échafaud s'appela donc la *Guillotine*, et cet instrument qui faisait assurément faire un pas à l'humanité a transmis, à la postérité, entouré d'une sorte d'auréole sanglante, le nom de ce docteur, doux, bienfaisant et humanitaire.

Du reste, il ne fallait pas songer à priver la foule du spectacle barbare auquel elle était habituée ; elle avait vu étrangler les malfaiteurs, elle voulut les voir décapiter. Mais on lui enleva la plus grande partie de ce lugubre plaisir ; elle ne vit pas les horribles grimaces du supplicié s'agitant dans les convulsions de l'agonie et battant l'air de ses pieds et de ses mains. Pourtant l'échafaud dominait encore la foule, on lui montrait le patient, et voici la superbe description du terrible instrument par notre grand poète national, qui a reconstitué en quelque sorte l'effroyable machine de supplice telle qu'elle fut employée au début (1) :

« Au premier abord, l'idée que cette chose éveillait était l'idée de l'inutile. Elle était là parmi les bruyères en fleurs. On se demandait à quoi cela pouvait servir. Puis on sentait venir un frisson. C'était une sorte de tréteau ayant pour pieds quatre poteaux. A un bout du tréteau, deux hautes solives, debout et droites, reliées à leur sommet par une traverse élevaient et tenaient suspendu un triangle qui semblait noir sur l'azur du matin.

« A l'autre bout du tréteau, il y avait une échelle. Entre les deux solives, en bas, au-dessous du triangle, on distinguait une sorte de panneau composé de deux sections mobiles qui, en s'ajustant l'une à l'autre, offraient au regard un trou rond à peu près de la dimension du cou d'un homme.

« La section supérieure du panneau glissait dans une rainure, de façon à pouvoir se hausser ou s'abaisser.

« Pour l'instant, les deux croissants qui en se rejoignant formaient le collier étaient écartés. On apercevait au pied des deux piliers portant le triangle une planche pouvant tourner sur les charnières et ayant l'aspect d'une bascule... A côté de cette planche il y avait un panier long, et, entre les deux piliers, en avant, et à l'extrémité du tréteau, un panier carré. C'était peint en rouge.

« Tout était en bois, excepté le triangle qui était en fer. On sentait que cela avait été construit par des hommes, tant c'était laid, mesquin et petit ; et cela aurait mérité

(1) *Quatre-vingt-treize*.

d'être apporté là par des génies, tant c'était formidable. »

Aujourd'hui, après plus d'un siècle, le progrès a heureusement marché, mais les vieilles idées rétrogrades ont encore des représentants nombreux. La guillotine a encore des partisans.

Seulement au lieu de se dresser, farouche et cynique, en plein jour, sur la place publique, la lugubre machine comprend qu'elle est déplacée, dans un siècle de science et de lumière : elle a renoncé à la haute plate-forme, elle se fait petite, n'a conservé que deux ou trois degrés ; elle n'apparaît plus qu'à l'ombre de la prison, le matin, quand le soleil n'est pas encore levé, et que seuls les filles publiques et les souteneurs accourent derrière les rangées de soldats pour assister à ce spectacle démoralisateur.

Les persécutions contre la presse continuaient de plus belle. Quand on ne pouvait pas s'en prendre aux journaux, on tracassait les colporteurs et, s'appuyant sur les excès inévitables des exploiteurs de nouvelles imaginaires, la municipalité de Lyon, notamment, interdisait aux vendeurs de journaux de crier sur la voie publique autre chose que le titre même du journal (1).

La police faisait afficher dans toutes les villes de France la curieuse affiche suivante que nous reproduisons à titre de document.

Police.

« Il n'est pas vrai, comme quelques personnes se sont

(1) *Chronique de Paris*, septembre 1790.

plu à le réclamer, que la municipalité de Lyon ait défendu d'imprimer, vendre ou colporter des livres sans en avoir obtenu la permission d'elle. La municipalité a fait une chose très juste, très constitutionnelle. Elle a défendu de crier dans la rue les journaux ou autres écrits particuculiers. La proclamation comme l'affiche n'appartiennent qu'à la puissance publique.

« C'est un droit qu'il est de l'intérêt de tous de lui conserver exclusivement. La liberté de la presse ne s'étend point à donner aux opinions des écrivains l'appareil réservé aux ordres de la puissance civile. Cette confusion de droits est l'anéantissement de l'ordre et de la tranquillité publique. C'est une chose monstrueuse, en effet, qu'on puisse effrayer une ville par la proclamation bruyante des rêveries atroces d'un écrivain menteur.

« C'est une cause d'erreurs et d'inquiétudes populaires, qu'on puisse donner à des calomnies la publicité que l'on ne doit accorder qu'à la loi, parce qu'il est de l'intérêt de tout le monde de la connaître.

« Ainsi la municipalité de Lyon a fait un acte de justice et de raison en défendant la proclamation pour tout autre écrit que les lois du souverain ou les actes de la puissance politique ; et c'est méconnaître les droits de la paix et de la liberté, que de chercher dans cette conduite une oppression qui n'y existe réellement pas. »

Ce sont toujours les mêmes motifs invoqués par les divers gouvernements autoritaires :

L'ordre, la tranquillité publique, l'intérêt des citoyens, et autres raisons de même nature dont se servent toujours les petits despotes pour couvrir leurs petites tracasseries.

Enfin l'Assemblée eut à s'occuper, cette semaine, de la sédition des matelots de Brest qui, au nombre de 1,500, s'étaient révoltés contre les récentes dispositions du code maritime, pourtant bien plus douces que les précédentes.
— Les matelots protestaient contre la peine de l'anneau nouvellement introduite. — Ils se promenèrent dans la ville de Brest, entourèrent la maison de Marigny, major général de la Marine, devant laquelle ils dressèrent une potence en criant :

— Plus de chaînes !

L'Assemblée nationale envoya deux commissaires civils, qui apaisèrent facilement la sédition, tant étaient grandes à ce moment l'influence et la popularité des députés.

A Paris, il faut signaler quelques troubles survenus dans la troupe et au parterre du Théâtre-Français à la suite de la reprise de *Charles IX*; les comédiens royalistes Naudet, Mesdames Raucourt, Contat, après avoir essayé, sans y parvenir, de faire rayer Talma du tableau des sociétaires, décident de ne plus jouer avec lui. Mais le public réclame Talma à grands cris, et le 21 septembre le vacarme est tel que Fleury s'avance vers le parterre et lui adresse le petit discours suivant :

— Messieurs, ma société, persuadée que Talma a trahi ses intérêts et compromis la tranquillité publique, a décidé, à l'unanimité, qu'elle n'aurait plus aucun rapport avec lui jusqu'à ce que l'autorité ait décidé.

Les cris redoublent à ces mots; Dugazon, l'ami, le professeur de Talma, Dugazon, qui s'était signalé par son patriotisme, s'élance de la coulisse et s'écrie :

— Je dénonce toute la Comédie ; il est faux que

M. Talma ait trahi notre société! Tout son crime est d'avoir dit qu'on pouvait jouer *Charles IX* (1).

La garde dut intervenir pour mettre l'ordre.

Les comédiens furent mandés à la Commune et ce fut sur un ordre formel de la municipalité que les comédiens consentirent à communiquer avec leur camarade Talma et, quelques jours après, à jouer la tragédie de Chénier.

Talma donnait à ce moment le ton à la mode pour la coupe des cheveux, qu'il se faisait tailler ras, à la Brutus; des patriotes l'imitaient et, de là, grande haine des garçons perruquiers qui, se réunissant en bande, allèrent attendre, à la sortie des Jacobins, un rédacteur patriote, Jockers, qui avait soutenu cette mode; les perruquiers tombent sur le publiciste, le baillonnent, et lui rasent complètement la tête (2).

Les cheveux ras ont, du reste, le don d'exaspérer les aristocrates.

Un jeune homme du parti du duc d'Orléans, un neveu de Madame de Sillery, se présente dans un grand bal avec les cheveux noirs et plats; les domestiques le prennent ou font comme s'ils le prenaient pour un jockey (3); ils lui refusent la porte et l'obligent à décliner son nom et ses qualités.— Mais les danseuses refusent de danser avec lui et on le laisse seul dans un coin pendant qu'on prodigue les sourires et les amabilités aux jeunes gens coiffés à la contre-révolution : « les cheveux du haut du toupet,

---

(1) *Chronique de Paris.* (Septembre 1790.)
(2) *Journal de la cour et de la ville*, septembre 1790.
(3) *La Société française sous la Révolution*, par de Goncourt, p. 115.

rabattus sur le front et séparés à la naissance de l'épi » (1). Ces élégants aristocrates portent encore des couleurs qui sont la parodie des couleurs patriotiques, dont la devise est : « Vivre libres et mourir, » devise que les aristocrates ont ainsi défigurée : « Ventre libre ou mourir » (2).

(1) *Feuille du jour*, juin 1791.
(2) *L'Observateur*, avril 1790.

Du 23 au 25 septembre 1790.

XXXIX

CRÉATION DE HUIT CENTS MILLIONS D'ASSIGNATS

Accusations contre la Commune de Paris. — Les pots de vin. — Le serment de probité. — Opinion de Marat. — Une force municipale de plus. — Suite de la discussion des assignats. — Incident entre l'abbé Maury et Mirabeau. — Arguments de Mirabeau en faveur des assignats. — L'Assemblée vote la création des huit cents millions. — La majorité. — Le curé factieux. — La Terreur se prépare déjà.

La Commune de Paris qui avait usurpé le pouvoir qu'elle exerçait d'une façon aussi arbitraire que despotique, était peu populaire, et des soupçons graves, mais non fondés, avaient déjà couru sur son désintéressement.

C'est alors que l'assemblée générale des représentants de la Commune, dans la séance du 24 septembre 1790, après une assez vive discussion, décida qu'une réunion générale aurait lieu le jeudi 30 à laquelle les trois cents représentants sans exception, même pour ceux qui avaient été remplacés à raison de la cessation de leur mandat ou de leur démission volontaire, seraient convoqués spécialement et extraordinairement, et chacun serait tenu d'affirmer sur son honneur « n'avoir jamais, à raison des fonctions de mandataire de la Commune, reçu, touché, retenu directement, ni indirectement, à quelque titre que ce puisse être, ni de la Commune ni des agents du pouvoir exécutif, ni de quelque personne que ce fût, aucun denier ni choses équivalentes, à l'exception cependant de simples déboursés justifiés nécessaires. »

Le maire Bailly devait aussi jurer n'avoir rien reçu dans ces mêmes conditions en dehors du traitement que lui avait offert la Commune comme indemnité nécessaire.

Lafayette, commandant de la garde nationale, était soumis à la même formalité.

Il devait être donné acte de l'affirmation à chacun de ceux qui prêtaient le serment ; quant aux absents, on leur accordait un délai de huitaine après lequel la liste des noms de ceux qui n'auraient pas fait la déclaration serait imprimée et affichée.

Enfin tous les citoyens qui auraient eu connaissance de sommes quelconques reçues par un des trois cents représentants à raison des fonctions de mandataire de la Commune furent invités à venir en déposer dans l'assemblée, à la condition toutefois que les accusateurs apporteraient la preuve de leurs assertions.

Cette déclaration qui est signée du nom de l'abbé Fauchet, président, fut placardée sur tous les murs de Paris et vivement commentée dans les journaux et dans les clubs.

Marat entre autres se montra très peu satisfait de cette mesure qu'il jugeait avec raison illusoire.

« Chez un peuple qui a de la religion et des mœurs, le

serment est la chose du monde la plus sérieuse, dit-il ; mais chez une nation où l'on tourne la piété en ridicule, où l'on se moque du ciel, où l'on regarde la religion comme le travers des esprits faibles ; chez une nation où la violation du serment n'est qu'un jeu, où l'on s'en fait un devoir lorsqu'il a pour but quelque objet de politique, où les hommes les plus délicats en sont quittes pour faire quelques restrictions mentales, comment s'en rapporter à la parole des gens du monde et des gens d'affaires, les deux classes des plus dépravées de la société (1) ? »

La dernière accusation de Marat était évidemment exagérée, mais l'ensemble de son raisonnement frappait juste.

« Imaginez-vous, ajoutait-il, qu'un homme sans foi et sans loi, sans honneur et sans pudeur, qui a vendu sa conscience, aura la bêtise d'avouer hautement sa turpitude en montrant le prix de ses trahisons ? Pensez-vous que les hommes qui ont violé cent fois leur serment civique, et qui le violeraient cent fois par jour pour en venir à leurs fins, craindront un instant de fausser leur parole ? »

C'était envisager la question sous son véritable côté ; il est de toute évidence que le serment imposé ne prouvait absolument rien ; les gens honnêtes n'avaient pas besoin de le prêter et ceux qui s'abaissaient jusqu'à recevoir des pots-de-vin, — cette éternelle tentation des gens en place — ne s'arrêteraient pas devant un faux serment pour couvrir leur abominable action.

(1) *L'Ami du peuple.*

Et de fait la réunion eut lieu. Les membres ne manquèrent pas à l'appel, sauf quelques rares exceptions excusées pour maladie, ils prêtèrent tous le serment avec ensemble. Pourtant les accusations n'en persistèrent pas moins.

Le même Marat appréciait ainsi cette cérémonie sur laquelle Lafayette et Bailly comptaient beaucoup et dont le résultat fut négatif.

« Cette convocation solennelle de tous les agents de la Commune à la Ville, concluait Marat, n'est qu'une farce municipale ajoutée à tant d'autres et militaires et politiques, pour amuser le peuple et en imposer aux sots. »

A l'Assemblée nationale on discutait toujours sur les moyens propres à éteindre le déficit et à conjurer la crise financière.

Durant cette longue discussion dont Mirabeau eut la direction et les honneurs, divers incidents se produisirent qui méritent d'être rapportés.

Dans la séance du 25 septembre, David fit hommage à l'Assemblée d'un tableau représentant l'entrée du roi à l'Assemblée nationale, le 4 février. Ce tableau, qui a été conservé, reproduit les traits des principaux députés des diverses fractions de l'Assemblée et les décorations intérieures de la salle elle-même.

Le lendemain 26, le député Fréteau demanda que les états de recette et de dépense du trésor public fussent imprimés de quinzaine en quinzaine. Cette proposition appuyée par Mirabeau fut votée, mais on ne lui donna, croyons-nous, jamais aucune suite. Plus tard nos assemblées parlementaires devaient reprendre cette idée et de son application devaient naître ces volumineux états budgétaires distribués tous les ans aux représentants.

La séance du 27 fut marquée par un incident provoqué par l'abbé Maury.

A cette époque, les usages parlementaires étaient encore assez mal définis ; on ne nommait guère de rapporteur ayant mission de soutenir à la tribune les projets de lois ; les rapporteurs se désignaient pour ainsi dire eux-mêmes ; mais ils ne jouissaient pas du privilège de prendre la parole chaque fois qu'ils la demandaient, comme cela se pratique aujourd'hui, afin de répondre aux objections des adversaires du projet présenté.

Ainsi dans cette importante discussion de la nouvelle émission de huit cents millions d'assignats, Mirabeau, favorable à la création, avait assumé tout le poids du débat, et l'on est étonné, en lisant cette belle discussion dans le vieux *Moniteur*, de tout l'éclat que sut donner le célèbre tribun à cette question aride.

Le souffle puissant du grand orateur anima, pour ainsi dire, les chiffres qu'il fit manœuvrer à son commandement, les lança comme des bataillons serrés contre les objections de ses adversaires qu'il battit avec des arguments tirés même de ces objections.

L'abbé Maury, opposé à tout ce qui pouvait sauver la Révolution de la hideuse banqueroute, essaya de transformer le débat en une sorte de colloque, provoquant Mirabeau et lui répondant aussitôt ; quand le grand tribun voulait développer son opinion on lui ripostait qu'il n'avait pas la parole ; Mirabeau escalada alors la tribune et se plaignit de ces procédés, encouragés par une partie de l'Assemblée.

— Il s'est introduit, dit-il, un ordre pour la parole extrêmement étrange, qui éloigne mon tour chaque fois que je me présente. L'Assemblée m'a accordé de résumer la question ; je demande qu'elle fixe le moment où elle daignera m'entendre. Je désirerais que M. l'abbé Maury me répondît, que M. Barnave fût ensuite entendu et que la discussion fût fermée (1).

Cette façon de discuter ne faisait nullement l'affaire de l'abbé Maury qui se sentait battre sur le terrain ordinaire de la discussion à arguments librement développés.

— Je n'ai point composé de pièce d'éloquence, dit le fougueux abbé, je n'ai point de discours, je demande que M. Mirabeau monte à la tribune, qu'il parle, et moi, près du bureau de M. le président, je lui ferai mes objections auxquelles il répondra (2).

L'Assemblée repoussa ce dialogue proposé par l'abbé Maury et décida que chaque orateur serait entendu à son tour.

Mirabeau remonta alors à la tribune et prononça un de ses plus remarquables discours en faveur de l'émission des huit cents millions d'assignats projetée.

« S'agit-il donc, s'écriait le tribun, d'émettre un papier-monnaie qui ne répondrait à aucune valeur réelle ? Nullement, la question est de faire circuler des arpents de terre sous la forme d'un billet, de substituer à des terres qui

---

(1) *Moniteur.*
(2) *Ibid.*

T. II.

dorment, des terres douées de mouvement ; les biens du clergé sont là pour servir de gage aux assignats. »

C'était résumer, sous une forme compréhensible pour tous, cette théorie du papier-monnaie dont nous nous sommes antérieurement entretenus.

Mirabeau termine en proposant le décret suivant :

1º Que la dette exigible serait remboursée en assignats dont on pourrait se servir pour payer les achats de biens nationaux.

2º Qu'il en serait fabriqué huit cents millions ajoutés aux quatre cents millions déjà émis.

3º Que les assignats seraient brûlés à mesure de leur rentrée dans le Trésor.

4º Qu'il n'en pourrait être émis d'autres qu'en proportion des domaines nationaux restés invendus, en vertu d'un décret formel du Corps législatif, et à la condition qu'il n'y aurait jamais à la fois plus de douze cents millions d'assignats en circulation.

Cette proposition fut adoptée dans la séance du 29 septembre par 518 contre 423 voix.

Ce vote eut lieu par appel nominal.

Les royalistes, vaincus dans l'Assemblée, essayèrent de se rattraper dans la rue où ils faisaient chanter des chansons contre les assignats sur l'air : *J'ai du bon tabac dans ma tabatière* :

> J'ai des assignats
> Dans mon portefeuille ;
> J'ai des assignats
> Qu'on ne payera pas ;

> J'en ai pour tous les goûts divers,
> Des noirs, des blancs, des bleus, des verts.
> J'ai des assignats
> Qu'on ne payera pas (1).

Au commencement de cette séance du 29, le député Vordel vint, au nom du comité de réserve, présenter une dénonciation contre un curé de ce qu'on appelait alors la Flandre maritime — aujourd'hui arrondissement de Saint-Omer. — Ce curé prêchait contre l'Assemblée, refusait l'absolution à tous les patriotes et damnait, du haut de la chaire, tous ceux qui parlaient de la vente des biens nationaux.

L'Assemblée décida que le président irait prier le roi de donner des ordres pour faire cesser ce scandale.

Le roi promit, blâma tout haut la conduite de ce prêtre fanatique, l'approuva tout bas. Et ainsi, en excitant les populations, les curés préparaient, petit à petit, la révolte d'où devait naître la Terreur.

(1) *Journal de la cour et de la ville*, octobre 1790.

Du 30 septembre au 6 octobre 1790.

XL

LA CONTRE-RÉVOLUTION S'AGITE

Rapports sur les Journées d'octobre 1789. — Il n'y a pas lieu a accusation contre Mirabeau et d'Orléans. — Nouveau projet du roi. — Plan de Mirabeau pour Rouen. — Lettre de Louis XVI au roi d'Espagne. — Protestation de la ville de Rouen. — Troubles dans le département de l'Aube. — Les accapareurs. — Décret injuste de l'Assemblée. — Protestation du Parlement. — Les conseillers de Toulouse. — Plaintes royalistes contre les sténographes. — Collision entre Pau et Navareins. — Dépenses des démolitions de la Bastille.

Les deux séances du 30 septembre et 1ᵉʳ octobre de l'Assemblée furent occupées par la lecture d'un très long rapport sur les journées des affaires d'octobre 1789. La cour avait d'abord allégué que le peuple avait été conduit à Versailles par les agents d'un complot contre le roi, dont on désignait le duc d'Orléans et Mirabeau comme les chefs. Une enquête fut faite dans laquelle on entendit deux cents témoins et parmi eux soixante-quatre députés. Le rapporteur conclut que « les témoignages n'offraient aucun ensemble, que chacun avait son thème à part, qu'ils étaient tous fondés sur des ouï-dire et qu'il n'en découlait nullement les preuves d'un complot. »

Les journées d'octobre sont racontées dans ce minutieux

rapport avec tous les détails que nous connaissons déjà, et expliquent les faits par la misère et la faim. Après avoir justifié assez mal la cour de l'accusation de complot contre-révolutionnaire, il constate que si des violences furent commises par les assaillants, elles furent provoquées par d'autres violences : le peuple ne commit un meurtre que pour en venger un autre. Quant à la prétendue profanation de l'appartement de la reine et surtout au bouleversement de son lit, « ce sont des contes absurdes, ou des hallucinations de gens morts de peur. »

Le rapporteur examine les charges contre Mirabeau et le duc d'Orléans et les trouve insignifiantes ; pour lui les « attentats d'octobre » sont des malheurs, mais ils sont « une leçon utile aux rois, aux courtisans et aux « peuples ».

Après avoir écouté, pendant deux jours, cette longue lecture sur des faits remontant à une année et que l'opinion publique avait déjà jugés, l'Assemblée, à une grande majorité, décréta qu'il n'y avait pas lieu à accusation contre Mirabeau ni contre d'Orléans.

Les journées d'octobre étaient ainsi officiellement approuvées, et il eût été étrange qu'il en fût autrement ; comment les députés auraient-ils pu condamner un mouvement populaire ayant peut-être sauvé la Révolution et qui, dans tous les cas, avait empêché le roi de fuir.

Ces projets de fuite n'avaient pas cessé de germer dans l'esprit de Marie-Antoinette et de la cour, qui se retournaient du côté de la guerre civile dont les contre-révolutionnaires espéraient le salut par l'écrasement du peuple.

Suivant le plan de Mirabeau, le roi devait se retirer à Rouen ; là, Louis XVI aurait envoyé une déclaration à l'Assemblée, déclaration d'après laquelle il s'engageait à gouverner selon certaine convention qu'il aurait lui-même proposée. Dans l'esprit du grand orateur, Louis XVI, de Rouen étant, aurait accordé lui-même une constitution libérale au lieu de subir celle votée par les députés ; après que cette constitution aurait été acceptée par l'Assemblée, le roi serait revenu à Paris avec un ministère composé et dirigé par Mirabeau qui rêvait ainsi son entrée au pouvoir et l'établissement d'une royauté constitutionnelle calquée sur la royauté anglaise.

Le roi n'avait aucun goût pour cette fuite à Rouen d'où il devait revenir soumis à Mirabeau au lieu de l'être aux douze cents députés ; maître pour maître il préférait encore l'Assemblée. Un moment cependant, semble-t-il, il s'arrêta à cette idée ; mais il paraît y avoir renoncé sous diverses influences. — « Le projet d'enlever le roi et de le conduire à Rouen est avorté par les soins du comité de recherches et par l'avis que M. de La Fayette en a donné au roi lui-même. Le monarque a versé des larmes et a dit qu'on le trompait toujours. Le détail circonstancié de ce projet est dans une lettre adressée à Bailly qu'un membre de l'Assemblée m'a communiquée. — Trois mille gentilshommes devaient enlever le roi ; M. de Villequier était le principal moteur du complot avec la reine. Il y avait dix mille louis de prêts. On devait mettre, à Rouen, le pain à un sou la livre pour se concilier le peuple ; les principaux agents devaient se rendre dans cette ville : c'étaient MM. Bortier, du Bocy, la duchesse de Villeny, le chevalier de Belbœuf (fils du procureur général), l'abbé Maury, Bergasse, Cazalès. Le but était de se réunir au Parlement de Rouen, qui devait être conservé et qui aurait enregistré la cassation de l'Assemblée nationale et le rétablissement de l'ancien régime (1).

Ce plan trop tôt connu fut déjoué et l'on songea à d'autres moyens; ainsi, tandis que le bruit du départ à Rouen courait dans le public, tandis que Mirabeau croyait peut-être ses plans et ses projets sur le point d'aboutir, Louis XVI se laissait convaincre par sa femme et il adoptait, en principe, l'idée de fuite à laquelle il s'était toujours jusque-là personnellement refusé; il acceptait non la fuite pacifique à Rouen, conseillée par Mirabeau, mais au contraire la fuite belliqueuse dans l'Est d'où on pouvait revenir avec les armées de Bouillé pour commencer la guerre civile.

C'était le projet médité depuis longtemps par Marie-Antoinette qui triomphait. Breteuil, l'homme de l'Autriche, partit pour se concerter avec Bouillé et les puissances étrangères.

En même temps, le 6 octobre, Louis XVI envoyait une lettre confidentielle au roi d'Espagne pour protester contre tout ce qu'il pourrait être contraint de sanctionner.

Pendant ce temps, on parlait des projets de fuite dans Paris et en province; on disait qu'un complot avait été formé pour enlever le roi et l'amener à Rouen. Les Tui-

---

(1) *Correspondance secrète sur Louis XVI et Marie-Antoinette*. (Lettre 15°).

leries, ouvertes très facilement paraît-il, ne gardaient guère les secrets du roi ; on y devait admettre une société douteuse, puisque, le 3 octobre, on enleva au chevalier de Durfort cent cinquante louis pendant qu'il était dans la chambre du roi (1). Dans la séance du 5 octobre au soir, Thouret vint lire à la tribune une adresse et une proclamation du corps municipal rouennais qui renfermait les idées patriotiques de la ville, ajoutant que ses habitants ne se feraient pas les complices d'une pareille manœuvre contre-révolutionnaire. La proclamation donnait à entendre, en termes très nets, que la ville de Rouen combattrait énergiquement toute tentative de ce genre.

La lecture de cette proclamation fut couverte d'applaudissements et, sur la proposition de Thouret, l'Assemblée décréta que le président serait chargé de féliciter la municipalité de Rouen de son patriotisme et de son zèle pour la cause publique, invitant les Rouennais « à continuer leurs soins pour éclairer la conduite des ennemis de la constitution qui sont ceux de la nation et du roi (2). »

Au moment même où les députés prenaient à tâche d'unir dans une idée commune la constitution, la nation et le roi, nous savons que Louis XVI conspirait avec les princes étrangers pour violer cette constitution et amener la guerre étrangère et la guerre civile au milieu de cette nation qui ne demandait qu'à jouir en paix des quelques libertés conquises.

Pourtant la cour n'avait guère besoin du secours des

---

(1) *Journal de la cour et de la ville*, octobre 1790.
(2) *Moniteur*.

armées étrangères et de celle de Bouillé pour rendre le peuple malheureux, car la famine était toujours menaçante et les accapareurs encouragés par la cour, excités, soutenus, payés par elle, continuaient leur honteuse besogne.

Le Bas-Languedoc venait d'être le théâtre de scènes violentes dans lesquelles deux compagnies du régiment du Médoc avaient chargé le peuple et tué plusieurs citoyens, qui voulaient s'opposer à la circulation des grains sur le canal du Languedoc ; un grand bateau vide qu'on devait charger de blé le lendemain avait été brûlé par la population de l'Aude.

A Castelnaudary, le peuple essayant d'empêcher un embarquement de grains, la garde nationale fit feu, deux hommes furent tués et il y eut six blessés.

Pour arrêter ces mouvements, M. de Broglie proposa d'envoyer des troupes de ligne sous prétexte de protéger la circulation des grains, en réalité pour favoriser les accapareurs, et c'est ce que décida l'Assemblée malgré les énergiques protestations de l'abbé Gouttes, qui s'efforça de démontrer que ces désordres avaient pour cause les accaparements de ces négociants qui achetaient les blés à n'importe quel prix et les faisaient passer en Espagne et en Suisse, laissant les provinces françaises dans la misère.

L'Assemblée n'écouta pas ces patriotiques raisons, elle envoya des troupes contre les malheureux que la cour affamait, se rendant ainsi la complice inconsciente de la cour dont le double but était de réduire le peuple à la disette et de l'accabler ensuite sous les régiments de l'Autriche et de Bouillé.

Ce décret, qui était une faute et une injustice, fut ponctuellement exécuté par les gens de la cour, mais il n'en était pas de même des décrets conformes à l'esprit révolutionnaire. C'est ainsi que dans la séance du 5 octobre on lut une note du ministre de la justice informant l'Assemblée de la manière dont les chambres des vacations des parlements de Rouen, Bordeaux, Douai, Nancy, Grenoble et Toulouse avaient reçu les décrets supprimant toute l'ancienne hiérarchie judiciaire.

Les chambres de Rouen et Bordeaux avaient transcrit tout simplement le décret sur leurs registres, obéissant de mauvaise grâce ; celle de Douai prit un arrêté par lequel elle cessait toutes ses fonctions ; celle de Nancy déclarait n'obéir qu'à la force, méconnaissant la légalité du décret ; à Grenoble tous les conseillers étaient partis sans avertir personne et le procureur chargé de la notification du décret s'était en vain plusieurs fois transporté au palais sans y trouver personne.

Les conseillers du parlement de Toulouse, fanatiques de l'autorité absolue, allèrent encore plus loin ; ils prirent un arrêté refusant aux députés le droit de voter la constitution et de prendre de semblables décrets, protestant contre le retour à la nation des biens féodaux et contre la suppression des titres de noblesse. Après avoir déclaré que « la religion était dégradée, la monarchie bouleversée », finalement, les conseillers refusèrent d'enregistrer le décret.

Comme le disait très bien Robespierre, c'était là « un acte de délire. » — « L'Assemblée peut déclarer aux divers membres du parlement de Toulouse, ajoutait Maximilien, qu'elle leur permet de continuer à être de mauvais citoyens. »

L'affaire fut renvoyée au comité des rapports.

A Paris, le respect pour l'Assemblée n'était guère plus grand chez les royalistes ; un colporteur criait aux portes mêmes du manège un pamphlet intitulé : « *Deux liards ! L'Assemblée à deux liards !* »

Un aristocrate l'interrompit en disant à très haute voix :

— Malheureux, tu dis bien ce qu'elle vaut, mais tu ne dis pas ce qu'elle coûte (1) ?

Cette semaine, deux petits incidents se produisirent en dehors des faits importants que nous venons de rapporter.

Il y eut d'abord des plaintes des royalistes contre « la manière dont la *Société qui écrit aussi vite que la parole* défigurait les discours des membres du côté droit et tout récemment l'improvisation de l'abbé Maury contre les assignats. » Cette société, c'était la première institution sténographique créée à la suite des expériences que nous avons racontées dans un de nos précédents chapitres.

Nous ne savons pas au juste en quoi les plaintes des royalistes étaient fondées, mais il est compréhensible que les modes alors employés n'aient pas eu la précision de la sténographie actuelle, et plusieurs discussions publiées au *Moniteur* d'après le compte rendu fourni par la « Société écrivant aussi vite que la parole » sont tellement incomplètes qu'il faut aujourd'hui consulter les autres jour-

---

(1) *Journal de la cour et de la ville*, octobre 1790.

naux de l'époque pour en avoir une idée approximative.

On apporta à la tribune la discussion entre les villes de Pau et de Navareins qui toutes deux se disputaient le privilège d'être le chef-lieu des Basses-Pyrénées. Il arrivait souvent que l'établissement des chefs-lieux ou des sièges des tribunaux, servissent de prétexte à des collisions entre les villes d'un même département qui portaient leurs plaintes et leurs pétitions à la barre de l'Assemblée. Les réclamations de ce genre furent repoussées par un mot célèbre de Mirabeau.

— Nous ne devons pas, s'écria-t-il, revenir sur nos décisions; ce serait reconnaître le principe fédéraliste!

Du 7 au 14 octobre 1790.

XLI

LES ANCIENS ET LES NOUVEAUX

Les troubles causés par les accapareurs continuent dans le Midi. — Révolte des habitants de Niort. — La sentinelle patriote. — Les deux officiers de la Martinique. — Élection des commissaires de police. — Décret contre les parlementaires toulousains. — Robespierre élu juge a Versailles. — Les députés abusent de la franchise postale. — Trafic des billets des tribunes de l'Assemblée. — Représentation au bénéfice de la veuve de J.-J. Rousseau. — Le Dauphin a la fièvre. — La cour a Saint-Cloud.

Malgré l'injuste décret de l'Assemblée punissant les habitants du Midi au lieu de châtier ceux qui faisaient disparaître les grains, les troubles n'en continuèrent pas moins dans le Languedoc ; les habitants, de plus en plus mécontents de voir qu'on leur enlevait des quantités considérables de blé au moment où ils mouraient de faim, ne menaçaient de rien moins que d'arrêter la circulation sur le canal de Riquet, en détruisant les écluses ; un cordon formé par le régiment de Noailles et par d'autres troupes protégeait à grand-peine le canal.

L'Assemblée rendit un nouveau décret armant les tribunaux de Carcassonne, Béziers, Castelnaudary et Toulouse de pouvoirs extraordinaires pour réprimer les troubles; la justice et la raison commandaient de punir les accapareurs et on atteignait des malheureux mourant de faim, d'où une double injustice.

Le même jour, les habitants de Niort se révoltaient à leur tour, poussés par le même motif : le manque de farine ; pour apaiser l'émeute, la municipalité dut taxer le pain.

L'Assemblée ne se montra pas plus douce pour les faméliques de Niort que pour ceux du Languedoc ; elle les déféra à un tribunal extraordinaire.

Cette semaine, des troubles moins graves éclataient encore à Cherbourg, provoqués par un commandant de la marine nommé Chavanac. La garde nationale reconduisait ses drapeaux au domicile de ses officiers, quand le détachement passa devant l'habitation du commandant. La sentinelle qui montait la garde devant la maison de Chavanac rendit les honneurs militaires au détachement de la garde nationale, mais le commandant ouvrant sa croisée cria au soldat qu'il n'entendait rien au métier militaire et qu'il ne devait présenter les armes qu'au dirigeant de son corps. Le soldat, bon patriote, répondit que les drapeaux de la nation valaient bien ceux du corps ; M. de Chavanac le fit relever à l'instant et jeter au cachot pour insubordination ; de son cachot, le soldat porta plainte à la municipalité, en lui expliquant le motif de sa punition.

Les citoyens en armes assaillirent le domicile de M. de Chavanac qu'on voulait mettre en prison à la place du soldat, mais la municipalité intervint et arrangea l'affaire. La sentinelle fut graciée et le commandant de la marine, après avoir vainement tenté de faire marcher les troupes contre la population, devant le refus de ces troupes, se tint tranquille et ne recommença pas pour le moment ses inutiles bravades.

Des leçons de patriotisme n'étaient pas seulement données aux officiers contre-révolutionnaires par la population de France, mais les habitants de nos colonies n'étaient pas moins jaloux de faire respecter les idées et les emblèmes nouveaux.

Ainsi, dans la séance du 11 octobre, le député Antoine présente un rapport sur une affaire de deux officiers en garnison à la Martinique s'étant rendus au théâtre sans cocarde tricolore; après avoir reçu les observations du peuple, auxquelles les officiers avaient répondu par des menaces, les citoyens les avaient saisis, chargés sur un vaisseau marchand faisant voile sur la France et expédiés vers la capitale; la municipalité de Saint-Pierre les avait enfin dénoncés à l'Assemblée nationale; les députés, pensant que les deux officiers avaient sans doute été assez punis, l'affaire fut mise de côté par le renvoi au Comité colonial.

Dans la séance du 7 octobre, sur la proposition de Desmeuniers, un décret fut rendu d'après lequel les commissaires de police seraient désormais élus par le peuple lui-même et non plus directement nommés par le pouvoir.

Les esprits avaient, du reste, très bien accepté cette importante réforme de l'élection administrative et judiciaire, et cette semaine fut précisément consacrée à élire les nouveaux magistrats d'après la nouvelle loi.

Quarante-huit officiers municipaux élus par les sections

de Paris, prêtèrent serment le 9 octobre. Le même jour les cent quarante-quatre notables composant le conseil général de la Commune prirent séance dans la salle ordinaire de l'assemblée à l'Hôtel de Ville et remplacèrent les deux cent quarante représentants de la Commune qui détenaient leurs fonctions irrégulièrement depuis le commencement de la Révolution. Le Conseil de ville chargé de l'administration gratuite et provisoire fut également remplacé par un conseil composé de 43 citoyens dont voici les noms :

Vauvilliers,
Minier,
Garant-Decoulon,
Quatremère,
Tassin,
Torillon,
Jérome Teudon,
Lecamus,
Deyeux,
Boncerf,
Montauban,
Pitta,
Andelle,
Jallier,
Sesquillés,
Filleul,
Tiron,
Mangis,
Mullot,
Viguier,
Desmaisons,
Leroux-Delaville,
Cannel,
Lardin,
Charon,
Slouf,
Dacier,
Vogner,
Leroux (J.-J.).
Lafisse,
Houssemaine,
Regnault,
Prévost,
Hardi,
Debourges,
Levacher,
Perron,
Nizaud,
Rousseau,
Bernier,

Ducurny, Leroux (Etienne).
Lescene,

Le Conseil choisit lui-même parmi ces 43 citoyens 16 administrateurs jouissant d'un traitement annuel de 4,000 livres chacun.

Les élections pour les officiers administratifs et pour les magistrats se faisaient à deux degrés ; tous les citoyens actifs nommaient, dans les sections, huit cents électeurs qui, à leur tour, nommaient les officiers et les magistrats.

Devant la demeure de chaque élu des groupes d'habitants du quartier allaient donner l'aubade, fifre et tambour en tête, apportant un bouquet à l'officier municipal qui d'habitude offrait un pourboire de six livres.

Pendant que ces élections avaient lieu, l'Assemblée s'occupait de la conduite de la Chambre des vacations du Parlement de Toulouse ; l'Assemblée avait suspendu tous les anciens magistrats et n'avait laissé dans chaque Parlement qu'une Chambre dite de vacation pour expédier les affaires courantes jusqu'à la nomination de la nouvelle magistrature. Les élections judiciaires étant arrivées, congé avait été donné à toutes les Chambres de vacations et nous savons de quelle façon insolente, provocante et hautaine, la Chambre du Parlement de Toulouse répondit au décret supprimant l'ancienne hiérarchie judiciaire.

Les parlementaires toulousains avaient envoyé non-seulement une critique séditieuse des travaux de l'Assemblée, mais encore une sorte d'appel à la guerre civile.

Robespierre s'était contenté dans une précédente séance de demander le mépris pour cet inqualifiable libelle.

Le rapporteur de cette affaire, un membre du côté droit dont les sentiments ne pouvaient être suspectés, M. de Broglie, ne fut pas aussi miséricordieux :

— Il s'agit, dit M. de Broglie, de venger les lois outragées et de les venger contre ceux qui étaient chargés de les conserver et de les défendre.

Après avoir donné lecture de l'arrêt du Parlement, M. de Broglie ajouta :

— C'est un chef-d'œuvre, à la fois, d'égarement et de perfidie ; cet arrêté sacrilège est au-dessus de toute qualification. Il excite une indignation égale, soit qu'on en considère l'ensemble, soit qu'on en parcoure les détails; c'est le tocsin de la rébellion sonné par ceux-là mêmes dont les fonctions augustes et bienfaisantes ne devaient tendre qu'à la paix et à la tranquillité (1).

Après avoir conclu au renvoi des membres de la Chambre des vacations du Parlement de Toulouse devant une haute cour nationale sous la prévention de rébellion et de forfaiture, conclusions qui furent adoptées, le royaliste de Broglie terminait ainsi :

« L'audace de ces conseillers vous prescrit votre devoir. Que la punition sévère de cet arrêté soit l'éternel monument de la vindicte publique et de la puissance formidable des lois. »

Pendant qu'on renvoyait les magistrats toulousains devant la haute cour, on apprenait que Robespierre venait d'être élu juge du tribunal de Versailles.

Le choix de Maximilien, étranger au département de

(1) *Moniteur*.

Seine-et-Oise, pourrait étonner si nous ne rapportions pas un fait qui s'était récemment produit et auquel Robespierre dut certainement son élection, car il était encore à peu près inconnu des Versaillais et le rôle modeste joué par lui durant le séjour de l'Assemblée à Versailles était trop peu important pour que ce fût là la cause du choix des électeurs.

Quelques jours auparavant, un nommé Peltier, rédacteur du journal royaliste *les Actes des Apôtres,* voulant prouver que les provinces désapprouvaient leurs députés, avait raconté que les Artésiens notamment, sur un faux bruit de l'arrivée de Robespierre à Arras, avaient voulu lui faire un mauvais parti, pour le punir de ses opinions et de ses votes révolutionnaires.

Le fait n'était pas exact; jamais rien de tel n'avait eu lieu à Arras; mais les patriotes de Versailles s'étaient dit que puisque les contre-révolutionnaires d'Arras n'aimaient pas Robespierre, c'est qu'il était digne de la confiance des amis de la liberté, et ils le nommèrent juge.

Maximilien fut très satisfait de cette nomination; il forma un moment le dessein de quitter la lutte pour aller dans cette ville tranquille et paisible, convenant si bien à son esprit méditatif, remplir les modestes fonctions de sa charge.

« Versailles m'offrait une retraite paisible où j'aurais trouvé tous les avantages qui auraient pu flatter mon goût et ma sensibilité, » écrivait-il.

Les événements seuls devaient l'empêcher de réaliser ces projets de repos.

En attendant, cette nomination fut accueillie par les

applaudissements des patriotes et Camille Desmoulins s'écriait :

« Oui, mes chers concitoyens, je vous garantis qu'il est impossible qu'il réchappe un seul aristocrate. C'est Robespierre, notre Robespierre si pur, si inflexible, le *nec plus ultra* du patriotisme qui est nommé à Versailles président du tribunal du district. »

Les royalistes tinrent naturellement un langage tout autre et une des feuilles à la solde de la cour imprimait (1) :

> Robespierre est juge à Versaille :
> Digne patron de la canaille
> Il jugera vaille que vaille
> Cette insolente valetaille.
> Mais sans faute on le honnira,
> Et lorsque le coq chantera,
> Avec Lecoi... (2) on le pendra ;
> Ainsi justice se fera.

Deux autres députés, Bouche et Biauzat, furent également élus juges et il est à remarquer en passant que, sauf quelques très rares exceptions, les électeurs choisirent pour leur confier la judicature des hommes recommandables autant par leur talent que par leurs vertus.

Il faut consigner ici une plainte faite dans l'Assemblée par le député de Batz sur les abus que certains députés faisaient du contre-seing de la poste qu'on leur avait confié.

(1) *Journal général de la cour et de la ville*, octobre 1790.
(2) Lecoindre.

Les députés jouissaient des franchises postales pour leur correspondance avec leurs électeurs ; ils avaient un contre-seing qu'ils appliquaient sur les enveloppes ainsi dispensées de toute taxe.

Cette franchise n'avait pas tardé à donner lieu à de nombreux abus, et de Batz pouvait dire à la tribune sans être contredit :

— Ce ne sont plus des lettres seulement, ce ne sont plus de simples paquets, mais des ballots entiers dont nos députés économes surchargent la poste. Depuis que les membres de l'Assemblée nationale jouissent du droit de contre-seing, il se trouve tous les jours 6,000 paquets qui partent, 6,000 qui reviennent sous le couvert de ces membres.

L'Assemblée adopta un long et minutieux règlement qui, sans enlever le droit de franchise postale, essaya de remédier à cet état de choses, sans y parvenir, il faut le reconnaître.

Ce n'était pas là la seule irrégularité dont se rendissent coupables certains représentants ; on se plaignait aussi du trafic des billets de tribune auxquels se livraient, paraît-il, quelques députés.

Ainsi on entrait dans les tribunes de l'Assemblée sur la présentation de billets que les députés donnaient à leurs amis ; ces billets étaient gratuits. Mais les jours de séances importantes, certains individus les vendaient à la porte de l'Assemblée, six, huit, et même douze francs ; quelques-uns furent achetés un louis; certains députés étaient accusés de participer à ce trafic. Il était même fréquent de voir des billets d'Opéra échangés contre des billets de tribune.

Le 11 octobre, se tint la première réunion d'une Société dite « des victimes du pouvoir arbitraire », et dont le but était de faire obtenir justice contre tous les jugements, actes et décisions arbitraires qui lui seraient signalés (1).

Cette semaine, Mirabeau revint au club des Jacobins qu'il avait un moment quitté à la suite d'incidents intérieurs sans importance.

La Comédie Française donna, le samedi 9 octobre, une représentation au bénéfice de la veuve de Jean-Jacques Rousseau, alors dans la misère ; le spectacle se composa du *Cid* et de *Pygmalion*, scène lyrique de J.-J. Rousseau.

La recette ne fut pas fructueuse, paraît-il, et l'Assemblée, le 31 décembre suivant, dans la même séance où elle décida sur la proposition de Mirabeau qu'une statue serait élevée à l'auteur du *Contrat social*, accorda une pension de douze cents livres à la vieille femme.

Au commencement de cette semaine, le dauphin fut pris d'accès de fièvres, ce qui n'empêcha pas la cour de retourner à Saint-Cloud où Marie-Antoinette continuait ses projets d'évasion et d'où le roi ne devait revenir que le 25 octobre, comme il avait été décidé.

(1) *Moniteur.*

Du 15 au 20 octobre 1790.

XLII

FERMETURE DU PALAIS DE JUSTICE

La municipalité procède a l'apposition des scellés.— Le palais désert. — Les buvetiers. — Le tableau de la basoche. — Un avocat récite le « Te Deum ». — L'enterrement du Parlement. — Un pamphlet.— On prépare les élections de la nouvelle magistrature. — Un magistrat arrêté pour faits honteux. — Proposition d David. — Succès du « Sourd ou l'auberge pleine ». — Naissance des annonces des journaux. — Les clubs réclament le renvoi des ministres.— Colère populaire.— Affiches contre M. de Cicé.

Conformément aux décrets de l'Assemblée nationale, la municipalité de Paris se transporta, le 15 octobre, au Palais de justice, pour y apposer les scellés sur les greffes et dépôts des actes et arrêts ; quand nous disons que la municipalité se transporta, c'est se fit transporter qu'il faudrait écrire pour être exact, car elle ne parcourut pas le court trajet de l'Hôtel de Ville au Palais à pied mais bien en carrosse.

Comme on craignait une émeute, annoncée à grand bruit par les royalistes, on avait massé trois mille gardes nationaux depuis l'Hôtel de Ville jusqu'au palais ; ils gardaient les avenues et contenaient la foule très nombreuse accourue pour assister à ce spectacle.

A midi précis, Bailly, à la tête de la municipalité, arrive dans la grande cour : parvenus au pied du grand escalier, les municipaux se ceignent de leur écharpes tricolores à frange d'or et d'argent — écharpes que l'on avait payées quatre-vingt-quatorze francs l'une. — Quand ils sont sur la plate-forme précédant le vestibule, les bravos et les applaudissements de la foule éclatent ; il semble au peuple que c'est lui qui entre en maître dans le vieux temple du Parlement où ont été si souvent consacrées tant d'injustices et tant d'iniquités et d'où sont sortis dans tous les cas, dans ces derniers temps, des adversaires fougueux de la Révolution.

En pénétrant dans l'intérieur, Bailly et ses collègues trouvent les salles ouvertes, les greffes fermés, les greffiers absents et point de clefs ; seuls les garçons de salle et les buvetiers se présentent aux municipaux pour donner des renseignements. Les scellés sont mis sur les portes des greffes à l'aide de larges bandes de papier blanc et de cire marquée aux armes de la Ville.

Pendant l'opération, un sapeur abat, à coups de hache, le tableau du royaume de la basoche, de ce pouvoir dont s'était autrefois montré jaloux François Ier ; ce tableau était accroché au mur de la grande cour.

Tandis que la municipalité procède à ces formalités qui durent de midi à dix heures du soir, un avocat nommé Parein, un des vainqueurs de la Bastille, passant devant l'autel situé dans la grande salle du Palais, se prosterne et, à genoux, récite à haute voix le *Te Deum* en actions de grâces pour remercier le ciel de la destruction du Parlement, destruction considérée par cet avocat comme un bonheur public.

Après la mise des scellés, la porte extérieure est fermée et le palais ne se rouvrira plus que pour l'installation des nouveaux magistrats élus.

Pendant que les municipaux procédaient à l'apposition des scellés afin qu'on ne pût enlever aucune des pièces composant les registres et archives de l'ancien Parlement, parut dans le public, qui s'en arrachait les exemplaires, une sorte de petit pamphlet en dix pages contre la vieille magistrature, dans lequel on reprochait aux anciens juges toutes leurs fautes et leur opposition contre le nouvel ordre des choses.

Cette brochure portait ce titre un peu long mais qui indique bien l'esprit général de l'ensemble :

LES SOUFFRANCES
LE TESTAMENT
LA MORT & L'ENTERREMENT
DU PARLEMENT

Qui est tombé en enfance au Jeu de paume de Versailles en juin 1789 ; a été interdit par sentence du Manège, en mars 1790 ; est décédé à Paris au mois d'octobre de la même année, et a été enterré aux frais du trésor national, dans le cimetière de la noblesse et du clergé.

DE PROFUNDIS.

A PARIS
CHEZ LE SUISSE DE M. BAILLY
ET SE TROUVE
Chez les libraires patriotes

Cette publication dont le succès d'actualité fut très grand, puisqu'on en vendit plus de cinq mille durant cette seule après-midi, était précédée d'une caricature coloriée en cinq couleurs représentant un conseiller au parlement soutenu sur des jambes étiques, affligé d'un ventre en pointe, d'une tête plus grosse que le ventre : il a les mains crochues, le maintien raide et compassé, il est affublé d'une immense perruque, d'une robe rouge avec les garnitures d'hermine, et d'un bonnet carré au triple galon d'or.

Au fond on voit le palais de justice fermé et portant sur le fronton cette inscription :

Maison à louer.

Les écrivains se vengeaient de ce corps qui avait condamné les œuvres de Rousseau, de Voltaire, de Diderot et de tant d'autres à être brûlées par les mains du bourreau.

Pendant ce temps, on se préparait dans Paris à l'élection des nouveaux juges devant, sous peu, remplacer les anciens magistrats ; Paris était en retard sur quelques villes de province qui avaient déjà, nous l'avons vu, procédé à ces élections ; ce retard provenait de ce qu'à Paris les préparatifs étaient plus longs, la population étant plus nombreuse.

Tous les citoyens actifs de la ville de Paris concouraient à nommer 800 électeurs, qui devaient choisir les 30 magistrats ; on croyait ce nombre de trente suffisant pour régler tous les différends de la capitale mais on ne tarda pas à s'apercevoir que ce chiffre était bien au-dessous des besoins des plaideurs et il fallut l'augmenter dans de notables proportions.

Enfin, comme si une sorte de fatalité eût voulu que la dernière heure de l'ancienne magistrature fût marquée par un scandale d'un de ses membres, la veille de la fermeture du palais, on arrêtait à Paris un conseiller du parlement de Besançon, M. de Quincy, qui avait été surpris dans « des circonstances peu honorables pour ses mœurs », nous dit le rapport de police du quartier de l'abbaye Saint-Germain où il avait été conduit.

Ce conseiller était le même qui, quelques mois auparavant, comme nous l'avons raconté dans un de nos précédents chapitres, avait réuni après l'abolition des droits féodaux, des paysans dans un de ses châteaux, les avait invités à une sorte de fête et les avait fait sauter pendant le repas à l'aide d'une mine.

Le conseiller de Quincy fut écroué à la prison du Châtelet en attendant son jugement.

Dans la séance du 16, on donne connaissance à l'Assemblée d'une lettre de David proposant de graver les planches devant servir à l'impression des assignats.

Cette même semaine nous voyons au théâtre de la Montausier s'affirmer le succès d'une pièce qui devait devenir célèbre en se maintenant tout un siècle au répertoire de tous les théâtres de France et représentée pour la première fois au commencement du mois, nous voulons parler du *Sourd ou l'Auberge pleine* qui faisait courir le public. Les journaux patriotes, tout en constatant son indiscutable succès, reprochaient à l'auteur de cet opéra-comique d'avoir fait — sans nécessité — des personnages un marquis et un chevalier à un moment où après l'abolition des titres par l'Assemblée, le goût du public devait être dirigé vers les principes d'égalité.

Il nous faut signaler également, cette semaine, les progrès des annonces et réclames dans les journaux.

Depuis quelque temps on lisait dans *la Chronique de Paris* un avis annonçant au public qu'il pouvait donner des articles dans un supplément hebdomadaire auxquels les rédacteurs ordinaires du journal n'avaient aucune part.

L'avis se terminait ainsi :

« Le prix sera de trois sous la ligne pour les articles qui n'emploieront pas une colonne et de six livres par colonne pour ceux plus étendus.

« On peut annoncer dans ce supplément les objets de toutes espèces, comme maisons à louer et à vendre, effets perdus et trouvés, places à demander et à offrir. »

Telle fut la naissance, en France, des annonces et réclames dans les journaux ; bientôt les rédacteurs ne devaient pas avoir tant de scrupules, les suppléments allaient être abandonnés et les annonces allaient être admises dans le journal lui-même. Mais tout d'abord, on montrait une sorte de répulsion à recevoir ces réclames, on les reléguait dans un supplément à part où des esprits désireux de faire connaître leurs opinions sur les événements du jour payaient le prix du tarif pour voir leurs articles insérés.

D'autres dédaignaient ces moyens de propager leurs idées, moyens qui n'étaient du reste pas permis à toutes les bourses, et ils allaient dans les clubs prononcer des discours.

Dans les clubs, depuis quelques jours, une agitation se produisait et une campagne était menée contre le ministre qu'on accusait tout haut de trahison et dont on demandait le renvoi.

La colère des réunions publiques fut à son comble quand on apprit que M. de Cicé, ci-devant archevêque de Bordeaux, actuellement garde des sceaux, venait de nommer un ancien magistrat du Châtelet des plus impopulaires, Boucher d'Argis, commissaire du roi.

Ce M. de Cicé n'avait du reste pas besoin de cette nouvelle bravade pour être détesté puisque lorsque son palais archiépiscopal prit feu, on afficha le lendemain sur ses murs, sans que personne songeât à l'arracher, une affiche ainsi conçue :

> PALAIS A BRULER
> TERRAIN A VENDRE
> ÉVÊQUE A PENDRE

On devine l'explosion de colère qui accueillit la nomination de ce Boucher d'Argis, nomination considérée comme une véritable provocation.

Le club des Jacobins demanda qu'une motion fût portée à la tribune demandant au roi de chasser ses ministres, et comme sanction ladite motion en effet fut lue à l'Assemblée ; comme on le voit, c'est toujours le fameux club des Jacobins qui prépare et dirige les décisions des députés.

Les moines, de leur côté, usaient quelquefois de la liberté, nouvelle pour eux, pour se livrer à de véritables attaques contre les particuliers. Ainsi un cordelier de Dijon, devant qui un membre du conseil du département disait que suivant lui « l'Assemblée nationale avait trop bien traité les moines, » se mit à chercher querelle à ce citoyen et finalement le rossa d'importance et lui pocha un œil (1). Ce trop fougueux capucin fut condamné à l'amende.

(1) *Journal général de la cour et de la ville*, octobre 1790.

Du 21 au 27 octobre 1790.

XLIII

ON DEMANDE LE RENVOI DES MINISTRES

Rapport de Menou.—Le pavillon blanc est remplacé par le pavillon tricolore.—Maury escalade la tribune.—Un député mis aux arrêts. — Le renvoi des ministres. — Pression de l'opinion publique. — Appréciation de Camille Desmoulins. — Mot de l'archevêque de Bordeaux.—La cour consulte Bergasse.—Conseils de Mirabeau.— 200 abstentions.— Le vote est repoussé.— Indignation publique. — Lettre des ministres. — Réponse du roi. — Démission de La Luzerne. — Les troubles militaires de Belfort. — Scandale des officiers.— Le décalogue des militaires.— Barnave est nommé président de l'Assemblée. — Querelle de Talma et de la Comédie-Française.— La discussion des impôts.— Hypocrisie bourgeoise. Robespierre défend ses principes. — Le roi se décide a fuir. — L'Europe se coalise.

Nous avons entendu les orateurs des clubs réclamer le renvoi des ministres; l'Assemblée ne devait pas tarder à subir l'influence des décisions des Jacobins et, dans la séance du 10, Menou, à la suite de son rapport sur les troubles de Brest, demandait à l'Assemblée de décréter que le roi serait invité à se séparer de ses ministres, responsables de l'état d'agitation du royaume.

C'est à propos des troubles de Brest que l'on proposa de remplacer les anciens pavillons blancs aux armes de

France brodés de fleurs de lys d'or en usage dans la marine, par le pavillon tricolore ; ce qui fut voté.

On vota, également sur la proposition de Mirabeau, qu'au cri accoutumé et trois fois répété de : Vive le roi ! usité le matin et dans toutes les grandes circonstances, à bord des vaisseaux, on substituerait celui de : Vive la nation ! la loi ! et le roi !...

Les colonels des régiments furent enfin invités à remplacer, sans délai, les cravates blanches des drapeaux, par des cravates tricolores.

Ces décisions ne purent être prises sans exciter les protestations du côté droit. La discussion fut même signalée par un incident des plus violents qui causa une heure et demie de désordre.

On allait passer au vote de la première proposition relative au cri de vive le roi ! La discussion venait d'être déclarée fermée, quand le fougueux abbé Maury voulut encore prendre la parole. Le président la lui refusa, ajoutant que les débats sur la question étaient clos ; Maury ne monta pas moins à la tribune, essayant de prononcer quelques paroles couvertes par le bruit et les cris de : à l'ordre ! Ne pouvant se faire entendre, Maury entra en fureur, invectiva les députés de la gauche sur lesquels il menaçait de jeter la tribune qu'il ébranlait de ses bras robustes.

Malgré tout, le silence se rétablit et les motions furent votées à une grande majorité.

A ce moment, eut lieu un nouvel incident plus tumultueux que le premier.

Le vote venait d'être proclamé, quand, dans un groupe du côté droit, groupe dans lequel on remarquait le député de Beauharnais — le mari de la future impératrice de France — se produit un grand bruit, et le député de Castelnaudary, Guilhermy, traite Mirabeau de misérable, de scélérat et d'assassin.

Menou invite le président à ordonner l'arrestation sans délai de Guilhermy; la gauche se lève demandant à aller aux voix; Guilhermy se défend d'une façon embarrassée, pleine de réticences et de restrictions, essayant de se disculper en donnant aux termes dont il s'est servi une acception vague n'ayant pas de caractère injurieux.

Dans les tribunes et au dehors l'agitation est aussi grande que dans le sein de l'Assemblée; le bruit se répand dans le jardin que c'est l'abbé Maury, que l'on a vu à la tribune furieux et gesticulant, qui a proféré les insultes contre Mirabeau; des citoyens se proposent de l'attendre et de lui infliger une verte correction à la sortie. L'abbé Maury apprend ce qui se passe, et n'ayant nulle envie d'assumer la responsabilité des insolences de ses collègues, il monte à la tribune pour protester.

— Je prie, dit-il, l'Assemblée d'envoyer deux officiers aux Tuileries, pour déclarer au peuple que je n'ai nulle part au propos qui s'est tenu et qu'on l'a trompé sur mon compte.

Après deux épreuves douteuses l'Assemblée, ayant fait droit à la demande de Maury, décide que Guilhermy sera condamné à garder trois jours les arrêts dans sa maison.

Ces incidents tumultueux vidés, on passa à la discussion de la troisième partie du décret de Menou relative au renvoi des ministres; Menou parlait au nom des quatre comités diplomatique, colonial, militaire et de la marine.

Voici comment était rédigé le projet de décret. « L'Assemblée nationale, portant ses regards sur la situation actuelle de l'État et reconnaissant que la défiance du peuple contre les ministres occasionne le défaut de force du gouvernement, décrète que son président se retirera par devers le roi, pour représenter à Sa Majesté que la méfiance que les peuples ont conçue contre les ministres actuels apporte les plus grands obstacles au rétablissement de l'ordre public, à l'exécution des lois et à l'achèvement de la constitution. »

Telle est la proposition faite par le député de la noblesse de Tours, Menou, ancien maréchal de camp de la royauté, rallié aux idées nouvelles. C'était la sanction de la campagne entreprise par les patriotes des clubs depuis les massacres de Nancy. Le peuple répondait partout à ces discours prononcés du haut de la tribune des Jacobins qui poussaient un jour cinquante mille hommes à se porter sur l'Assemblée pour demander l'expulsion du ministère.

L'Assemblée obéissait une fois encore à la pression de l'opinion publique.

A ce sujet, Camille Desmoulins exprimait en ces termes un peu vifs les intentions des députés qui, « voyant, dit-il, que quatre ou cinq vauriens de ministres ne passaient leur temps qu'à mettre des bâtons dans les roues, et ne voulant pas néanmoins les culbuter du timon par les épaules, ne savaient comment s'en défaire. »

La cour prévenue avait dû prendre ses précautions, et l'archevêque de Bordeaux, M. Champion de Cicé, avait même dit :

— Mes collègues donneront leur démission s'ils veulent ;

pour moi, je ne sors point de ma place qu'on ne me chasse.

La cour qui consultait l'écrivain royaliste Bergasse, lui demanda ce qu'il fallait faire dans le cas où le renvoi serait demandé par l'Assemblée ; Bergasse répondit qu'il fallait céder et inviter l'Assemblée à composer le ministère elle-même, ce qui ne devait pas tarder de la compromettre aux yeux des citoyens.

Mirabeau apprit le conseil donné par Bergasse, et dans sa trente-troisième note pour la cour, faisant allusion à ces conseils occultes qui venaient disputer sa part de confident, il écrivait au roi (1) :

« Le refus que fera le roi de nommer, forcera, disent-ils, l'Assemblée de choisir elle-même, d'exercer tous ses pouvoirs, de dévoiler son despotisme. Non, l'Assemblée ne nommera point ; elle invitera d'abord le roi à remplir les devoirs de sa haute magistrature. Sur un second refus, elle ordonnera de nommer. Sur un troisième refus... je frémis d'y penser ; mais qui dira la vérité, si j'ai la faiblesse de la cacher ? sur un troisième refus, elle ne laissera que l'alternative d'obéir ou d'abdiquer ! »

La conclusion de Mirabeau était de prévenir l'Assemblée en demandant de suite la démission aux ministres et formant un nouveau ministère de façon à ce que « les Jacobins adoptent et soutiennent ce nouveau ministère, et qu'il puisse s'entendre avec ceux à qui le roi veut bien accorder quelque confiance. »

Le lendemain, Menou proposait son décret qui, après

---

(1) *Correspondance entre Mirabeau et le comte de La Marck*, t. II, p. 238.

une discussion dont le député royaliste supporta presque tout le poids, de la façon la plus brillante, fut repoussé par 405 voix contre 340.

Ce vote eut lieu à l'appel nominal ; au moment du scrutin, deux cents députés environ sortirent de la salle pour n'avoir à se prononcer ni dans un sens ni dans l'autre, et la victoire resta aux partisans de la cour.

Les tribunes accueillirent ce vote par des sifflets et des huées, que répéta la foule qui se pressait au dehors dans les jardins des Tuileries.

Quoique ce vote fût favorable à la cour, l'indignation des clubs fut telle que, deux jours après, les ministres envoyaient une lettre au roi pour le supplier « de prendre en considération s'il ne convient pas à ses intérêts ainsi qu'à la chose publique de choisir d'autres ministres. »

C'était inviter Louis XVI à accepter une démission donnée en termes détournés ; le roi, voulant réfléchir encore, ne dit ni oui ni non et répondit par la lettre suivante :

Saint-Cloud, le 23 octobre.

Je suis très touché des sentiments que vous me témoignez. Personne ne sait mieux que moi combien sont peu fondées les inquiétudes que l'on a conçues à votre sujet. Je vous ai toujours vus amis du peuple, de l'ordre, de la justice et des lois. Je prendrai en grande considération votre lettre : je ferai connaître à chacun de vous mes intentions, et j'attends de votre zèle pour le bien public et de votre attachement pour moi que jusque-là vous n'abandonnerez pas vos fonctions.

Louis.

Le ministre de la marine, de la Luzerne donnait formellement, le 23 octobre, sa démission qui était acceptée, et partait le lendemain même pour ses terres.

Le comte de la Luzerne était le neveu de Malesherbes. ancien gouverneur des Iles-sous-le-Vent; il avait déjà été ministre une première fois en 1787, il s'était retiré lors du renvoi de Necker (12 juillet 1787) et n'était revenu au pouvoir qu'avec Necker en octobre 1789; c'était un homme lettré, mais d'un caractère emporté.

Cette démission, loin de calmer l'opinion publique, ne fit qu'encourager les réclamations, et les clubs devinrent plus violents; d'autant que des motifs d'une rare gravité allaient encore légitimer leur colère.

Le mémoire que le ministre remit à Louis XVI en présentant sa démission fait connaître l'état de la marime française qui se composait de quatre-vingt-six vaisseaux de ligne et soixante et onze frégates; le plus grand nombre des vaisseaux de premier rang portaient soixante-quatorze pièces de canons; plusieurs en avaient quatre-vingts.

La marine anglaise, à ce même moment, avait cent cinquante vaisseaux de ligne.

La paie des matelots était déterminée par différentes classes depuis quatorze livres jusqu'à vingt et une livres par mois; on la porta quelque temps après de quinze à vingt-quatre. La paie des officiers, qui variait entre vingt-quatre et soixante-dix livres par mois, fut portée de trente-deux jusqu'à quatre-vingts.

On apprit à Paris que le 21 octobre, à la suite d'un dîner de corps, les officiers des régiments du Royal Liégeois et des Hussards-de-Lauzun, en garnison à Belfort, avaient troublé la sécurité de la ville et même blessé plusieurs habitants.

Au sortir du dîner, le major du régiment s'était écrié :

— Nous sommes les maîtres, nous avons des soldats, il faut hacher les bourgeois !

Les officiers avaient répondu par les cris de :

— Vive le roi ! vive la joie !

Le colonel Latour, propriétaire du Royal Liégeois, brandissant son épée, avait aussi crié :

— Vive le roi ! au diable la nation !

Tous les officiers, après avoir tiré leurs épées, avaient attaché des mouchoirs blancs au bout et avaient ainsi parcouru les rues de la ville en proférant les injures les plus grossières contre la Constitution ; puis ils se rendirent aux casernes où précisément les Hussards-de-Lauzun avaient dans la soirée régalé deux cents de leurs camarades arrivant de Troyes, et la plupart étaient ivres. Les officiers firent sortir les soldats de leurs casernes, leur ordonnèrent de prendre la cocarde blanche, se mirent à leur tête et parcoururent les rues, l'épée nue à la main, poursuivant les bourgeois qu'ils rencontraient, les frappant à coups de sabre et les relançant jusque dans leurs maisons.

A un moment donné, les habitants requirent la garde d'un poste contre les perturbateurs. Le sergent dit à ses hommes :

— Si ce sont des soldats, faites-les évader ; si ce sont des bourgeois, assommez-les.

Les membres de la municipalité s'étant réunis à la mairie pour se concerter sur les mesures à prendre pour apaiser cette sédition, la porte de l'hôtel de ville fut enfoncée par les officiers qui insultèrent et maltraitèrent les municipaux.

En apprenant ces faits, Bouillé, sous le commandement de qui les deux régiments étaient placés, se rendit à Belfort et, devant la gravité des faits, devant l'émotion de toute la ville, il dut se résoudre à mettre le colonel Latour, le major et deux officiers au secret en attendant que le roi eût statué ; le ministre de la guerre avisa l'Assemblée ; séance tenante, on décida que le président se rendrait près du roi pour lui demander que les officiers fussent arrêtés et conduits à Paris, enfermés à la prison de l'abbaye Saint-Germain, pour y rester jusqu'au jugement de cette affaire.

Ces scandales militaires, après tant d'autres, n'étaient pas pour populariser le corps d'armée de Bouillé, sur lequel on savait que la reine comptait pour enlever le roi et entamer la guerre civile ; il y avait loin de la conduite de ces régiments à celle que les patriotes auraient voulu leur voir tenir.

Ce fut à cette occasion qu'on fit imprimer et distribuer les *commandements du militaire* où l'on résumait les règles auxquelles on aurait désiré soumettre les soldats et que voici :

DÉCALOGUE DU MILITAIRE

1. *La nation tu serviras*
   Et le prince fidèlement.
2. *Jamais les lois tu n'enfreindras*
   Ni la règle du règlement.

3. *Tes camarades chériras,*
   Comme tes frères tendrement.
4. *Par l'honneur tu te conduiras*
   En tout, partout et constamment.
5. *Municipaux respecteras.*
   Et district et département.
6. *Aux grades tu n'élèveras*
   Que le mérite seulement.
7. *Dans tous les points obéiras*
   A tes chefs scrupuleusement.
8. *Ton poste n'abandonneras*
   Qu'au signal du commandement.
9. *Tous les ans renouvelleras*
   Ton patriotique serment.
10. *Vivre libre ou ne vivre pas,*
    Sera ton cri de ralliement.

Au milieu de ces événements, Barnave, le maire de Grenoble et député de cette ville, fut élu président de l'Assemblée malgré son jeune âge ; il avait vingt-neuf ans à peine.

En prenant possession du fauteuil, il prononça un très éloquent discours et conduisit les débats délicats sur les affaires de Belfort avec une véritable autorité.

Cette semaine fut marquée par la publication de deux brochures ayant trait à la querelle, fameuse dans les annales du théâtre, de Talma et de la Comédie-Française qui étaient en discussion depuis les débuts de la Révolution, mais surtout depuis la fédération dernière à la suite de la scène suivante qui fut le signal des hostilités intestines.

Les fédérés provençaux étaient allés au Théâtre-Français, quand une voix bien connue, celle de Mirabeau, partit du milieu du parterre, demandant que l'on jouât *Charles IX*, la tragédie patriotique de Chénier dont la Comédie avait arrêté les représentations en plein succès. La motion de Mirabeau fut applaudie et la salle entière se mit à réclamer *Charles IX* sur l'air des lampions.

L'acteur Naudet se présente et répond au nom du théâtre que ses camarades auraient le plus grand désir de déférer au vœu exprimé, mais que par malheur Saint-Prix (le cardinal) est malade et que Madame Vestris (Marie de Médicis) est indisposée; ce qui empêcha absolument de donner la pièce.

Au moment où Naudet se retirait d'un côté, Talma paraissait de l'autre et, s'adressant à son tour au public, il déclara que l'indisposition de Madame Vestris n'était pas assez grave pour que son patriotisme n'en vînt à bout et qu'il répondait de sa camarade dont les idées révolutionnaires étaient bien connues; quant au rôle du cardinal, on le ferait lire par un autre acteur, au pied levé.

Cette proposition fut acclamée, et la Comédie mise ainsi en demeure dut donner *Charles IX* le soir même; Talma, comme on pense bien, fut applaudi à outrance, tandis que les comédiens réactionnaires, Naudet en tête, furent sifflés sans pitié. La représentation ne marcha pas sans encombre, puisque de nombreuses arrestations furent faites, entre autres celle de Danton plus bruyant que les provençaux eux-mêmes.

Le lendemain, le comité s'assembla et le semainier Fleury ouvrit la séance par ces paroles :

— Messieurs, je vous dénonce une conspiration contre la Comédie-Française.

Il fut interrompu par l'acteur patriote Dugazon, ami et professeur de Talma, qui se mit à crier en prenant le ton des marchands de journaux :

— Oh ! la voilà ! la grande conspiration découverte ; c'est du curieux, c'est du nouveau ! demandez pour deux sous !

L'ordre se rétablit et Talma fut exclu de la société. Les acteurs royalistes formant la majorité déclarèrent qu'ils ne communiqueraient plus avec lui.

Les patriotes se refusèrent à sanctionner une pareille décision, et plusieurs soirs des troubles eurent lieu ; à peine le rideau était-il levé que le parterre réclamait : Talma ! Talma ! Tant et si bien que la Comédie promit de donner des explications ; un soir, Fleury vint dire au public :

— Messieurs, la Société, persuadée que M. Talma a trahi ses intérêts et compromis la sécurité publique, a décidé à l'unanimité qu'elle n'aurait plus aucun rapport avec lui jusqu'à ce que l'autorité ait décidé.

Le bruit soulevé par ces paroles fut extraordinaire, ce fut une véritable tempête de huées, de cris d'animaux, de sifflets. Au milieu du vacarme Dugazon s'avance au devant du rideau ; le silence se rétablit et l'ami de Talma :

— Citoyens, dit-il, je dénonce toute la Comédie ; il est faux que le citoyen Talma ait trahi nos intérêts ; tout son crime est de vous avoir dit qu'on jouerait *Charles IX*, et voilà tout.

L'ouragan reprit de plus belle ; on voulut jouer l'*Ecole des maris* qui était sur le programme, mais Dugazon qui remplissait le principal rôle avait disparu ; les banquettes furent alors brisées, on escalada la scène et la garde nationale dut faire évacuer la salle.

Le lendemain, Bailly prit un arrêté qui fut placardé dans Paris et qui enjoignait aux comédiens de jouer avec Talma ; après une quinzaine de jours de résistance et devant le tumulte persistant, la comédie dut s'exécuter, et Talma reparut dans *Charles IX*.

Mais si la lutte était momentanément terminée entre les acteurs vaincus et le public, elle ne l'était pas entre les comédiens.

Dorival voulut se battre avec Dugazon, qui répondit à sa provocation :

— Apporte-moi un pouvoir de te tuer, signé par tes créanciers, et tu es un homme mort !

Naudet lança des brochures contre Talma dans lesquelles il alla jusqu'à lui reprocher de s'être caché le 14 juillet. Talma répondit par une autre brochure remplie de documents, d'attestations affirmant que le 13 et le 14 juillet il avait pris le fusil et avait marché à la prise de la citadelle et que le soir il avait excité les citoyens de son district, celui des Cordeliers, à se mettre en état de défense, à couper les rues par des tranchées et à illuminer les maisons pour éviter toute surprise.

Pendant que le parterre du Théâtre-Français était livré à ces orages, l'Assemblée discutait une des questions les plus graves, celle des impôts.

Le 23 octobre, Robespierre monta à la tribune pour défendre le grand principe de l'égalité. Il s'agissait de déterminer la valeur des trois journées de travail qu'on devait payer pour être citoyen actif. Les bourgeois de l'Assemblée, comme pour prendre l'intérêt des classes pauvres, proposaient d'exempter d'impôt les ouvriers ne gagnant leur vie que par leur travail. Comme il fallait payer la valeur de trois journées de travail pour être citoyen actif et pour participer aux élections du dernier degré, par cette mesure hypocrite on privait les travailleurs de tout droit de vote.

Robespierre, comme il l'avait déjà fait lors du fameux vote du marc d'argent, il y avait un an à peu près, défendit le droit de tous les citoyens à participer à la vie politique, quelle que fût leur part de contribution aux impôts; dans tous les cas, disait-il, loin d'augmenter les difficultés pour acquérir ce droit de vote, vous devriez faciliter les moyens de devenir citoyens actifs.

L'Assemblée, sans vouloir se rendre à ces raisons si justes, laissa néanmoins à chaque département le soin de fixer, sur la proposition de ses districts, le taux des journées de travail. Vote dont les résultats étaient aussi injustes qu'illogiques, puisque tel électeur dans le Nord pouvait, quoique étant dans des conditions identiques, ne pas l'être dans le Midi.

Cette même semaine, Marie-Antoinette décidait enfin le roi à accepter l'idée d'une fuite qu'il avait toujours repoussée jusqu'ici, mais non pas d'une fuite pacifique à Rouen comme l'avait conseillée Mirabeau, mais d'une fuite au milieu de l'armée de Bouillé.

L'Espagne, l'Autriche et la Suisse à qui MM. de Breteuil et de Fersen allèrent communiquer les plans conçus, y donnèrent leur approbation et promirent des secours.

L'Espagne et l'Angleterre qui avaient eu un grave différend à propos de pêcheries, conclurent un arrangement le 27 octobre ; bientôt l'Autriche et la Turquie allaient se raccommoder, la Suède ne devait pas tarder à s'accorder avec la Russie, et c'est ainsi que toute l'Europe oubliait ses vieilles haines, ses divisions, ses rancunes pour former cette formidable coalition contre la Révolution et contre la France.

Du 18 octobre au 3 novembre 1790.

XLIV

LA VIE PARLEMENTAIRE ET LA VIE MUNICIPALE

Le nouveau ministre de la marine. — Députations des pêcheurs marseillais. — Un discours en langue provençale. — Décret contre les députés absents. — Cent députés élus juges. — De la suppression des indemnités aux députés. — Décret sur la promulgation des lois. — Le nouveau conseil général de la Commune. — Coup d'œil historique. — Nouvelle organisation de la municipalité. — Traitement des administrateurs municipaux. — Le luxe de Bailly. — Le duc de Chartres reçu aux Jacobins — Les mendiants. — Odieuse menace royaliste. — Le prix d'un mariage religieux. — Les messes de Paris. — La messe de la pie. — Tarifs des cabriolets publics. — La grève des cordonniers. — Manifestation au théâtre. — Didot, imprimeur des assignats.

Le ministère qui avait d'abord été ébranlé par le club des Jacobins, puis par l'Assemblée, n'avait pu retrouver son homogénéité malgré des lettres de confiance écrites par le roi ; comme nous l'avons dit, le ministre de la marine, La Luzerne, avait déjà donné sa démission, et Louis XVI, le 28 octobre, le remplaçait par le comte Cloret de Fleurieu, né à Lyon le 22 janvier 1748 et qui, entré dans la marine dès l'âge de quatorze ans, en avait étudié avec une grande compétence tout le fonctionnement ; nommé capitaine en 1776, il avait même donné sa démission pour se livrer aux études techniques ; alors, le roi créa, spécialement pour lui, la place de directeur général des ports et arsenaux. Ce fut Fleurieu, et non pas Louis XVI comme on l'a prétendu, qui traça le plan exact et l'itinéraire précis de l'expédition de Lapérouse.

Fleurieu était savant, mais timide, meilleur théoricien qu'administrateur. Son premier soin en arrivant au ministère fut d'écrire à l'Assemblée pour l'assurer de son admiration pour les lois nouvelles et de son respect inviolable ; il terminait en prenant l'engagement solennel de mettre toute la diligence possible à faire exécuter les décrets.

Dans la même séance, l'Assemblée reçut la lettre de Fleurieu et une députation de pêcheurs marseillais, vêtus de leur costume national, et qui fut admise à la barre. Le syndic prit la parole, prononça un discours en langue provençale que les députés de la province durent traduire.

— Nous venons de bien loin, dit le pêcheur, nous ne savons pas parler, mais nous savons sentir.

Il exposa ensuite que la corporation, réglée par des lois qu'elle s'était données il y avait de longs siècles, avait pu trouver la paix en dehors des anciennes juridictions et qu'elle espérait voir cette liberté grandir encore sous le règne des nouvelles institutions ; en même temps, la corporation fit don d'une somme de six mille livres.

C'était cette même corporation de pêcheurs qui, après la création d'une garde spéciale pour le port par la chambre de commerce de Marseille, garde qui aurait coûté 18,000 livres par an, l'avait réclamée gratuitement et obtenue épargnant une grosse dépense à la ville tout en lui fournissant des gardiens patriotes et fidèles.

Ce discours et cette démarche de pauvres pêcheurs venant du fond de la Provence pour remercier l'Assemblée d'avoir donné la liberté à la France et sacrifiant en même temps une somme relativement importante, prise sur leurs faibles ressources, offre bien la caractéristique du temps ; on peut, par ces petits faits isolés, se faire une idée de l'élan imprimé à la nation par les lois nouvelles et de la joie avec laquelle elles furent accueillies par la foule des petites gens qui forment la majorité de notre beau pays de France.

Les abstentions à propos du décret sur le renvoi des ministres avaient provoqué une véritable indignation dans le public ; les orateurs des clubs les avaient flétris comme de véritables lâchetés.

Obéissant au sentiment général, le député Voulland qui devait, trois ans plus tard, être un des membres les plus rigoureux du comité de sûreté générale, demanda l'application stricte d'un décret voté le 3 avril et portant « qu'il serait fait tous les jours une liste de tous les députés absents, de ceux qui demandent à s'absenter, de ceux qui donnent leur démission, de ceux qui rentrent après l'expiration de leur congé. »

L'exécution de ce décret fut d'abord négligée ; aussi, dans plusieurs votes importants, sur douze cents membres dont se composait régulièrement l'Assemblée, la moitié à peine répondaient à l'appel. Voulland réclame l'exécution du décret du 3 avril et il propose en outre, que les noms des absents excusés soient insérés dans les journaux, ce qui fut adopté, et c'est de là que vint plus tard l'usage, conservé encore aujourd'hui, de donner dans le *Moniteur*, à la suite des débats parlementaires, les noms des députés ayant voté pour ou contre ou s'étant abstenus dans les décisions importantes.

Cette semaine, des congés nombreux furent demandés par les cent députés élus juges dans différents districts et qui désiraient aller se faire installer à leur nouveau poste ; mais l'Assemblée ne voulant pas encore diminuer le nombre des présents, décida que les députés élus juges ne pourraient siéger dans leurs tribunaux qu'après la législature et qu'ils seraient, en attendant, remplacés dans leurs sièges par leurs suppléants.

Il faut du reste remarquer que les députés du côté droit étaient ceux qui s'absentaient en plus grand nombre ; les membres de la gauche se montraient plus assidus et généralement plus fidèles à leur poste. Le parti de la cour supportait mal cette tenacité des députés patriotes à rester quand même et à continuer les travaux de la Constitution, travaux que les aristocrates trouvaient beaucoup trop longs au gré de leur désir ; ils auraient voulu pouvoir se débarrasser de ces représentants en train de saper toutes les vieilles institutions monarchiques.

Gérard, député de Bretagne, le père Gérard, comme on l'appelait, qui ne se rendait guère compte des intrigues du côté droit, et pensant de bonne foi hâter les travaux, proposa que les députés ne seraient plus payés à partir du 1ᵉʳ janvier 1791, si la Constitution n'était pas terminée.

Les royalistes applaudirent à cette proposition naïve, ne

tendant à rien moins qu'à arrêter net les travaux de l'Assemblée, car on pouvait s'en rapporter au côté droit pour créer des incidents qui auraient empêché toute discussion utile ; le mois de janvier serait arrivé, et alors — le traitement étant supprimé — seuls les riches auraient pu rester ; les autres, obligés de regagner leurs départements, auraient laissé les aristocrates maîtres de la situation.

L'Assemblée repoussa ce piège vraiment trop grossier, et par l'ordre du jour, sans vouloir même discuter la motion de Gérard.

Le 2 novembre, l'Assemblée prit une mesure ayant une grande importance dans la pratique : elle ordonna l'impression et l'envoi par affiches aux corps administratifs des départements des décrets votés et sanctionnés par le roi ; les corps administratifs devaient adresser ces décrets aux districts, et ceux-ci aux communes qui devaient à leur tour les rendre publics par affiche, à son de trompe ou de tambour. A partir du moment où les communes avaient fait publier les décrets, la promulgation était censée faite et ils devenaient obligatoires.

Cette mesure fut un grand pas de fait, car jusqu'à ce moment, la promulgation des lois avait été laissée à l'arbitrage des ministres qui y apportaient des retards calculés et des lenteurs intentionnelles ; bien plus, l'archevêque de Bordeaux, garde des sceaux, n'éprouvait aucun scrupule à altérer les lois votées par l'Assemblée, en les tronquant, supprimant les préambules des uns et changeant quelques dispositions des autres.

Le deuxième décret laissait encore deux degrés (les corps administratifs du département et le district) entre le pouvoir exécutif et les communes. Plus tard, sur la proposition de Billaud-Varenne, la Convention décrétera l'envoi direct du *Bulletin des lois* à toutes les communes, et de cette façon imprimera une grande rapidité à l'exécution de la volonté du gouvernement.

Cette semaine, la Commune de Paris se divisa en comités de *subsistances*, de *police*, des *domaines et finances*, d'*établissements publics* et de *travaux publics*.

Il est bon de résumer ici en quelques lignes ce que nous avons déjà dit dans notre premier volume au sujet de la Commune de Paris.

En avril 1789, les électeurs du deuxième degré, ceux qui avaient été élus par les soixante districts, pour choisir les députés, au lieu de se séparer après cette élection, devant les menaces de la cour, se constituèrent de leur propre autorité en comité permanent, se chargèrent de toutes les branches de l'administration, s'emparèrent des attributions du prévôt des marchands, du lieutenant de police et de l'intendant; nommèrent Bailly maire et Lafayette commandant général de la garde nationale.

Mais après la prise de la Bastille, les soixante districts de Paris protestèrent contre cette sorte d'usurpation, et le 23 juillet 1789, Bailly écrivit aux districts pour les inviter à nommer chacun deux députés qui arrivèrent à l'Hôtel de Ville et se constituèrent en *assemblée des représentants de la Commune de Paris*. Le 30 septembre les électeurs cédèrent le pouvoir qu'ils ne tenaient que d'eux-mêmes, aux élus des districts dont le nombre fut bientôt porté à deux cent quatre-vingts et finalement à trois cents.

Ce fut là cette Commune de Paris qui débuta par confirmer les nominations de Bailly et de Lafayette. En dehors des actes arbitraires qu'elle commit trop souvent et que nous lui avons reprochés, la Commune, il faut le reconnaître, fut admirable de dévouement, d'initiative et de probité, dans la question si grave des subsistances ; on peut dire que c'est elle qui empêcha Paris de mourir de faim.

La Commune ayant élaboré un nouveau plan d'organisation que n'adopta pas l'Assemblée, la municipalité donna sa démission, et siégea néanmoins jusqu'au mois d'octobre 1790. Les élections eurent lieu suivant un nouveau mode voté par l'Assemblée qui divisa Paris en 48 sections. La Commune fut composée d'un maire, de 48 officiers municipaux dont seize administrateurs, de 96 notables, d'un procureur général syndic et de ses substituts. Les sections réunies nommaient le maire; ce fut encore Bailly qui fut réélu.

Pendant toute la durée de leur mandat, les anciens membres de la commission prirent les plus grands soins d'éloigner les soupçons ; ils publiaient tous les actes de leurs assemblées, et la plupart du temps leurs séances étaient publiques.

Les nouveaux élus allaient plus loin, ils décidaient qu'un compte rendu de leurs travaux serait publié par les soins de la municipalité. Comprenant que tout travail mérite une rémunération, car rien ne coûte plus cher à l'État que les fonctions gratuites, ils votèrent le principe d'un traitement non seulement au maire, qui en était déjà pourvu, mais encore aux municipaux ; on proposa les chiffres suivants qui furent acceptés par la majorité des sections :

Le maire (traitement)....................	72,000 livres
Le procureur de la commune (indemnité)..	15,000
Substitut-adjoint........................	6,000
Secrétaire-greffier......................	6,000
Administrateur..........................	4,000
Secrétaire adjoint au greffier...........	3,000
Archiviste..............................	3,000
Bibliothécaire..........................	3,000

En outre, Bailly, depuis sa nomination, logeait à l'hôtel de police, devenu ainsi l'hôtel de la mairie, que Bailly avait été chargé de meubler, soin dont il s'acquitta, nous disent les contemporains, avec un déploiement de luxe qui lui fut souvent reproché. Un écrivain, peu sympathique à Bailly, il est vrai, mais dont les affirmations ne purent être démenties, constate que « les meubles sont d'une grande recherche », on voit dans la chambre à coucher « un lit superbe et qui a l'air d'un trône ; une salle à manger ciselée ; des chenêts travaillés comme une chaîne de montre. L'or et l'azur brillent partout. » Les salons reluisent de dorures et « les buffets plient sous le poids de vaisselles plates. »

Ce luxe, étalé avec trop de complaisance, choquait d'autant plus que la misère devenait plus grande avec l'hiver qui s'avançait rigoureux.

Pour essayer de retenir la popularité qui lui échappait de jour en jour, Louis XVI avait commandé aux ouvriers du faubourg Saint-Antoine une grande quantité de bois de lits, de chaises et de tables que l'on distribuerait aux indigents. Mais ces mesures passaient inaperçues au milieu de l'agitation générale ; on demandait au roi des libertés et des franchises et non pas des bois de lit ou des ustensiles de ménage.

La misère grandissant, le nombre des mendiants augmentait dans des proportions considérables ; il en venait à Paris de tous les coins de la France ; les royalistes des provinces les poussaient vers la capitale, leur persuadant qu'on leur donnerait le nécessaire ; ainsi on évaluait à trente mille le nombre de mendiants arrivés depuis un an. Les aristocrates se disaient que plus Paris aurait de bouches inutiles, plus les chances de l'affamer seraient grandes, et plus la capitale compterait de gens sans feu ni lieu plus la révolte, les désordres auraient de prise sur ces misérables. Aussi, malgré les ordres de la municipalité, malgré de nombreux décrets, de longues files de mendiants stationnaient aux portes des églises et des spectacles.

Le but des royalistes était si bien en ce moment encore d'affamer Paris que, dans une brochure aristocrate parue vers la fin d'octobre 1790, *Le petit Dictionnaire des grands hommes*, nous lisons cette phrase menaçante :

« De compte fait, le peuple a encore deux ou trois mois à manger du pain. Le gland, l'herbe et les racines, à cette époque, seront la seule ressource des estomacs qui pourront les supporter. »

Voilà où ils en voulaient venir !

Voilà comment les prêtres d'un côté, les aristocrates de l'autre, préparaient la Terreur.

Du reste si les prêtres se rendaient bien compte de l'état de dénuement dans lequel se trouvaient les malheureux ouvriers, ils n'en continuaient pas moins à prélever leur casuel et nous savons que les mariages notamment se payaient, à l'église, un prix relativement considérable.

Voici une note d'un mariage de dernière classe, il n'y avait pas moyen de descendre au-dessous.

Bans......................	10 livres.	
Fiançailles................	2 —	7 sols.
Billet de confession........	3	
Messe.....................	15 —	
Pourboire au curé..........	6 —	(au minimum)
Cierges...................		48 sols.
Total............	37 livres,	18 sols

Ajoutez à cela le repas obligatoire et auquel on tenait encore beaucoup; pas de bonne noce sans une bénédiction de trente-sept livres au moins et sans un copieux repas. Cependant la misère était si grande qu'on se mariait peu, l'argent manquant pour suffire aux dépenses des curés qui étaient intraitables et des restaurateurs qui n'étaient pas plus accommodants. Aussi les cabarets, où l'on avait l'habitude de donner ces festins, étaient vides pour la plupart, et les longues tables où quelques mois auparavant venaient s'asseoir les couples joyeux étaient couvertes de poussière.

Seuls, les prêtres ne chômaient pas, puisqu'en 1790 on disait encore par jour six à sept mille messes à quinze sous la pièce. Les capucins officiaient au rabais et disaient une messe pour dix ou douze sous.

Quelques prêtres allaient même jusqu'à dire deux messes par jour ; ils en disaient une de bonne heure dans une église et allaient, une heure après, en célébrer une seconde à l'autre bout de Paris, ce qui leur procurait double paie ; les employés de l'évêché poursuivaient ces fraudes très fréquentes et contraires aux règles théologiques.

On disait encore la messe de là pie qui était très célèbre. Cette messe avait été fondée en souvenir d'une erreur judiciaire (1). Un bourgeois avait perdu plusieurs fourchettes d'argent ; il en accusa sa servante qui fut arrêtée et pendue suivant les lois en matière de vols domestiques. Six mois après les couverts se retrouvèrent sur un vieux toit, derrière un amas de tuiles où une pie les avait dit-on cachés. C'était du moins une croyance populaire basée sur l'instinct des pies qui aiment à cacher les matières d'or et d'argent.

L'innocence de la malheureuse servante ayant été reconnue, on fonda, à Saint-Jean-en-Grève, une messe annuelle pour le repos de l'âme de l'innocente domestique ; il aurait mieux valu commencer par réformer les lois qui permettaient de pendre une servante pour un simple vol domestique.

Puisque nous parlons de messes et de tarifs, donnons des tarifs d'un autre genre, ceux des cabriolets publics.

De Paris à Calais............	60 livres par personne.	
— Rouen............	24	—
— Lille............	48	—
— Arras............	36	—
— Beauvais............	14	—

(1) Mercié, *Tableau de Paris*.

Ces prix, quelque élevés qu'ils fussent, n'étaient évidemment pas pour empêcher les riches royalistes d'émigrer comme le firent trois cents gentilshommes bretons qui passèrent dans l'île de Jersey voulant ainsi punir, par leur absence, leurs compatriotes de leur patriotisme et tendant à paralyser le commerce et l'industrie afin de soulever des mécontentements. Les émissaires de ces émigrés s'essayaient à soulever la population de Rennes, disant que, les nobles partis, les ouvriers allaient manquer de pain ; mais les ouvriers restèrent sourds à ces provocations ; seuls, les cordonniers témoignèrent du mécontentment. Alors les jeunes gens de la ville organisèrent pendant quelque temps la grève des souliers.

— Puisqu'ils regrettent ceux qui sont partis, qu'ils aillent les chausser, disaient-ils.

Et, pendant quelques semaines, les jeunes patriotes réunis ne portèrent que des sabots pour faire expier aux cordonniers leur moment de mauvaise humeur.

Du reste, les réactionnaires ne réussissaient pas partout dans leurs entreprises. A Paris notamment, quels que fussent leurs efforts, ils ne purent pas empêcher la vente des biens nationaux de produire d'excellents résultats ; ainsi, du 1er au 30 octobre, il fut vendu par les soins de la municipalité de Paris, en sept adjudications, 17 maisons dont le rapport total était de 30,406 francs, et qui atteignirent 668,652 livres. La mise à prix n'avait été que de 478,392 livres.

Pendant que la municipalité s'occupait de la vente des biens nationaux, d'autres faisaient aussi preuve de patriotisme, ainsi M. Dumonchel, recteur de l'Université de

Paris, publiait un mandement ordonnant à tous les principaux, professeurs, maîtres, et généralement tous ceux chargés de l'éducation de la jeunesse, d'expliquer à leurs élèves les *Droits de l'Homme* et la nouvelle constitution française."

Au même moment où la municipalité adjugeait au plus fort enchérisseur les biens nationaux, de simples citoyens essayaient de se créer des domaines en empiétant sur la voie publique. Par une fausse application de ce principe que ce qui n'appartient à personne appartient à tout le monde, plusieurs industriels avaient construit des échoppes le long des quais et quelques-unes étaient de vraies maisons de luxe dans lesquelles des familles entières s'étaient logées à l'aise. Cette semaine, huit nouvelles constructions en planches s'élevèrent sur la place de Notre-Dame-des-Victoires et ce ne fut que plus tard que la municipalité songea à faire respecter les droits du domaine public et fit enlever tous ces baraquements.

Le 2 novembre, le duc de Chartres, le futur roi des Français, Louis Philippe, fut reçu, à l'âge de dix-sept ans, membre du club des Jacobins.

Cette réception eut lieu malgré une vive opposition de sa mère, la résignée duchesse d'Orléans, qui écrivait à son mari, qui devait être Philippe-Égalité, une lettre d'où nous extrayons le passage suivant :

« Je suis très fâchée que mon fils aille aux Jacobins, et peut-être exigera-t-il que je lui dise mon opinion à lui-même afin qu'il ne puisse pas me reprocher un jour de ne pas l'avoir averti. — Si mon fils avait vingt-cinq ans, je ne serais pas tourmentée, parce qu'il pourrait distinguer par lui-même ; mais à dix-sept, dans une société de ce genre, en vérité, mon cher ami, cela n'a pas de raison ; que ce soit vous, que ce soient ses parents qui, pour finir son éducation, l'envoient aux Jacobins, me paraît et paraîtra sûrement à tout le monde une chose inconcevable et qui me ferait, en vérité, regretter qu'il fût sorti des mains de Madame Sillery. »

Cette Madame Sillery, c'est la célèbre Madame de Genlis, qui était la concubine du duc d'Orléans, comme le lui reproche sans aigreur la malheureuse princesse ; Madame de Genlis avait été l'institutrice des enfants de Philippe Égalité et la rumeur publique l'accusait d'avoir déjà des faveurs pour le jeune duc de Chartres.

Quoi qu'il en soit, malgré l'avis de sa mère, le jeune duc fut reçu et il prononça le petit discours suivant :

« Messieurs,

« Il y a longtemps que je désirais ardemment d'être admis au milieu de vous : l'accueil favorable que vous venez de me faire, me touche infiniment ; j'ose me flatter que ma conduite justifiera vos bontés : et je puis encore vous assurer que toute ma vie je serai bon patriote et bon citoyen. »

Voici comment le jeune prince raconte lui-même cette réception dans son journal.

1er *novembre*. — « J'ai dîné à Monceaux ; le lendemain mon père ayant approuvé le vif désir que j'ai d'être reçu aux Jacobins, M. de Sillery m'a présenté.

2 *novembre*. — J'ai été reçu hier aux Jacobins, on m'a fort applaudi.

3 novembre. — J'ai été ce matin à l'assemblée ; ce soir on m'a nommé membre du comité des présentations, c'est-à-dire du comité chargé d'examiner les propositions.

« J'ai demandé que l'admission pour l'âge requis aux Jacobins fût fixée à dix-huit ans, on a rejeté mon amendement, j'ai dit alors que j'avais un intérêt à cet amendement, que mon frère désirait ardemment entrer dans la société et que cela le rejetait bien loin. M. Collot d'Herbois m'a répondu que cela ne faisait rien, que quand on avait reçu une telle éducation, on était dans le cas des exceptions ; je l'ai remercié et je m'en suis allé. »

Le prince ne demandait pas une exception, mais il désirait qu'on abaissât l'âge pour tout le monde ; il voulut en outre se conduire comme tous les autres membres du club, et, suivant la règle, pendant un mois, il remplit les fonctions d'appariteur ou d'huissier ; c'est-à-dire qu'il ouvrait et fermait les portes, introduisant les arrivants.

Cette conduite n'était guère faite pour raccommoder Louis XVI avec la famille d'Orléans, et les royalistes purs redoublèrent de colère contre le duc, qu'on accusait de plus en plus de vouloir capter la popularité des Parisiens afin de succéder à son cousin le cas échéant.

Les aristocrates, de leur côté, ne cachaient guère leurs sentiments et ils les étalaient chaque fois que l'occasion s'en présentait ; ils avaient choisi le Théâtre Italien pour y manifester. Les moindres allusions étaient soulignées et couvertes d'applaudissements. Le 1ᵉʳ novembre, on jouait *Richard Cœur-de-Lion*. L'acteur Blondel avait entamé l'air si connu :

O Richard, ô mon roi,
L'univers t'abandonne !

Les loges l'interrompirent en applaudissant à crève-gants.

Mais le parterre, mieux garni et plus mal disposé qu'à l'ordinaire, couvrit les applaudissements par les sifflets ; en même temps il exigea qu'on fît sortir un des applaudisseurs des plus acharnés. En vain répondit-on qu'il était étranger ; rien n'y fit ; il fallut s'exécuter et le spectacle ne continua qu'après l'expulsion.

L'Assemblée ne montrait pas la même sévérité pour les aristocrates, puisque le lendemain même de cette représentation, elle chargea l'imprimeur royaliste Ambroise Didot d'imprimer les assignats nouveaux.

Il faut dire que Didot s'engageait à exécuter ce travail pour la somme de 27,000 livres, tandis que l'Imprimerie royale avait demandé 100,000 livres ; c'est ainsi que les presses d'où sortaient les pamphlets royalistes les plus violents, notamment cette satire qu'on appelait *les Actes des apôtres*, imprimèrent ces papiers nationaux qui, sagement émis, sauvèrent à ce moment, la France de la banqueroute.

www.ingramcontent.com/pod-product-compliance
Lightning Source LLC
Chambersburg PA
CBHW060602170426
43201CB00009B/863